古代朝鮮の国家体制と考古学

山本孝文 著

吉川弘文館

目　　次

序章　韓半島三国時代における国家形成後の社会……………… *1*
 1　本書の課題設定 ………………………………………………… *1*
 2　研究の時代背景 ………………………………………………… *3*
 3　本書の構成 ……………………………………………………… *4*

第1部　百済・新羅墓制の変質と古墳築造の統制 …………… *7*

第1章　古墳築造の変質と墓葬の制度化……………………… *9*
 1　古墳築造の変質とその意味 ………………………………… *11*
  （1）横穴式石室の導入　*12*
  （2）墳墓の均質化　*13*
  （3）墳墓の矮小化と減少　*13*
 2　墓葬制度成立の基準要素 …………………………………… *15*
 3　服飾制度と墓葬制度の関係 ………………………………… *17*
 4　中央政権による墳墓築造の規制 …………………………… *19*
 5　展　　望 ……………………………………………………… *21*

第2章　百済後期石室墳の階層構造と官制 ………………… *24*
 1　百済の横穴式石室にみられる社会的性格の変遷………… *24*
 2　位相を反映する石室の属性 ………………………………… *26*
 3　石室の規格性と「陵山里規格」の提唱 …………………… *28*
  （1）遺跡の検討　*28*
  （2）測量単位の存在について　*40*
 4　銀花冠飾の位階と石室墳 …………………………………… *44*
 5　泗沘期の官位制と横穴式石室 ……………………………… *54*

第3章　新羅後期石室墳の階層構造と官制 …………………… 61
　1　新羅横穴式石室の類型と分布 ………………………………… 61
　　（1）新羅地域における横穴式石室の受容と背景　61
　　（2）新羅横穴式石室墳の定義・類型と分布　64
　2　6〜7世紀における新羅の官位制と地方統治体制 …………… 69
　3　新羅横穴式石室の階層性と被葬者の官位 …………………… 72

第2部　東アジアにおける土器様式の変化と文書行政 … 83

第1章　7世紀における土器様式の転換と社会変化 ………… 85
　1　須恵器の様式変化とその背景 ………………………………… 85
　　（1）7世紀における須恵器の変化　86
　　（2）様式変化の背景　87
　2　百済地域における土器様式の変化 …………………………… 88
　　（1）漢城様式の展開　89
　　（2）百済土器の様式転換　90
　　（3）土器様式転換の契機　93
　3　新羅地域における土器様式の変化 …………………………… 95
　　（1）新羅土器の様式　96
　　（2）新羅土器の様式転換とその契機　98
　4　様式変化の類型と汎東アジア的背景 ………………………… 102
　　（1）土器様式変化の諸類型　103
　　（2）土器様式の転換をもたらした歴史的背景　104

第2章　陶硯からみた文書行政の普及 ……………………… 107
　1　陶硯研究の意義 ………………………………………………… 107
　2　中国陶硯の変遷 ………………………………………………… 109
　　（1）漢代以前　110
　　（2）漢　　代　110

　　　　(3) 三国〜魏晋南北朝代　*113*
　　　　(4) 隋・唐代　*116*
　第3章　百済陶硯の変遷と文書行政 ………………………………… *120*
　　1　泗沘期以前の陶硯 ……………………………………………… *121*
　　2　泗沘期の陶硯 …………………………………………………… *123*
　　3　日本の初期陶硯との関係 ……………………………………… *130*
　　4　中国・日本の資料からみた百済陶硯の年代 ………………… *133*
　　5　陶硯からみた百済土器変革の画期と泗沘期の社会 ………… *137*
　　　　(1) 聖　王　代　*140*
　　　　(2) 武　王　代　*141*
　第4章　新羅陶硯の変遷と文書行政 ………………………………… *143*
　　1　新羅陶硯の分類 ………………………………………………… *144*
　　　　(1) 方 形 系 硯　*144*
　　　　(2) 円 形 系 硯　*146*
　　2　新羅陶硯の系譜と年代 ………………………………………… *148*
　　　　(1) 短　脚　硯　*150*
　　　　(2) 多　足　硯　*151*
　　　　(3) 方　形　硯　*152*
　　3　新羅陶硯の使用階層 …………………………………………… *153*
補論　文房具からみた文書行政の展開 ………………………………… *156*
　　1　古代文房具の用途と系譜 ……………………………………… *157*
　　2　各種文房具の特性 ……………………………………………… *158*
　　　　(1) 書 写 材 料　*158*
　　　　(2) 毛　　筆　*163*
　　　　(3) 墨　*165*
　　　　(4) 硯　*167*
　　　　(5) そ の 他　*169*

         3　古代文房具の使用場所と階層 ………………………………… 171

第3部　帯金具と服飾の画一化と身分表象 …………………… 175
　第1章　百済の帯金具と官制の整備 ……………………………… 177
　　1　百済の帯金具と環帯 ……………………………………………… 177
　　2　百済の環帯の実例 ………………………………………………… 181
　　3　百済社会における環帯の意義 …………………………………… 189
　　　　（1）百済の服飾関連記事にみえる帯金具　189
　　　　（2）帯金具に内在する意義　191
　　4　中国の環帯と百済資料の系譜 …………………………………… 194
　　　　（1）中国の環帯の実態と性格　194
　　　　（2）百済環帯の系譜と表象　200
　第2章　新羅の服飾関連遺物と官制 ……………………………… 204
　　1　新羅の服飾関連資料 ……………………………………………… 204
　　　　（1）人物像にみる表現の変化　206
　　　　（2）慶州隍城洞古墳出土土俑の服飾　207
　　　　（3）慶州龍江洞古墳出土土俑の服飾　210
　　2　文献にみられる新羅の服飾制と官位制 ………………………… 214
　　3　出土資料の服飾的特徴と身分表象 ……………………………… 220
　　　　（1）龍江洞古墳の土俑とその身分表象　221
　　　　（2）隍城洞古墳の土俑とその身分表象　226
　第3章　腰帯具の導入からみた官制の伝統と変革 ……………… 230
　　1　唐式銙帯の概要 …………………………………………………… 230
　　　　（1）唐式銙帯の構成要素と名称　231
　　　　（2）唐式銙帯の大きさと素材　234
　　　　（3）唐式銙帯の分布範囲と出土遺構　234
　　2　韓半島出土品の分析 ……………………………………………… 237

　　　　(1) 系　　譜　*237*

　　　　(2) 分　　類　*240*

　　　　(3) 年　　代　*249*

　　　　(4) 生産と流通　*257*

　　3　唐式銙帯の意義 ………………………………………………… *259*

　　　　(1) 機能と意義　*259*

　　　　(2) 唐式銙帯と官位　*260*

終章　考古資料からみた古代国家の成熟と法制度 ………… *265*

註　*274*

参 考 文 献　*285*

あ と が き　*308*

索　　　引　*313*

目　次　*v*

図表目次

図1　6～8世紀の日本列島と韓半島の石室・石槨（山本2016，各報告書より作成）　14
図2　百済後期型石室の分布（各報告書より筆者作成）　25
図3　規格化された百済後期型石室（1・3：国立扶餘文化財研究所1998，2：朝鮮総督府1937，4：權相烈・金圭東2000，5：崔完奎・金鍾文・李信孝1992）　27
図4　陵山里・陵山里東古墳群（王陵群）の石室（朝鮮総督府1917・1937）　29
図5　陵山里王陵群・益山双陵玄室長幅比（筆者作成）　30
図6　陵山里王陵群石室分類図（筆者作成。石室図面は朝鮮総督府1917・1937，国立扶餘文化財研究所1998）　31
図7　陵山里ヌンアンゴル古墳群玄室長幅比と陵山里規格範囲（筆者作成）　34
図8　陵山里ヌンアンゴル古墳群石室分類図（筆者作成。石室図面は国立扶餘文化財研究所1998）　36
図9　塩倉里古墳群における横穴式石室の類型（筆者作成。石室図面は李南奭他2003）　38
図10　中国南朝の銅尺と鍍金銅尺（国家計量総局他〈金基協訳〉1993）　41
図11　扶餘定林寺址五重石塔と陵寺出土昌王銘舎利龕（国立扶餘博物館1993）　42
図12　銀花冠飾出土分布図（筆者作成）　45
図13　銀花冠飾の分類（1・4・5：国立扶餘文化財研究所1998，2：李南奭他2003，3・7：国立文化財研究所2001a，6：崔鍾圭1991，8：安承周・李南奭1988，9：洪思俊1968，10：慶南発展研究院歴史文化センター2016，11：徐聲勳・成洛俊1988）　48
図14　銀花冠飾・石室の位相対比図（筆者作成）　50
図15　百済後期型石室と百済官位の対比図（筆者作成）　58
図16　新羅地域の初期横穴式石室（1：国立慶州博物館1995，2：李白圭・李在煥・金東淑2002，3：嶺南大学校博物館1998，4・5：嶺南文化財研究院2014）　63
図17　新羅の横穴式石室の多様性（1・2：文化財研究所1991・1992，3～5・9：釜山大学校博物館1987，6：趙榮濟他2000，7・8：釜山大学校博物館1995）　65
図18　順興邑内里古墳群の於宿墓と壁画古墳（1：大邱大学校博物館1995，2：秦弘燮1984）　75
図19　官等名（?）が刻まれた土器と出土遺構（1・2：釜山大学校博物館1995，辛勇旻2000，3・4：沈奉謹1994）　78
図20　新羅の石室と官位の対比図（筆者作成）　80
図21　各国の伝統的土器型式と新型式（筆者作成）　84
図22　飛鳥編年（西1986）　87
図23　百済漢城様式土器（權五榮・權度希・韓志仙2004）　89
図24　様式転換後の百済土器（尹武炳1999）　92
図25　泗沘期百済土器の旧様式と新様式（筆者作成）　92

図26　金属器・陶磁器を模倣した百済の初期台付碗（1：筆者実測，2：郭長根・趙仁振 2004，3：柳基正・朴大淳・柳昌善 2003，4：李南奭 1999，5〜9：筆者実測）　*94*
図27　新羅高坏の変遷（筆者作成）　*97*
図28　新羅における印花文台付碗の定着過程（筆者作成）　*100*
図29　銅鋺と模倣土器碗（国立中央博物館 2003）　*101*
図30　新羅土器様式の変遷と後期様式の成立（筆者作成）　*102*
図31　硯の原形・調色器（余継明 2000）　*110*
図32　中国漢代の硯（吉田 1992）　*111*
図33　楽浪の硯（国立中央博物館 2001）　*112*
図34　中国三国〜魏晋南北朝代の硯（1）（吉田 1992，各報告文・報告書より）　*113*
図35　中国三国〜魏晋南北朝代の硯（2）（吉田 1992，各報告文・報告書より）　*114*
図36　北燕馮素弗墓出土の大硯・小硯（遼寧省博物館編著 2015）　*115*
図37　中国隋唐代の硯（1）（吉田 1992，各報告文・報告書より）　*116*
図38　中国隋唐代の硯（2）（吉田 1992，各報告文・報告書より）　*117*
図39　百済の各種硯（国立扶餘博物館 1993・1997・2003，国立中央博物館 1999）　*120*
図40　百済漢城・熊津期の硯と耳杯（1：尹世英・李弘鍾 1994，2：權五榮・權度希・韓志仙 2004，3：金元龍・任孝宰・林永珍 1987，4：安承周 1982）　*121*
図41　百済の方形硯（尹武炳 1999）　*123*
図42　百済泗沘期の外来系硯（1：金姸秀 1994，2：忠南大学校博物館 2013）　*124*
図43　泗沘期の水滴脚硯（各遺跡報告書より）　*125*
図44　泗沘期の獣脚硯（各遺跡報告書より）　*126*
図45　泗沘期の短脚硯（1）（各遺跡報告書より）　*127*
図46　泗沘期の短脚硯（2）（各遺跡報告書より）　*127*
図47　泗沘期の無脚硯・圏足硯（各遺跡報告書より）　*128*
図48　泗沘期の陶硯分類図（筆者作成）　*129*
図49　扶餘離宮址出土蹄脚硯（国立扶餘博物館 2003）　*129*
図50　日本の陶硯（奈良文化財研究所 2002a）　*130*
図51　日本の各種陶硯（杉本 1987，楢崎 1982）　*132*
図52　水滴脚の変遷相（筆者作成）　*134*
図53　獣脚の変遷相（筆者作成）　*135*
図54　百済陶硯編年図（筆者作成）　*138*
図55　新羅の各種陶硯（国立中央博物館 2003）　*143*
図56　新羅の風字硯（各報告書より）　*145*
図57　新羅の短脚硯と無脚硯（各報告書より）　*146*
図58　新羅王京遺跡出土人獣面多足硯（国立慶州文化財研究所 2001）　*147*
図59　新羅の各種多足硯（各報告書より）　*149*
図60　日本と新羅の中空硯（菊井 2002，国立慶州博物館 2002）　*149*
図61　唐と新羅の獣脚硯（国立扶餘博物館 1998，国立中央博物館 2003）　*151*

図62　利川雪峰山城出土「咸通」銘石硯（孫寶基他1999a）　*153*
図63　中国の編綴簡（富谷2003）　*159*
図64　湖南省湘西里耶秦簡（富谷2003）　*160*
図65　蔡倫以前の包装用紙（富谷2003）　*161*
図66　咸安城山山城出土題籤軸・筆・刀子（国立昌原文化財研究所2004）　*162*
図67　昌原茶戸里1号墳出土の筆と刀子（李健茂他1989）　*163*
図68　中国陶硯の形態変化　*165*
図69　古代東アジアの墨（国立清州博物館2000，山路2004）　*166*
図70　中国・韓半島・日本の墨汁保管機能を持つ硯　*168*
図71　帯金具と腰佩（1・2：筆者撮影，3〜5：奈良県立橿原考古学研究所2002）　*172*
図72　百済の環帯（国立中央博物館1999）　*177*
図73　百済地域の帯金具（1：李弘鍾他2015，2：忠清南道歴史文化院・公州市2007，3：李漢祥1993，4：国立扶餘文化財研究所1998）　*179*
図74　百済の環帯出土遺跡（1）（国立扶餘文化財研究所1998）　*182*
図75　百済の環帯出土遺跡（2）（1：李南奭他2003，2：林永珍他1995）　*184*
図76　百済の環帯出土遺跡（3）・扶餘外里出土文様塼（1：国立文化財研究所2001a，2：国立扶餘博物館2000，3：文化財庁・国立扶餘文化財研究所2009，4：朝鮮古蹟研究会1937，国立扶餘博物館1997）　*186*
図77　中国の環帯（1：許新国1981，2：羅豊1996，3：遼寧省博物館編著2015，4：黎瑶渤1973，5：員安志1992）　*195*
図78　北斉東安王妻睿墓壁画（墓道西壁鞍馬遊騎図）の環帯（山西省考古研究所・太原市文物考古研究所2006）　*197*
図79　北斉東安王妻睿墓陶戴鮮卑帽武士俑の環帯（山西省考古研究所・太原市文物考古研究所2006）　*198*
図80　太原隋虞弘墓レリーフ（槨壁第3幅・部分）の環帯（山西省考古研究所他2005）　*199*
図81　韓半島各地の環帯（各報告文・報告書より）　*201*
図82　慶州隍城洞古墳出土土俑（李康承・李熙濬1993）　*209*
図83　慶州龍江洞古墳出土土俑（1）（文化財研究所・慶州古蹟発掘調査団1990）　*210*
図84　慶州龍江洞古墳出土土俑（2）（文化財研究所・慶州古蹟発掘調査団1990）　*212*
図85　中国の幞頭（孫機2001b）　*222*
図86　章懐太子墓賓客図の新羅遣使（張鴻修1995）　*223*
図87　唐墓の土俑および壁画の官人図（陝西省考古研究所編著2004，鄭州市文物考古研究所2003，陝西省考古研究所・富平県文物管理委員会2004）　*224*
図88　龍江洞古墳出土女人俑と唐李寿墓演奏図の女人図（文化財研究所・慶州古蹟発掘調査団1990，張鴻修1995）　*225*
図89　龍江洞古墳出土男人俑と唐段簡璧墓壁画の腰佩（文化財研究所・慶州古蹟発掘調査団1990，張鴻修1995）　*226*

図90 唐と新羅の十二支神像（国立中央博物館 2003） *228*
図91 唐式帯金具と腰佩（葫蘆形帯飾）（内蒙古自治区文物考古研究所・哲里木盟博物館 1993，国立慶州文化財研究所 2001） *231*
図92 将島清海鎮出土の葫蘆形帯飾（国立文化財研究所 2001b） *232*
図93 中国の唐式銙帯（1：羅豊 1996　2：鄭州市文物考古研究所 2003，3・4：河北省邢台市文物管理処 2005，5：宝鶏市考古工作隊・陝西省考古研究所 2005） *235*
図94 日本の唐式銙帯（奈良文化財研究所 2002b） *236*
図95 中国西安北周安伽墓出土帯金具（陝西省考古研究所 2003） *239*
図96 中国州衙坪 M1 六朝中期墓出土銙帯（王善才主編 2004） *240*
図97 銙板のサイズ分布（筆者作成） *242*
図98 巡方の縦幅と横幅のサイズ分布（筆者作成） *242*
図99 巡方の垂孔サイズ分布（筆者作成） *243*
図100 銙板の革帯への着装方法（筆者作成） *244*
図101 Ⅲ式銙帯の類例（1：文化財管理局文化財研究所 1989，2：西安市文物管理処 1992，3：奈良文化財研究所 2002b） *246*
図102 扶餘扶蘇山寺址出土帯金具と復元品（申光燮他 1996，国立扶餘博物館 1997） *247*
図103 韓半島における初現期の唐式銙帯（1：釜山大学校博物館 1995，2：嶺南文化財研究院 2002b　3：国立昌原文化財研究所 2000） *250*
図104 金海礼安里 49 号墳出土各種帯金具（釜山大学校博物館 1985） *253*
図105 崩壊期前後の唐式銙帯（1・2：圓光大学校馬韓・百済文化研究所 2001，3：任孝宰他 2000，4：国立公州博物館 1999） *255*
図106 韓半島における唐式銙帯の変遷（筆者作成） *256*
図107 垂孔穿孔方法の変遷（筆者作成） *257*

表1 中国関連史料にみえる唐の墳墓築造規定 *19*
表2 大化甲申詔（薄葬令）の墳墓築造規定 *20*
表3 陵山里王陵群石室規模（玄室）一覧表 *30*
表4 陵山里ヌンアンゴル古墳群Ⅰ群石室（玄室）規模一覧表 *33*
表5 陵山里ヌンアンゴル古墳群Ⅱ群石室（玄室）規模一覧表 *33*
表6 百済の十六官等 *55*
表7 百済喪葬令の復元 *59*
表8 新羅の官等 *71*
表9 金石文にみられる新羅の人名表記法（東 1987 を改変） *76*
表10 新羅土器様式の分期設定 *97*
表11 新羅硯の分類表 *145*
表12 環帯出土遺跡一覧 *188*
表13 唐・新羅・日本・百済の腰帯関連記事対比表 *191*

表14　新羅の官等・骨品と色服の対比表　　*218*
表15　唐から新羅に贈られた服飾一覧　　*219*
表16　唐・新羅・日本の官位および服色の対比表　　*220*

序章　韓半島三国時代における国家形成後の社会

1　本書の課題設定

　考古学による古代国家形成の問題はこれまで多くの研究者によって語られており，筆者も関心を寄せてきたテーマである。考古学による国家論は主に考古資料の展開によって古代国家がどの段階に成立したか，どのような過程を経て形成されたかに集中する傾向があり，様々な基準のもとに多くの異なる見方が提示されてきた。一方で，各地に成立した国家は成立直後の姿を後々まで引き続きとどめるものではなく，あるいは内的成長を遂げ，あるいは外的影響を受けながら絶えず発展し，時には衰退するものであるが，このような国家成立後の社会の展開について考古学的資料に焦点をあてて論じた研究は少ないように思われる。

　古代東アジア世界においては，それぞれユニークな伝統的社会を形成していた各地域の政治集団が，揃って均質な国家像を指向・模索する段階がある。日本の歴史では律令国家への階梯を上りはじめる時期がこれにあたると考えるが，その傾向は日本列島だけのものではなく，中国周辺国家においてはその存亡をかけて共通してとらざるを得なかった道であるともいえる。

　中国を中心とした古代東アジア世界にあって，成熟した古代国家の完成は，明文化された法の確立と，それに伴う中央集権体制の成立，各種統治制度の整備などが重要な要素であると考えられる傾向がある。また，実際にそれが各地に群立した東アジア諸国が選択した理想の国家像であったともいえる。この前提によるならば，国家の「完成」には，物質文化の面でも前段階までの漸移的な変遷とは異なる画期性と東アジア諸地域で共通した変化がみられることが予想され，それ以後の資料を総合的に分析することで当時の政治相や制度上の特徴などが浮き彫りになると考えられる。ここで鍵となるのが，政治的状況を反映する物的証拠の抽出と，そのような物的資料と文献史料を厳密に対応させ検

討する作業であり，本研究が目指すところである。

　本書では，物質資料に反映される状況として決して普遍的ではないこのような古代政治制度史の一側面を考古学的な方法で復元することを最終的な目的としている。古代の政治活動に関する研究は，主に中央政権や王権の歴史を中心にその周辺の状況を記録した文献史料を検討対象とする文献史学の方法によっているが，一方で政治活動に関する明確な記録が多くない時代や地域の状況については，遺跡から出土する威信財など物質資料の分析を通じた考古学的手法も活用されている。このような文献史学的方法と考古学的方法の接点，すなわちこの両者をどのように相互補完的に利用できるかという問題は，それ自体が重要な方法論的課題であり，特に過去の政治相や法制度などの物質的痕跡を求めようとする試みでは一層重要なテーマである。

　本書の具体的な研究対象時代と地域は三国統一を前後する時期の韓半島（朝鮮半島）で，特に6～8世紀代の滅亡直前時期の百済と，統一を推進し達成した新羅・統一新羅に設定する。この時期は中国との交流・交渉が特に活発であった段階で，各種文化現象とともに政治制度的な側面にも中国の影響が大きく作用し，韓半島の急激な内的変化が達成された時代である。特に官人組織の編成をはじめ，整備された法制度の施行を大きな特徴とする隋唐帝国の成立は，百済・新羅の国内統治方式にも多大な影響を与えており，その状況は考古資料にも反映されている可能性が高い。

　よって本書では，当時の韓半島に流入した中国式の政治制度，特に社会構成員を統率するために制定された法や制度が物質資料にどのように反映されているのか，また考古学的な方法で当時の政治相を復元することは可能かという点を念頭に置きつつ，物的資料と制度的側面を結び付ける方法論を模索し，その可能性を提示したい。特に当時の人間集団支配の根幹をなす官制に対する検討は，考古学的にアプローチが可能なテーマの一つと考えられるため，考古資料にみられる階層構造と官制との関連性を軸に据え，その周辺テーマの議論を深化させたい。

2 研究の時代背景

　東アジアの歴史上，特に文字の記録を残すようになった時代より後の古代社会においては，政治・経済・文化などすべての側面で常に創始的位置にあった中国と，その創造物を受け入れながらも，それぞれ独自の歴史を展開させていた周辺国家という多元的な状況が表出していた。このような関係は中国の内的ないし対外的な混乱期には若干の動揺を招いたり，いわゆる異民族の征服王朝の出現などによりその関係が逆転したりもしたが，基本的に中原や江南にあった王朝と周辺地域との相対的な優劣関係が完全に解消されたことはなく，各時代を通じて中国優位の情勢が維持されたといえる。このような歴史的状況は実際に中国から周辺各国に流出・紹介された文化や各種技術体系，宗教・思想体系，経済体系，政治体系などに関する研究によって検証されている。

　特に，韓半島や日本列島をはじめとする各地域政体が一定の社会水準に達した南北朝から隋唐代にかけての時代には，その前後の時期に比べて各国間の交流が活発になり，東アジアに一つの文化圏が形成されはじめたようにみえる。なかでも，中国で長い間の分裂状態が終結して成立した統一国家の隋唐は，「世界帝国」と呼ばれることもあり，周辺地域との関係網の確立は「東アジア世界の成立」と形容されるほど，漢民族だけでなくその周辺各国にまで広く影響力を及ぼす国家として台頭した。このころ，周辺地域では生活習慣に至るまで中国式を導入する風潮が生まれ，さらに民衆支配の方式までも積極的に取り入れていった。その一つが集団統治の実践的方策である律令であり，それを受け入れて自国の統治を実行した国々を律令国家群と呼称することがある。韓半島もその影響を受けた地域の一つで，その状況は『三国史記』など文献史料に律令を受容・頒布したとする記事がみえる点でも推測が可能であり，いわゆる東アジア律令国家群の一翼を担っていたといえる。本書でも，韓半島における「律令」の存在とその性格をいかに考古学的に跡付けることができるかが一つのテーマとなっている。

　ただし，韓半島の律令はその実在性に対しても議論があり，そもそも律令の最大の特徴が成文法であるという点を考慮すると，それに対する考古学的なア

プローチはすでに大きな限界を孕んでいる副次的方法であるという他ない。それにもかかわらず韓半島のいわゆる「律令導入期」を考察する上で考古学的方法が通用すると考える理由は，中国や日本などとは異なり，条文自体が残っておらず，あるいは復元も叶わず，関連する文献も少ない韓半島三国時代の特殊な事情のためである。文献をみると，韓半島三国や統一新羅に中国律令の影響があったことは疑いない事実のようにみえる。しかしそれがどんな形でどの程度導入されていたかについては，上の事情により断片的な議論に終始しており，不明確な部分が多いといわざるを得ない。このような状況を打開するためには，従来の文献史学的な方法とともに，発掘資料を積極的に活用・援用できる方法論を提示することが関連研究の進展に少なからず寄与する道であると考える。

　ところで，三国時代の韓半島各国が当時の中国王朝からは完全に独立した政体であっただけに，国内を統治するための政治制度も中国式のものをそのまま適用させたわけではなかったと考えられる。中国の制度が取り入れられる以前には，当然ながら各国が伝統的に施行してきた一種の固有法ともいうべき統治方式が存在したはずで，新たに導入された継受法としての中国式統治法との関係を解明することも重要な課題である。同じ中国式政治制度継受国の日本の状況も参考になるであろう。固有法から継受法へという完全な転換を論じるというよりは，伝統的統治方法の基礎の上に新たに取り入れた制度をどのように適用・融合させたかという部分を検討する視点が必要となるが，本書ではこの点についても考古資料をもとに検討したい。

3　本書の構成

　本書の検討対象として取り上げた具体的テーマは個別的には独立した主題であるが，当時の法制度，とりわけ官人社会へのアプローチという目標を設定するならば，その命題を構成する亜体系としての機能を担っているといえる。本書を構成する各部の内容はおおよそ次の通りである。

　まず第1部「百済・新羅墓制の変質と古墳築造の統制」では，喪葬と官位に関連する制度が存在した可能性を念頭に，規模・構造・副葬品など墳墓を構成

する各属性の階層性を明らかにし，被葬者の位相と官位制の実質的な対比を試みる。ここでは韓半島の事例だけでなく，中国や日本の墓制の状況とも比較することで百済・新羅において施行されていた官制や喪葬制がどのような特徴を備えていたのか，そこに中国法制の影響がみとめられるのかについて考察する。また，韓半島においてこの時期に墳墓の構造が簡素化し，古墳群の規模が急激に縮小する「薄葬化」現象とその背景についても考察を加える。

第2部「東アジアにおける土器様式の変化と文書行政」では，一定の時期に韓半島に出現する特定器物の定着過程とその背景，そして土器様式の転換が物語る社会・政治的変化について検討する。特に中国の金属器や陶磁器などの影響で出現したと考えられる台付器種の展開を検討することで，中国式生活習慣の導入時期や使用階層を推測することができると考える。また，文字使用の本格化に連動すると判断される定形硯の出現・普及の様相を検討することで，成文法施行に不可欠な文書行政の普遍化の様子を検討する。

第3部「帯金具と服飾の画一化と身分表象」では，官位制の運営が衣服に反映されていた状況をもとに，装身具や服飾に表された身分表象と階層構造について検討する。ここでは，官位を暗喩する遺物として，百済の環帯や新羅の土俑などを素材として取り上げ，さらに中国との関連性が確実であるいわゆる腰帯具（丸鞆・巡方）についての分析を通じ，百済および新羅の官制の特殊性を明らかにするとともに，東アジア各国において看取される普遍性を概観する。

最後に終章では，検討した内容をもとに百済および新羅地域に導入された中国式統治方式の実態を推論する。また，中国で発達した律令と韓半島に導入されたと思われる法制度の共通点と相違点を明らかにし，当時韓半島において施行された法制度の継受性と固有性を分離・抽出する作業をまとめとする。

人間社会に階級や身分の差ができて以来，集団の行動を統制するために多様な形態の社会的・政治的規制が創造されることで社会は発展してきた。ただし，そういった規制が必ず当時の人々によって厳格に守られたかというと，それは別個の問題である。文献に残る法律や制度が当時守られるべき規律の内容を記したものであるならば，逆に遺構・遺物として残る考古資料は，当時の人々が実際にそれを遵守したかどうかという結果面を反映しているものであるといえる。人間の不変の特性上，当時も社会・政治的規律に外れる行動をとっ

た個人や集団は多かったと思われ，彼らが残した物質資料があるいは本書のような試みの大きな障害として作用することもあるであろう。しかしそのような特殊性の抽出も，このような類の研究を進展させるためには意味ある作業となるはずである。

　以上のような観点を基本とする本研究の結果が従来の研究成果とどのように抵触するのか，またそこから新たに派生する問題点にどのように対処すべきかは今後の研究で扱われるべき内容である。考古学専攻者の筆者が文献史学的な性格が強いテーマを選択し，その解釈を試みることにおいては，物質資料に対する過大評価や文献解釈の甘さと誤解が生じるかもしれないが，本書によって多少なりとも新たな視点と研究成果を提示できるならば望外の喜びである。

第1部　百済・新羅墓制の変質と
　　　　　　　古墳築造の統制

　日本におけるいわゆる大化の薄葬令（甲申詔）については，文献の内容だけでなく実際の墳墓資料からも検討が進んでいる。薄葬令に関する議論はその存在自体や実効力の存否などにも及んでいるが，日本国内だけでなく，東アジア諸国において看取される共通的な事象にも鑑みると，この時期の墳墓築造に関する詔勅と実際の考古資料から読み取れる変化が全く無関係であったとは考え難い。また，墳墓の変質が必ずしも薄葬化のみを意図したものでないことから，「薄葬令」という名称自体も適切でないとする見方がある（和歌森1958，関1958，下原2006）。そこには「身分別葬制」や「公葬制」などの様々な背景が提示されており（岡田1966），それぞれに議論が展開されている。
　もとよりこの時期の薄葬化が単に思想的な背景のみから推進されたものでないことは当時の政治的・社会的状況からも明らかであり，そこには東アジアにおける国際情勢と連動した国制の整備も深く関連しているとみられる。政治的側面がどの程度反映されているのかを実際の墳墓の分析から明らかにする作業は必ずしも容易でないが，資料の蓄積度や整合性の面から一つのモデルを提示できると思われるのが韓半島三国時代の横穴式石室（横口式石槨）である。特に滅亡前まで現在の扶餘に都が置かれていた百済時代後期にあたる泗沘期（538～660年）には，上に見た薄葬思想の浸透，身分別葬制・公葬制の実施など，様々な背景を検証し得る墳墓が各地に築造される。百済の墳墓，特に横穴式石室は段階的に日本の石室に影響を与えていたとされるが，その中でも百済泗沘期の墳墓は形態的に日本の終末期古墳との関係が注目される（山本2016）。このように日本との密接な関係が想定される百済の資料に対する理解は，日本の薄葬令や中国の喪葬令の内容を検討する上でも有用であると考えられる。百済地域に比べ，新羅地域では横穴式石室の形態・構造面に階層性が明確に反映されているとはいい難いが，その分布の広がりには高い政治性が看取され，前代からの墓制の変化はやはり周辺国と共通した過程を経ていることが

うかがえる。

　第1部では，韓半島において古墳の盛んな築造が終息していく過程とその現象が意味する社会的変化を確認し，百済の墓制の分析から古代東アジアにおける「薄葬」とその背景に関する一つのモデルを提示したい。また，対極にある新羅の状況を概観することで，薄葬化過程の多様な側面も点検する。

第1章　古墳築造の変質と墓葬の制度化

　百済と新羅の具体的な資料の分析に先立ち，本章では韓半島の古墳を対象に，古代東アジアにおいて人間の葬送行為が単なる「風習」から政治的な「制度」へと移行する過程とその時代背景について巨視的な観点から考察して共通モデルを提示し，第1部の内容の前提としたい。

　社会的な動物である人類にとって，ある人物の死は単なる個体的事件以上の意味を持つ。古代においても人間は，狭くは家族から広くは国家に至る様々な社会集団に所属する存在であったため，個人の死は社会構成員の死であり，葬送行為は所属社会の特定の慣習や規範に則って行われるのが一般的である。葬送は，その歴史の初期においては思想文化的な行為であり，風習の一部であったが，社会が政治性を帯び，様々な理由で特定の死者を顕彰するようになるとその行為自体も政治的行為となり，その産物としての墳墓や副葬品も重厚な「厚葬」となる。そのような社会の中で，構成員の死はその人物が属していた各社会単位に大小の影響を与える（大林1965）。特定の社会において優位な立場にあったり身分が高い人物，すなわち支配的位置にいた人物であるほど，その死は社会構造ないし社会秩序に大きな混乱を惹き起こす。葬礼は，その混乱状態を鎮静化させ，再びもとの社会システムを回復させるためのきっかけとしての役割も担う。社会が政治的色彩を強く帯びているほど，その構成員，特に当該社会を運営する立場にいる人物の葬送行為もまた，構成員や周辺勢力などを巻き込んで，政治的に執行される傾向にあるといえる。現代社会においても同じような例を挙げることができよう。

　「葬制」ないし「墓制」という用語は，特定の集団や社会を基準に特徴付けられる言葉であるため，一定の時間および空間の中で共有される共通の葬送行為や墳墓の形態・構造が存在するという事実を前提とする。すなわち，一般的に特定の時代および地域範囲には，共通した特徴を持つ墳墓が造られることが多いということである。さらに，類似する形態や構造を持つ墳墓が分布する範囲内では，類似する祭祀・儀礼などの葬送行為が執り行われたことが予想され

る。このように，同質の墓と葬礼を共有する地域を，墓・葬制における一つの文化圏ないし社会と規定できる[1]。

　問題は，このように墓葬制文化を共有する集団が，互いにどのような紐帯を持っていたのかという点である。筆者は，このような各集団間にみられる共通性を「文化的（慣習的）同質性」と「政治的同質性」に分けて把握し，それぞれのまとまりを「文化的（慣習的）紐帯」と「政治的紐帯」として理解している。前者の場合，墳墓の形態・構造や葬送行為にみられる共通性は風習や文化的類似性に起因するのに対し，後者は各集団を代表する中央権力の一定の強制力によって個別墳墓の築造が規制された結果として生じる形態・構造・埋葬行為の同質化であるといえる。一般的に人類の歴史が複合社会に入る以前の先史時代には前者の場合が多く，王権や国家など整備された統治機構が社会に成立する段階で，その影響力範囲内に政治的な力によって同質化された墳墓が築造されることがある[2]。実際に古代東アジアの各国では，中央権力が墳墓築造を様々な方面から規制していた事実が記録されている。本章の目的は，このような文化的・慣習的産物であった墓葬風習が，いつどのような契機によって社会的・政治的に「制度化」されたのか，その過程を跡付け，それを東アジア世界で共通の事象として評価できるのかを探ることである。

　墓葬風習の制度化は当然ながら墳墓の築造において顕著に表現されるところとなり，その結果として「薄葬」として捉えられる状況も出てくるが，実際には政治的規制が必ずしも埋葬・葬送の簡素化に直結するわけではない。また，中央権力による墓葬に対する規制は，それ自体が単独でなされたわけではない。該当時期の時代状況をみると，統治機構の中央集権化過程において極めて多方面にわたる社会的改革がなされ，埋葬関連部分もまた社会構成員に対する統治手段の一環として変化していったことがわかる。被葬者が身に着けた装身具もその一例である。遺跡から出土する装飾品は，当時の人々の服飾文化を示すものであるとともに，古墳から出土する限りにおいては，死者の身を飾っている点で葬制の一端を表すものといえる。服飾の制度化の状況に関しては第3部において詳述するが，様々な社会要素のうち被葬者の社会的地位を最も顕著に反映している考古学的要素といえる墳墓と被葬者の服飾との相関性にも注目しつつ，墓葬制度と埋葬服の関係についても言及したい。

1　古墳築造の変質とその意味

　まず本節では，墓葬風習が社会的・政治的に制度化されていく過程を明示するため，実質的な墓制変化の流れと，当時墳墓築造に与えられた意味がどのように変遷したのかについて，韓半島三国時代後半期と日本列島の古墳時代後期を比較・対応させながら概観したい。

　三国時代は韓半島の歴史上，各地で最も大きな古墳が築造された時代であり，年代の並行性とともに社会・文化内容としても日本列島の古墳時代に近い。多くの労働力と高い技術力を動員して造られた大型古墳や壮麗な副葬品は，そこに埋葬された人物の位相を対内外的・視覚的に表現しようとした産物であり，特定の地域ないし集団内において権力の集中が一つの頂点に達した結果といえる。

　ところが三国時代と古墳時代のある段階以降には，各地で巨大な墳丘を持つ古墳の築造行為が縮小し，副葬品も減少する傾向がみられるようになる。これを一般的に薄葬化現象と表現することがあるが，このような動きは思想的・宗教的な原因を内包しつつも，実際には政治的な側面が極めて強い。これは単なる埋葬行為のみの簡素化ではなく，支配者階層が可視的な権力表現を行わなくなった結果とみることができる。つまり薄葬とは，社会的な権力可視方法の変化がそのまま墳墓にも投影されたものであるといえる。

　薄葬の結果として考古資料に表れる「古墳築造の衰退」について，ここでは①個別古墳の規模縮小および副葬品の減少，②古墳群を構成する古墳数の減少という二つの意味を含めて考えるが，この「古墳自体の衰退」と「古墳群の衰退」という二つの現象は，一般的にそれぞれ異なる時期に段階的になされる。

　この古墳築造の衰退様相は，韓半島三国や日本列島のみならず，広くは中国をはじめとする東アジア全体でほぼ同様の脈絡で進行したと考えられる。東アジア各地域共通の古墳および古墳群の縮小・衰退モデルを段階別に示すと次の通りである。

（1） 横穴式石室の導入

　薄葬化に関連する古墳の変遷相をみると，横穴式埋葬施設の導入が最初の契機となっていることが多い。竪穴式から横穴式へという埋葬施設の移行は東アジア全域で確認される古代墓制の大きな流れであるが，この二種の埋葬施設を持つ古墳の墳丘規模や構造的な面を比較し，横穴式古墳の築造コストが竪穴式のそれよりも低かったことを指摘することがある。このような経済面の削減傾向は明らかに薄葬化現象と結び付く重要な要素であり，実際に新羅では巨大な積石木槨墳に比べ，横穴式石室の採用は墳墓築造のコスト削減につながったことは想像できる。高句麗の場合も，積石塚から封土墳への変化を横穴式石室の定着と関連付けて考えると同様のことがいえる[3]。

　ただし百済の場合，横穴式古墳と竪穴式古墳が併存する時期の状況をみると，古墳の規模や構造，副葬品の面において，同一古墳群内にある横穴式の古墳が竪穴式の古墳よりも優位であることが多く，横穴式埋葬施設の導入が必ずしも労働・経済面における節減に直結していない。日本列島の場合でも，初期に横穴式石室を導入した各地域の首長墓級古墳は，墳丘規模において決して小型化していないことが多い。畿内の大王墓クラスでも，横穴式石室を持つ初期の大王墓とされる今城塚古墳（墳丘長190 m）から，横穴式石室である可能性がある古市古墳群の岡ミサンザイ古墳（墳丘長242 m），野中ボケ山古墳（墳丘長122 m），白髪山古墳（墳丘長115 m），高屋築山古墳（墳丘長122 m），また現在知られている最も長大な横穴式石室を持つ見瀬丸山古墳（墳丘長318 m）に至るまで，墳丘の広大さを維持している。墳丘の立地や地形条件なども考慮する必要があるが，巨石を用いて大型の石室を構築している点を考慮すると，築造コストや技術力は前段階に劣らなかったであろう。

　文献史料にみえる薄葬化の動きは一般的に中心勢力の主導でなされており，各地域の政治的中心より周辺地域で先に横穴式石室が採用されることが多い東アジア各国では，その出現自体をそのまま薄葬化の指標とすることはできない。墓制の類型と中央勢力の政治的・思想的意図が作用した薄葬化を関連付けられるのは，横穴式石室が一政体内の普遍的な墓制として定着した後，その築造に中央による関与が表れはじめた時期からであるといえる。

一方で，家族墓として定着して以後の横穴式石室には，基本的に一人ずつを埋葬する竪穴式埋葬施設とは異なる埋葬理念が作用していることは確実である。追葬（あるいは合葬）された被葬者の組み合わせが一般的に夫婦または血縁の家族と考えられることから，横穴式埋葬施設の出現に家族関係・家系踏襲に関わる社会的転換があったことが想像できる。竪穴式から横穴式へと墓制が変化し，それによって葬制が変化した背景には，大きな社会・理念的転換を想定できるであろう。

（2）　墳墓の均質化

　上でみた横穴式埋葬施設の導入期を墓制の社会・理念的転換期と評価するならば，広い地域において規模や構造に至るまで墳墓の均質化が達成される時期は，その築造を統制する力が作用した段階とすることができる。次章で触れるように，百済泗沘期に最も明確にみられるこの状況の時期が，政治的統治手段として墳墓築造が利用された段階とみられる。中央権力の意図が墓葬風習まで介入しはじめたこの段階を，「墓葬制度」定着の第一の契機として評価できよう。

　墳墓の構造や規模が統一されるだけでなく，そこに納められる副葬品の質や量が削減されるのも偶然の一致ではない。この段階に真の「薄葬化」がなされ，国家による墓葬制度の統一が達成されたといえる。この段階の特徴は，規模が縮小し副葬品が減少した墳墓が，前段階に比べて特定政体の勢力圏内において相当数築造されるという点である。これは各政体の勢力拡大とも関連するが，墳墓の数量自体が増加する現象は，古墳を築造する階層が一時的に多くなったことを表している。後述するように，やはり中央政権による構成員の直接統治と関連している可能性がある。日本列島の場合，いわゆる畿内型石室の定着と群集墳の拡大という現象においてよく似た状況をみせる。

（3）　墳墓の矮小化と減少

　政治的規制を受けながらも一定の期間大量に築造された墳墓は，ある時期から小型化・粗雑化・数量減少へと向かう。百済の例では，合葬から単葬へという埋葬方式の変化（吉井1997）により，墓室自体の規模が小さくなるとともに

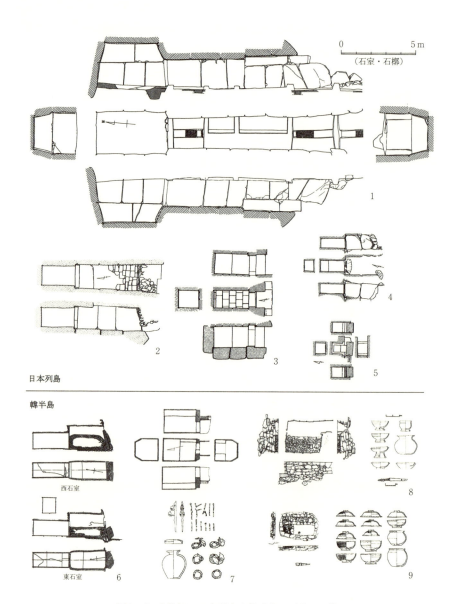

図1　6〜8世紀の日本列島と韓半島の石室・石槨
1：奈良県岩屋山古墳　2：大阪府塚廻古墳　3：奈良県平野塚穴山古墳　4：奈良県巨勢山323号墳
5：奈良県中尾山古墳　6：高句麗土浦里1号墳　7：百済六谷里7号墳　8：新羅芋浦里E8号墳
9：統一新羅鵝洲洞9号墳

無羨道化(あるいは無袖化)し,構造も粗雑な小型横口式石槨へと移行する様相が観察される。新羅ではかなり遅くまで追葬(多葬)の風習が残るが,石室構造の粗雑化,小型化・単葬化の傾向は同様である。すべて7世紀を通じておこる変化とみてよいであろう。

注目すべきなのは,7世紀代以降に古墳群を構成する個別古墳の数が減少する現象である。いくつかの拠点地域では,それまで造営されていた古墳群の墓域から場所を移して次段階の古墳群が形成される場合もある。このような現象の背景には,地方勢力の半独立性を許容しない王権の意図が介在していたものと考えられ,これを薄葬過程の第二段階かつ政治的な力が作用した古墳衰退の大きな画期と設定することができよう。また,追葬(合葬・多葬)がなされていた墳墓が次第に消え,単葬を基本とする方式へと移行するのは,中央集権化を進める支配階層により社会構成員個々人に対する管理(直接支配)が貫徹された結果かもしれない。個人を完全な法秩序の中に編入したことを表す戸籍の作成なども考慮に入れる必要があろう。日本列島の事例と対比してみるならば,終末期古墳の一類型として横口式石槨が築造され,各地に浸透する状況が想定できるかもしれない。

2 墓葬制度成立の基準要素

上の内容をふまえ,墓葬風習が政治的に規制される状況において新たに表出するとみられる要素を列挙し,それを墓葬制度定着の基準要素と仮定したい。

まず最も明確な現象は,前述の形態・構造・規模面においてみられる墳墓の均一化である。特に新しい石室石材加工法の定着や測量単位(尺度)の運用など,特別な技術と知識を媒体とする緻密な石室を築造する事例が挙げられる。重要なのは,そのような斉一化が中央の最高階層の墓型式を起点になされている点である。つまり,支配階層が採用した墓の構造や規模が,のちに広い地域と階層に導入されたとみられるのである。新しい墓制が政治の中心ではなく地方においてまず取り入れられることは多いが,それが中央の主導により拡散したことが確実な場合には,その変化にはある種の政治制度的な意図が介在している可能性が高い。特に埋葬施設である横穴式石室は,当時誰もが容易に目に

する対象ではないため，受容者側が能動的に模倣することだけで，それが広範囲で流行したとは考えにくい。石室構築法や尺度の利用など，支配階層の技術や知識を媒体とした築造規制が作用していたことが想定される（山本 2007b）。

　社会・政治的規制が墳墓に表れはじめる際の現象として，次に制度的な墓域（共同墓地）の確立を挙げることができる。生活の場（生者のための空間）と埋葬の場（死者のための空間）の分離は，先史時代においてすでに確認されはじめる現象であるが，それが制度的に定められ考古資料にも反映されるのは，都城制の成立と深く関わる墓葬制度の一側面である。いわゆる「京外埋葬」の概念の成立がこれにあたり，中国をはじめ韓半島各国，日本などである時期以降にこの原則が徹底されはじめる。例えば，百済は泗沘遷都を契機に中国都城制の一部を導入したとみられるが，その構成要素の一つとして京外埋葬の概念が含まれていたと考えられる（山本 2005a）。この概念の適用により，王陵と推定される古墳群（扶餘陵山里古墳群）さえも都城の内外を画する羅城の外に築造されることになった。重要なのは，都城住民の墓域と推定される古墳群（陵山里ヌンアンゴル，塩倉里をはじめとする周辺古墳群）が都城の東側，王陵と考えられる古墳群のさらに東に大きく形成されている点である。このような現象は，墳墓の規模や構造に対する規制が作用していただけでなく，その築造場所も一定程度定められており，都城の居住民がどこにでも墓を造るということができなくなっていたことをうかがわせる。丘陵の小さな谷筋を隔てて血縁関係を基盤にした集団（氏族）の墓域が定められていた可能性がある（山本 2015）。

　次に注目されるのは，一律の規模と構造を持つ墳墓が，一定の地域範囲内において広く築造される点である。この分布範囲は基本的にその「一定の地域」を越えて造られることはなく，その点が前段階の文化的（慣習的）な墓の同質化とは異なる点である。結論を述べると，この範囲は土器や装飾品，文献史料などから復元される特定の政体の領域ないし影響圏の最小範囲を表す可能性が高い。のみならず，この特定政体に帰属される墳墓の分布の変化は，政体自体の領域変化に直結する。6世紀中葉以降の百済の南遷と新羅の北方・西方への版図拡大がこの現象の典型例である。古代国家成立以降にも，一定の期間は階層や地域ごとに墓葬形態に差があったため，国家の形成と墓葬風習の統合は決して同時になされた要素ではない。その意味で，形態・構造・規模が均一化し

た墳墓が一定の空間分布を形成する現象は，政治的意図が墓葬風習まで浸透した証左であるといえる。

　最後に挙げられるのは副葬品の変質である。墳墓自体の小型化・定型化とともにおこる副葬品の変化は，端的にいうと威信財の消滅である。威信財を保有型と着装型に分ける見方に従うと，保有型威信財は基本的に墓葬運用が政治制度化するとともに姿を消す。言い換えると，墓葬制度の成立は支配階層の政治的意図により達成されるものといえるため，個人や特定集団の権威を表す保有型威信財の消滅はそれを知る上で直接的な基準要素となる。着装型威信財も同様の脈絡で衰退するが，保有型威信財との相違点は，冠や銙帯などをはじめとする装身具および考古資料として残りにくい衣服などが，墓葬風習が制度化した後も身分秩序を表す要素として引き続き利用される点である。このことについては，墓葬制度の定着と非常に深い相関関係を持つと考えられるため，次章および第3部において別途検討することにする。

　このように，古代東アジアにおいて「墓葬風習」が「墓葬制度」へと移行したことを表す基準としては，①政治的中心を起点にした墳墓構造と規模の定型化，②意図的に編成された墓域（共同墓地）の形成，③政体の版図伸縮動向と軌を一にする①の要素を備えた墳墓の展開，④副葬品における威信財の衰退・消滅などにまとめられる。

3　服飾制度と墓葬制度の関係

　前述のように，韓半島では着装型威信財で自身の身体を飾ることで権威・権力を表現した段階がある。特に各種装身具のうち頭部を飾る冠や冠帽にその状況が端的に表されており，そこには視覚的に下位階層や社会構成員を威圧する効果が与えられていた。新羅や百済など，三国時代の古墳から出土する冠・冠帽は，地域の首長層と推定される人物・集団の所有物とみられるが，形態的同質性からしてそれぞれ中央勢力との関係がうかがえる。これらはすべて形態や材質などの装飾性に一定の段階的な階層性ないしそれぞれ異なった中央との関係が内在しているようである。このような冠飾に表された集団間の関係ないし中央と地方の間の関係は，「冠制」という言葉で表現できる。冠の基本的モチ

ーフの共通性から考えると，冠は権威表現方式の共有を基盤に各地方で製作されたか，中央で製作されたものが配布されたものと推定される。韓半島では4・5世紀～6世紀前半代の状況である。

　冠制によっておおよその優劣の秩序が定められていた段階には，各地方の墓制が中央権力によって完全に統制されていた状況はみられないため，この時期は墓葬風習まで中央の影響がおよんでいなかった間接的支配関係の段階であるとみることができる。威信財が各地に残っている状況から，地方首長層が視覚的効果を持つ物品を利用し，自ら在地社会構成集団を統治する必要があった段階といえる。

　6世紀前・中葉以後，韓半島では冠をはじめとする着装型威信財で身分秩序ないし中央との関係を表現した「冠制」に代わり，法により個人の社会的身分を規定した「官制」の時代へと移行する。華美な装飾が施された冠や銙帯，飾履，環頭大刀などを被葬者が着装ないし副葬しなくなる時期がこの段階にあたる。代わって構造・規模など様々な面において定型化した墳墓から，視覚的効果をほとんど失った服飾関連資料が出土する。百済では銀花冠飾や環帯，新羅では楼岩里型・皇龍寺型・唐式など各種帯金具がそれにあたる。威圧的な性格がなくなったこれらの服飾資料は，もはや着装型威信財とはいえず，大きさや素材，形態が一定の型の中で固定されるという意味において，前段階とは大きく異なっている。三国時代後期から統一新羅時代に顕著に見られるこの変容は，服飾がもはや威信財としての機能を喪失し，特定の国家への帰属意識を高揚させるための「制服」の役割が強調された結果としておこった変化であるといえる。その制服（官服）を構成する要素において観察されるわずかな装飾性や素材の差は，完備された身分秩序，すなわち官位制の存在を示している。

　この着装型威信財から国家制服への変化が，先にみた墳墓の画期的変化と同時期におこる点は注目される。葬制に関連してさらに重要なのは，墳墓の被葬者の中に，そのような国家の制服を着用した状態で埋葬されている人物がいるという点である。官服を着た人物が国家の規制を受けた墳墓に埋葬されているという状況は，墓制や副葬品，服飾など物質的な部分だけでなく，埋葬行為や儀礼など葬制自体にも国家の方針が大きく関与していたことを想像させる。

4 中央政権による墳墓築造の規制

　日本においても，薄葬化の要因には中央勢力による集権化と地方勢力の秩序化の目的が含まれていたことが想像されるが（網干1967），この点は上記のように韓半島でも同様であったと思われる。従って第一に検討すべき課題は，百済の中央政権による墳墓築造の規制の有無とその実態を抽出することである。中国の律令でいえば，その一編目を構成する喪葬令に関連する部分であり，考古資料である墓制と政治制度，特に具体的な法令との対比を試みることができる有効なテーマとなる。のみならず，「身分別葬制」とも表現されるように，この種の規制は身分（官位）によってその内容が異なっていたと考えられるため，当時の官制を復元する上でも大きな役割を果たし得る資料として評価される。よって制度的側面の地域間の共通性とその実質的内容を理解するために，まず文献の上から中国と日本の事例を確認し，後述する韓半島の事例を考えるための参考資料としたい。

　百済をはじめとする韓半島三国においては，喪葬に関する規定や墓制に反映される身分制に関する内容は記録に残っていないが，同時期の唐と日本の状況は喪葬令・薄葬令の内容を通じて知ることができる。それによると当時東アジア諸国では官位によって墳墓の規模や築造日数，築造に動員できた人数などが制限されていたことがわかるが，これは当時の韓半島でも例外ではなかったと想像できる。

表1　中国関連史料にみえる唐の墳墓築造規定

		一品	二品	三品	四品	五品	六品	七品	九品	庶人
『通典』	墳丘	方70歩	方60歩	方50歩	方40歩	方30歩	方15歩	方15歩	方15歩	方7歩
	墳高	1丈6尺	1丈4尺	1丈2尺	1丈1尺	9尺	7尺	7尺	7尺	4尺
	明器	90事			70事		40事			
『唐令拾遺』		1丈8尺	1丈6尺	1丈4尺	1丈2尺	1丈	8尺以下	―	―	―
『唐会要』		1丈8尺	1丈6尺	1丈4尺	1丈2尺	1丈	8尺	8尺	8尺	―
		1丈6尺	1丈4尺	1丈2尺	1丈1尺	9尺	7尺	7尺	7尺	4尺
『写本書儀』		1丈8尺	1丈8尺	1丈8尺	9尺	9尺	9尺	7尺	6尺	―

表2 大化甲申詔（薄葬令）の墳墓築造規定

	王族以上	上臣	下臣	大仁・小仁	大礼〜小智	庶民
墳丘規模	方9尋 高5尋	方7尋 高3尋	方5尋 高2尋半	—	—	—
石室規模	長9尺／高5尺 ／広5尺	同左	同左	長9尺／高4尺 ／広4尺	同左	—
人数・期間	1000人/7日	500人/5日	250人/3日	100人/1日	50人/1日	—
葬具	白布, 轜車	白布	同左？	同左？	同左	麤布

　まず唐の例をみると，『通典』『唐会要』『写本書儀』『唐令拾遺』などに喪葬に関する内容がみられるが[4]，これらを通じて墳墓の大きさ・高さ・明器など各種墓葬に関する内容と，それが官品ごとに規定されていたことがわかる（表1）。当時の都であった長安や洛陽周辺に位置する官人や貴族墓と推定される群集墳墓に対する調査研究は，上の記録を検証するための重要なテーマであるといえる。

　日本の場合をみると，養老律令の喪葬令の条文などには墳墓の大きさや構造に関する言及がなく律令との実質的な対比はできないが，大化甲申詔を記録した部分には具体的な内容が出ており，参照が可能である[5]。7世紀中葉（646年）に頒布されたとされるこの法令によると，冠位によって墳丘や石室の規模，副葬品の種類，棺の構造，墳墓築造に動員できた労働力と日数（期間），葬礼の方法などが仔細に規定されている（表2）。

　7世紀中葉頃の日本において身分により墳墓築造基準に差があったことを伝える記事であるが，実際の考古資料においてもある程度の傾向がみられる。6世紀代まで全国的に大量に築造されていた前方後円墳が7世紀中葉頃までに完全に造られなくなり，当時の中央であった畿内地域を中心に副葬品が減少し，横口式石槨が設けられた方墳や円墳または八角墳（天皇陵）に代表される終末期古墳が築造される。各勢力および階層ごとに墳形に違いがあったことが指摘されており，身分の差がより明確に反映されはじめたことがわかる。

　ところで，上記の内容で特徴的なのは，中国の例では特に触れられていなかった埋葬施設，つまり石室（石槨）の規模まで詳細に言及している点である。石室は墳丘とは異なり築造当時の形態をそのまま保っていることが多いため，記録の内容と直接対比し得る資料といえる。ところが，実際にこの内容と当時

の都周辺を含む日本各地に分布する終末期古墳の埋葬施設の規模を比べると，数値が正確に一致する古墳が意外に少ないことが指摘されている。つまり，この薄葬令が施行された時期以降に築造された古墳の石室（石槨）規模と甲申詔の記録の数値が正確に一致するものはむしろ少なく，大部分はこの法令の内容にさほど重きが置かれていなかったような印象を受けるのである。おそらく規定された内容は位階ごとの上限を表すものであったため，正確に数値を合わせて築造する必要はなく，規定の数値を超えない範囲で適宜造墓されていたのであろう。いわゆる制限法といえるものである（網干他 1974）。

これは先にみた中国長安城近隣に立地する貴族・官人の墓の場合も同様であるが，このようにやや緩やかともいえる周辺諸国の状況に比べ，むしろ喪葬に関する記録が全く残らない百済泗沘期の石室の規格はかなり正確であり，百済においても身分（官位）の高低により墳墓築造に規制が働いていたことが想像できる。また，百済地域では王陵をはじめ当時の都城関連埋葬地や地方の拠点的古墳群などに対するまとまった発掘調査および報告がなされているため，各階層・各地方の墳墓に関するデータが豊富であるという利点がある。従って，分析を通じて百済の官制の一端が明らかになるとともに，同時期の日本や中国における墳墓築造規制を理解する上での一例を提供できると考えられる。

5 展　　望

本章の最後に，上で検討した内容をもとに，古代東アジア各国が共通して採用した可能性がある葬制の一類型と，墓葬風習が制度化した根本的な要因についてまとめておく。

葬制が国家によって制度化される時期になると，先述のようにいわゆる共同墓地が形成される。この共同墓地には，特定地域に居住する様々な階層の人々が埋葬された。このような共同墓地の存在に関連して施行された可能性があるのがいわゆる公葬制である（関 1958）。公葬制は，氏族や集団ごとに独自に墳墓を築造し埋葬儀礼を執り行なった「私葬」に相対する概念で，墓の大きさや構造に国家的・政治的な規制が作用しているだけでなく，石室の石材採取から架構，盛土などの墳墓築造工程や，埋葬行為・祭祀などの葬送儀礼に至るま

で，制度的に決められた過程を踏んで共同でなされる公的システムといえる。体系化された教義を持つ宗教が葬送行為に関与していたとは考えられない当時，当然ながらそのような公共作業を主導した主体は中央政権であったと思われ，このようなシステムが存在したからこそ，法的に規定された喪葬制度を実行することができ，墳墓築造を通じた民衆支配も実践可能であったのであろう。

このような公葬制の実施に関連すると思われる考古学的根拠が，実際の墳墓において確認される大きさと構造の規格設定である。代表的な事例として百済泗沘期に築造された横穴式石室が挙げられるが，いくつかの類型に分かれる石材加工および組み立ての方式がそれぞれ百済領域内の広い範囲に分布する点が注目される。単に中央の墳墓形式を模倣したり情報を入手するだけでは築造が困難であったと考えられるため，体系的な墳墓築造技術の伝達と受容，具体的には造墓専門集団の派遣や石室設計図の流通などがあったのであろう（山本2007b）。このような要素が公葬制の施行を可能にした背景と評価することができる。

葬送儀礼や祭祀など，行為としての葬制に関連する部分を考古学的に明らかにするのは難しいが，公葬制の概念によるならば儀礼・祭祀行為もまた個別的ではなく，共同で行っていたことが予想される。いくつかの古墳群で確認されている墓域前方の積石遺構などは，特定の墓に伴うものではなく，墓地全体を対象とした共同祭祀が執り行われた痕跡かもしれない。墓域内において発見されるこのような資料が蓄積されたならば，国家が主導した「行為」としての葬制を解明する糸口となるであろう。

薄葬の名のもとに大型墳墓の築造が停止し，墓葬風習という人間の原初的な行為まで国家が管理するようになった要因は何であろうか。文献と考古資料をもとに，次のようにまとめることができる。

第一に，王をはじめとする支配階層が主導した，民衆負担の軽減という側面が挙げられる。つまり，文献史料にも記録されているように，王のための巨大な墳墓の築造を王自身が中止した場合であるが，その影響が下位階層の墳墓まで反映されたとみるのである。ここには厚葬による財力・労働力消耗に対する社会的な反省という側面も含まれるであろう。第二は，中央政権，特に王が権力を集中させるために周辺勢力の弱体化・秩序化を図り，権力の象徴であるモ

ニュメントとしての墳墓を大きく造営できないようにしたという点がある。第一の場合とは異なり，完全に政治的な目的による薄葬であるといえる。先述の公葬制もまたこのような目的で実践された可能性が高い。第三は，同時期の中国の薄葬思想の影響で，韓半島や日本でも古墳築造が鎮静化したとみる場合である。ここには単なる思想的影響だけでなく，当時の国際情勢に鑑みて各地域の首長らがもはや厚葬の時代が終焉したことを敏感に感じ取っていたであろうとする仮定的観測も含まれる。最後に，薄葬思想に一定の影響を与えたと思われる要素として仏教的世界観の普及を挙げておく。ただし，仏教やその教義の浸透によって直接的に厚葬が抑制されたとみるよりは，やはり国家が社会構成員の思想的統合を目的に仏教を利用し，それによって権力の可視的表現を規制したとみる方が実状に近いように思われる。体系的宗教である仏教は，薄葬の原因ではなく手段であったといえる。

　実際には，上にみた諸要素が複合的に作用して墓葬風習の制度化がなされたと思われる。その中でも本書では，東アジア各国において実効力を持つ墳墓築造規制法といえる喪葬令が韓半島三国でも導入されたとみる立場から，墓葬制度の定着もやはり中央集権化を図った社会規制の一つとして実行されたものと考えておきたい。

第2章　百済後期石室墳の階層構造と官制

1　百済の横穴式石室にみられる社会的性格の変遷

　本章では，百済地域の古墳を対象に階層構造と当時の官制の対比を行う。百済の横穴式石室がどの程度政治的性格を帯びた産物であるのかについて検証するために，まず横穴式石室出現段階から消滅までの通時的な性格の変遷を把握しておく必要がある。墳墓が持つ社会的性格は，埋葬行為に関わる純粋に理念的・思想的なものから政治的性格を強く反映するものへと百済の各時期を通じて次第に変化したと考えられるためである。
　まず百済地域に初めて横穴式石室が現れた漢城期（〜475年）には，死者を埋葬するために築造された構造物，すなわち遺骸処理のための埋葬施設としての範疇から大きく外れなかったと思われる。現在までの調査研究によると，百済地域における横穴式石室は系統を異にする比較的多数の集団または階層によって散発的に導入されはじめるという現象がみられるため，集団間の相対的な位相や各集団内の階層分化の様相を把握し得る根拠の一つとして評価できる。ただし，百済中央勢力によって確実に横穴式石室が採用され，それが定着する以前には，横穴式石室は各地方集団内部の社会構造や階層を表す要素としてのみ機能しており，まだそれ自体が百済社会全体における共通した政治的位相の象徴として認識されるには至らなかったといえる。百済の初期横穴式石室の調査・報告が進み，漢城期にも多くの地域で横穴式石室が築造されていたことが明らかになっているが（金武重2011），この状況は大きく変わっていない。
　熊津期（475〜538年）に入ってから横穴式石室は王族をはじめとする中央勢力の墓制として完全に定着する。この時期の横穴式石室は，当時の都であった公州を中心に比較的広い範囲にわたって面的に普及する様子がみられる。中央とその近隣地域ないし地方を比べると，石室の規模や構造的な面において差がみられることから，広域に分布する横穴式石室を含む各種墓制間に一定の階層

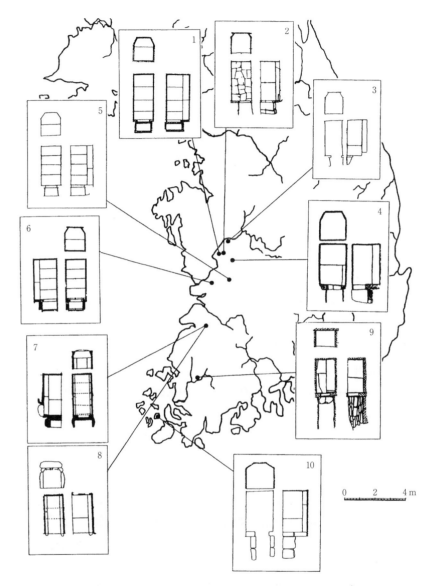

図2 百済後期型石室の分布
1：扶餘陵山里王陵群　2：扶餘陵山里ヌンアンゴル古墳群　3：公州松鶴里古墳群　4：論山六谷里古墳群　5：完州芚山里古墳　6：益山城南里古墳群　7・8：井邑隱仙里古墳群　9：羅州伏岩里古墳群　10：長山道昌里古墳群

秩序が確立したようにみえる。しかし，この時期には国家の支配領域（影響範囲）全域にわたる墓制の均一化は達成されておらず，横穴式石室の定着と中央地域を中心とした若干の序列化が進行したにとどまっている。

泗沘期（538〜660年）に入るとこのような状況は急激に変化しはじめる。つまり，王陵と推定される古墳の横穴式石室を基本形としたいわゆる「百済後期型石室」の成立[6]とともに，百済地域内に築造される古墳が高度な定型化と規格化の方向へと向かい，その分布も熊津期に比べさらに広い範囲を占めるようになる。おそらくこれは同時期に整備されたとされる百済の地方統治体制である五方制の施行と無関係ではなく，この時期に至って百済の強力な直接支配が各地に及んだものと判断される。のみならず，石室の構造自体に厳格な階層性がみられはじめるのもこの時期の特徴で，そこには官制（十六官等制）の整備が反映されている蓋然性が高い。このように，百済泗沘期は身分秩序と広域支配という縦横の統治方式の骨格が相互に密接に結び付きながら運営された国家段階であり，その政治的状況が，中央により築造が規制されたと考えられる横穴式石室墳にも色濃く反映されているのである。

以上のように，一口に百済地域における横穴式石室の展開といっても，単に形態・構造的な変化がおこっただけでなく，その背景として文化・思想的産物であった墓制が社会的性格を帯びはじめ，やがて政治的産物へと変化した状況がみてとれる。

2 位相を反映する石室の属性

分析にあたり，百済後期型石室の階層構造を把握する上で参考となる属性として，石室の規模・構造・使用石材・副葬品・立地などを挙げておく。実際にこれらを総合すると，後述のように扶餘陵山里王陵群[7]が百済後期型石室の中で最も高位に位置する一群であることが改めて確認できる。階層的な位置が確定的であるこの陵山里王陵群を基準に，石室を構成する各属性の位相を概観すると次の通りである。

石室の規模については泗沘期を通じて全般的に小型化に向かう傾向が指摘されており（吉井1992），時間的な側面を反映する要素でもある。一方，泗沘期

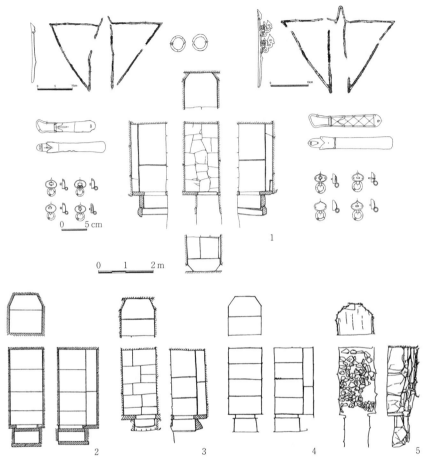

図3　規格化された百済後期型石室
1：扶餘陵山里ヌンアンゴル36号墳　2：扶餘陵山里王陵7号墳　3：扶餘陵山里ヌンアンゴル54号墳　4：完州苞山里古墳　5：沃溝将相里6号墳

120余年の間に一貫して陵山里王陵群の石室が他のものに比べて隔絶した規模を維持している事実から，規模の差は被葬者の身分の差を明確に示す要素としても評価できる。のみならず，石室の規模はそれを覆っていた墳丘の規模とも密接な相関性があるため，これを身分（位相）表現の最も明確な指標とすることには異論がないであろう。

第2章　百済後期石室墳の階層構造と官制　　27

石室石材および構造をみると，陵山里王陵群ではすべての石室が精巧に加工された板石や切石を水磨きしたもので精巧に構築されているため（関野1915），自然石や割石を加工せずに構築して幾分粗く造られた石室はそれより下位にあたると判断される。また，他の古墳群の例をみると，同じ墓域内において精巧な構造を持つ石室はそうでないものに比べ数が限られており（山本2015），前者が人数が限定されていた上位階層の被葬者に関連する埋葬施設であったことを想像させる。

　副葬品については陵山里王陵群から出土した遺物がほとんど伝わっておらず，一般的な百済後期型石室も副葬品の埋納が極めて限定的であるため，具体的な状況を把握するのは困難である。ただし，後述するように冠飾や帯金具などはある程度規模が大きく精巧な造りの石室から出土する傾向があり，墳墓の位相を推測する上で貴重な材料となる。さらに木棺の鐶座金具なども装飾性の面からみると複数のタイプがあり，そこに葬られた人物の地位との関連をうかがわせる素材である（山本2016）。

　以下では本章の実質的な分析過程として，百済後期型石室の各属性に表された石室の位相をもとに墳墓間の階層構造を明らかにし，被葬者の身分との対比を試みる。

3　石室の規格性と「陵山里規格」の提唱

　古墳の被葬者間の位相差を検証するためには，上位と下位にあたると思われる石室間にある種の共通性・規則性を確認した上で，その共通性の中にみられる一定の序列を抽出する必要がある。ここでは百済後期型石室にみられる規格性について検討することで，各墳墓間に内在する共通概念に立脚した階層構造の検証を行いたい。また，規格性に関する考察を進めながら，石室築造に特定の測量単位（尺度）が使用された可能性についても試論を提示する。

（1）　遺跡の検討

　百済後期型石室は，その精巧に加工された使用石材や規格的な構造から，共通の技術の下に築造されたことがわかる。特に板状切石を用いて玄室断面が六

角形になるように構築する手法は，中心地であった扶餘地域とその近隣だけでなく，当時の百済の領域にほぼ一致すると推定される広い地域にわたって分布している。このような形態的類似性と広範にわたる分布は，葬・墓制に対する共通した思想理念だけでなく，それを可能にする技術面の均一化があってこそはじめて達成され得る現象であるため，その築造にはある種の求心力，おそらく政治的中心勢力によって統制された一定の規格が存在していた可能性が極めて高いといえる。実際に，これらの中には若干の誤差を除けばほぼ同大で築造された石室が多く，石材使用の方式からしても共通の技術体系が作用していたことは疑いない。

　このような石室の規格性の存在を立証するためには，まず石室を築造する際に最も優先的に意識されたと判断される玄室床面積とその形態に注目する必要がある。これは石室築造過程の第一作業段階において意識される部分であり，石室の築造時にはまず床面の形態とそのサイズを設定する作業から始まったと考えられるためである[8]。従って，作業工程上において石室奥壁の設置（玄室幅の設定）と玄室側壁の設置（玄室長の設定）は，墳墓の位相を表現する上で特に重要な意味を持っていたと考えられる。

　以下では陵山里王陵群と陵山里ヌンアンゴル古墳群，塩倉里古墳群など都城

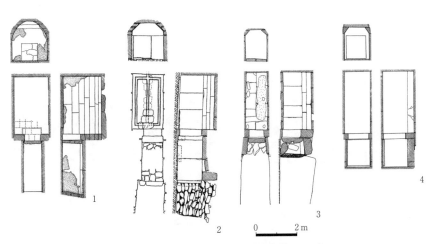

図4　陵山里・陵山里東古墳群（王陵群）の石室
1：中下塚　2：東4号墳　3：東5号墳　4：西下塚

に最も近い位置にある主要古墳群について概観し，石室の規格や階層性などについてみていくことにする。

扶餘陵山里・陵山里東古墳群（王陵群）

扶餘東羅城の外廓に隣接して立置する陵山里古墳群および陵山里東古墳群は，その位置・規模・構造などから泗沘期の王陵または王族墓級の古墳群と推定される。陵山里東古墳群は王陵からやや離れて立地するが，周辺の他古墳群の石室と比べて卓越した規模と構造を持っており，王族または上位貴族層の墓と判断してよい。これらの石室の規模をまとめたのが表3である。長幅比は玄室の長さ÷幅から算出した数値である[9]。

表3　陵山里王陵群石室規模（玄室）一覧表（単位：cm，面積：m^2）

古墳	長	幅	長幅比	面積	古墳	長	幅	長幅比	面積
陵山里東上塚	325	199	6.5	1.6	陵山里東1号墳	268	110	2.9	2.4
陵山里東下塚	325	151	4.9	2.1	陵山里東2号墳	275	112	3.0	2.4
陵山里中上塚	325	145	4.7	2.2	陵山里東3号墳	250	114	2.85	2.2
陵山里中下塚	321	198	6.35	1.6	陵山里東4号墳	300	173	5.2	1.7
陵山里西上塚	?	?	?	?	陵山里東5号墳	277	107	2.7	2.5
陵山里西下塚	288	125	3.6	2.3	益山大王墓	380	178	6.8	2.1
陵山里7号墳	278	124	3.4	2.2	益山小王墓	320	130	4.2	2.5

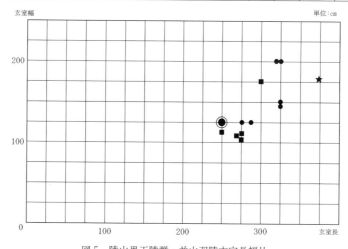

図5　陵山里王陵群・益山双陵玄室長幅比
●陵山里古墳群，■陵山里東古墳群，★益山大王墓

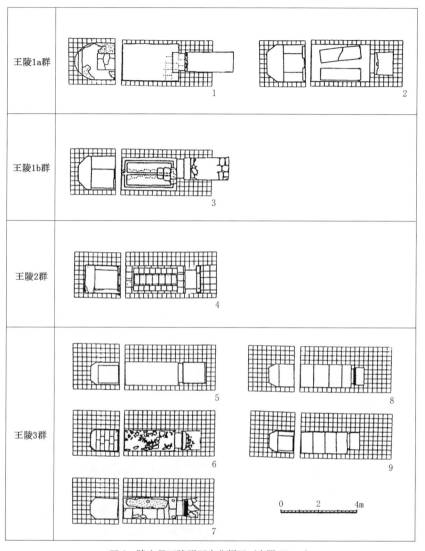

図 6　陵山里王陵群石室分類図（方眼 25 cm）
1：中下塚　2：東上塚　3：東 4 号墳　4：東下塚　5：西下塚　6：東 1 号墳　7：東 5 号墳
8：7 号墳　9：東 3 号墳

まず実際の規模をみると，東上塚と中下塚の間には確実な規格性がみとめられる。中下塚が武寧王陵などの塼築墳の系統を継承したアーチ式石室であることを考えると，それと同規格で合葬墓である東上塚も中下塚とほぼ同じ時期に築造されたことが想像される（王陵1a群）。埋葬方式が合葬である点においてこれらに近い時期と考えられるのが陵山里東4号墳であるが，これも東古墳群の中では卓越した規模を持っている（王陵1b群）。
　次の段階には東下塚・中上塚などのように玄室の長さは維持しながらも幅が狭まる傾向がみられる（王陵2群）。これは上述のように合葬から単葬へというう埋葬方式の変遷に起因する現象とみられる（吉井1992）。
　それ以外の石室は幅に合わせて長さもやや短小化し，長幅比の数値が2.2～2.5と長さが幅の2倍を超えるようになる（王陵3群）。ここに提示した王陵の長幅比の数値を地方にある古墳の石室と比べてみると，地方には長幅比の数値が2.0を超えるものが多く，この類型の石室と最も近い点が指摘できる。
　陵山里王陵群以外の王陵とされる益山双陵を含め，玄室の長さと幅の対比を図示したのが図5である。これをみると，王陵級石室の規模と形態には特別な規則性がないようであるが，実際には数値が無秩序に分布するのではなく，ある程度間隔を保って配列している様子がみられる。この間隔は石室築造時に用いられた測量単位の存在を示している可能性があり，図示した方眼からわかるように数値の最大公約数が25 cmに近い点が注目される（図6）。王陵群の中で数値のばらつきがみられる点は，王族の中での序列，築造時の時代背景など様々な理由が考えられるが，必ずしも時期による小型化とはいえない。これは王陵級とされる古墳の中で最も時期が下ると思われる益山双陵の石室が最大規模であることからも指摘できる点である。この時期の古墳に測量単位が用いられていた可能性があることは，以下にみる陵山里ヌンアンゴル古墳群をはじめとする百済地域内の他の石室において最も顕著にみられる要素である。

扶餘陵山里ヌンアンゴル古墳群

　王陵とされる上記の陵山里古墳群から東へ2 kmほど離れた場所に位置する陵山里ヌンアンゴル古墳群は，その立地からみて当時の中央勢力と密接な関係を持つ集団の墓域と判断され，1万5000 m^{2}ほどの範囲において50基を超える泗沘期の横穴式石室墳が調査された（国立扶餘文化財研究所1998）。この古墳

群からは比較的多様な構造と形態を持つ石室が発見されているが，その多様性の中には時期的な変遷とともに階層差もみいだせる。古墳群の規模や立地条件，個別古墳の形態などからして，この古墳群に含まれる石室の一群を泗沘期の百済各地に展開した古墳の典型として設定することができる。

　まず王陵との関係から，その影響を強く受けたと思われるものについてみると，陵山里ヌンアンゴル古墳群では大型の切石で整然と構築された断面六角形の石室が総4基調査されている[10]。この構造を持つ百済後期型石室をⅠ群としておく[11]。Ⅰ群石室の特徴としては，①玄室の断面が六角形であること，②切石の板状石材を用いた精巧な構造，③250×125cmに近接する玄室床面の規格性などが挙げられる（図3）。

　ここから読み取れるように，Ⅰ群として設定した石室は極めて高い規格で築造されている。築造の初段階に設置されたと推定される奥壁の幅をみると，各石室間の誤差がわずか4cmの中に収まり，長さも誤差10cm以内に限られる。このことから，この陵山里ヌンアンゴル古墳群のⅠ群の石室は，築造工程上の初段階から一定の原則があり，奥壁幅に合わせて長さをその2倍になるように築造したことが想定されるのである[12]。これは陵山里王陵群の東下塚・中上塚などとおおよそ類似した作業工程を経たもので，それらをモデルにして築造したことがうかがえるが，王陵に比べて数値がより安定している点は，墳墓構築技術の定着と築造時期の同時性以外に，王陵級古墳とは異なり規模の設定に規制が働いていたことを想起させる。

表4　陵山里ヌンアンゴル古墳群Ⅰ群石室（玄室）規模一覧表（単位：cm，面積：m²）

古墳	長	幅	高	長幅比	面積	古墳	長	幅	高	長幅比	面積
15号墳	250	125	120	2.0	3.1	54号墳	242	122	128	2.0	2.95
36号墳	252	121	128	2.1	3.05	58号墳	255	124	135	2.0	3.15

表5　陵山里ヌンアンゴル古墳群Ⅱ群石室（玄室）規模一覧表（単位：cm，面積：m²）

古墳	長	幅	高	長幅比	面積	古墳	長	幅	高	長幅比	面積
7号墳	250	124	95	2.0	3.1	44号墳	250	135	115	1.85	3.35
12号墳	250	126	110	2.0	3.15	53号墳	245	120	102	2.05	2.95
26号墳	249	125	122	2.0	3.1						

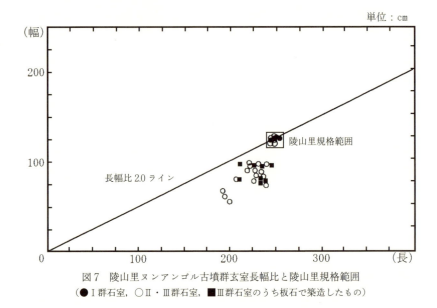

図7　陵山里ヌンアンゴル古墳群玄室長幅比と陵山里規格範囲
（●Ⅰ群石室，○Ⅱ・Ⅲ群石室，■Ⅲ群石室のうち板石で築造したもの）

　次に，上にみたⅠ群石室をモデルにして築造されたと考えられる一群の石室がある。7・12・26・44・53号墳などがそれにあたるが，これらは石室石材を精緻に加工されていない板石や割石などに変えただけで，規格面では上述の4基と同一である。この類型の石室を便宜的にⅡ群と設定しておく。石材の制約により玄室断面は整美な六角形をなさず，それを意識して側壁を内傾させた構造となっているものが多い。Ⅰ群とⅡ群の格差を被葬者の階層差とみるべきか，あるいは時期的な変遷の結果とみるべきかについては，出土遺物が限られているため断定できないが，全体的な流れが大型から小型へと移行する中，同一の規模を持ちながらも使用石材のみが異なっている背景には，石室自体の位相の差があったことを考慮する必要がある。このことは後述する副葬遺物の分析によっても裏付けられる。

　その他に，玄室の長さは上のものとさほど変わらず幅のみが狭い形態の石室が多く存在する。これを便宜的に百済後期型石室のⅢ群に含まれるものとしておく[13]。これらは時期がやや下る可能性も高く，単葬へと変化する百済地域の石室の特徴的な流れ（吉井1992）を示すものであるとともに，埋葬の簡略化を物語る現象ともいえる。一方，小規模なⅢ群石室の中にも整美な大型の板石

を用いて築造したものと割石や塊石を使用して構築したものがあり，そこに位相の差があったことをうかがわせる。

　玄室の長さと幅の対比を図示したのが図7である。Ⅰ群石室を●で，Ⅱ群とⅢ群石室を○で表示し，Ⅲ群石室のうち板石で築造したものを■で表した。この図から，ある一群が特定の範囲内に極めて集中している状況がわかる。陵山里ヌンアンゴル古墳群に存在するⅠ群石室とⅡ群石室で構成された該当範囲内に入る資料は，規格性が極めて高い一群であるといえる。また，長幅比をみると数値が2.0を示す線上にある。このように同一の規格で石室を多量に築造するためには，明らかに何か基準となる測量媒体が必要であったと思われる。筆者は玄室長250cm，幅125cm付近に集中するこの範囲を，百済後期型石室の築造に適用された「陵山里規格」として設定したい。この陵山里規格は陵山里ヌンアンゴル古墳群をはじめとする都城周辺の切石積石室に適用されているだけでなく，各地に分布する切石・板石造石室以外の様々な石室にも適用されており，その広範な分布から，設計規格以外の墓制の様々な社会的・技術的側面を検討する上でも基準となるものである。

　また，測量単位の存在を思わせる状況はⅢ群石室においてもみられる。Ⅲ群石室は被葬者を納めた木棺を安置できるだけの玄室の長さを保ちながら，幅のみを縮小したものである。このうち切石造石室だけをみると一定間隔で幅が設定されていた可能性がうかがえる。このことから，切石で石室を築造する際には特に厳密に規格性が意識されていたことがわかる。切石造の石室の周辺に分布する割石や自然石で構築した石室は，規格的な切石造石室をモデルに築造されたやや時期が下るものか，あるいは切石造のものに比べ相対的に地位が低い被葬者の石室と推定される。これら切石造石室の幅にみられる数値の最大公約数はおおよそ25cm前後であり，陵山里規格を基準に定型性がみとめられる。

　当古墳群に分布する石室のうち，陵山里規格が適用されたと考えられる石室（Ⅰ・Ⅱ群）は10基前後と全体の1/6程度を占め，その中でも加工された板石で築造されたもの（Ⅰ群）は4基ほどで全体の1/15程度にあたる。これは他の古墳群に比べてきわめて高い比率であり，当該古墳群自体の位相が高かったことをうかがわせる（山本2015）。後述するように，このことは銀花冠飾の出土比率においても裏付けられるため，被葬者が所持していた官位の高低の比率

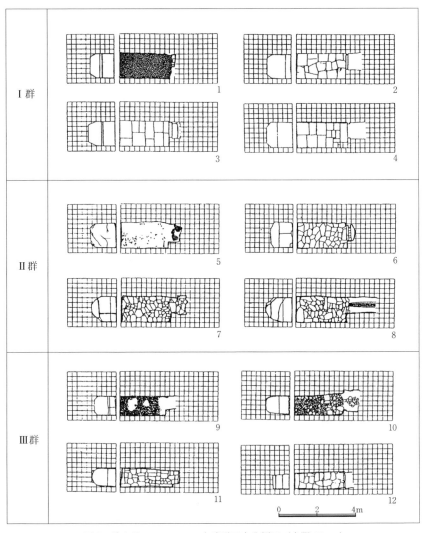

図8 陵山里ヌンアンゴル古墳群石室分類図（方眼25 cm）
1：15号墳　2：36号墳　3：54号墳　4：58号墳　5：2号墳　6：7号墳　7：26号墳　8：44号墳　9：29号墳　10：30号墳　11：43号墳　12：56号墳

と関わるものであろう。

扶餘塩倉里古墳群

　扶餘陵山里の南方に位置する山塊の南斜面にも百済泗沘期の横穴式石室墳が密集分布している。論山—扶餘間の国道4号線拡張事業の関係で調査された塩倉里古墳群は，都城からみると前述の陵山里の古墳群に次ぐ位置にあり，約4万2000 m^{2}の範囲において300基を超える古墳が確認・調査された（李南奭他2003）。このうち280余基は百済泗沘期の石室・石槨とみられ，その立地と墓の数から当時都城に居住した人々の墓地であったと考えられる（山本2005a）。道路工事予定地の調査であるため，この一帯の全面的な発掘によって古墳群の全容が確認されたわけではないが，丘陵斜面の標高60〜110 m地点が長さ300 mほどにわたって調査され古墳群の多くの部分が検出されている。泗沘都城からの距離は陵山里古墳群より離れているため，古墳群自体の位相はやや低いと考えられる。

　塩倉里古墳群の石室はいくつかの類型に分けられる。Ⅰ類型は泗沘期では最も早い時期から造営されたと推定される一群で，玄門部分に楣石・袖石・梱石など羨道との境界施設を設置せず，比較的長い左片袖式羨道が付くものである。石室断面（天井形態）は熊津期石室の形態を踏襲したトンネル形が一般的で，泗沘期の典型である断面六角形（平斜式）のものはない。Ⅱ類型は最も典型的かつ普遍的な百済後期型石室で，使用石材は割石・板石・塊石など多様であるが，基本的な構造として羨道と玄室の境界が確実にわかる楣石・袖石（門柱石）・梱石の玄門施設の設置が特徴的である。前壁側には玄室幅より狭く短い羨道が付設される。石室の断面は六角形を意図したものが一般的である。このⅡ類型の中には，上でⅠ群とした精巧に加工した板石で構築し陵山里規格によって築造されたものも含まれる。陵山里王陵群やヌンアンゴル古墳群，または他の地方の代表的な古墳群でもみられるこのタイプの石室が，本古墳群でも最も広く受け入れられた型式であるといえる。古墳群全体でみると規模は大型に属し，基本的な埋葬方式は合葬を意図したものが多い。Ⅲ類型は長さに比して幅が狭い類型で，玄室幅と羨道幅が同じものである。石室断面（天井形態）は正確な平斜式六角形のものやそれを意図したもの，トンネル形に近いもの，平天井に近いものなど様々な形態に分けられる。

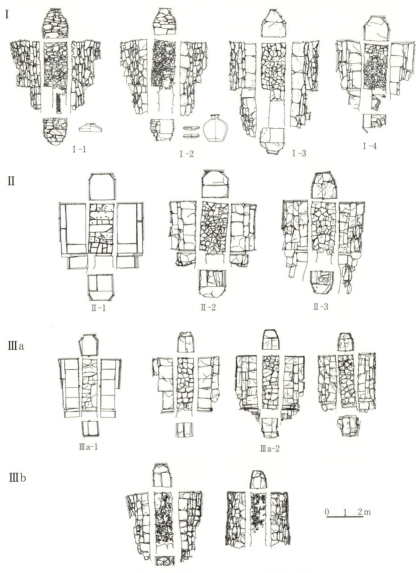

図9 塩倉里古墳群における横穴式石室の類型

この古墳群において調査された石室のうち，上の「陵山里規格」を意識して造営されたとみなされる古墳は約20基ほどであり，その中で精巧に加工された板状切石で構築されたⅠ群石室は4基程度に過ぎず，比率からみると陵山里ヌンアンゴル古墳群よりも低い。これは先述のように立地による古墳群自体の位相の差，つまり高位の人物が多く埋葬された地域と，中・下位の人物の埋葬地という差を反映しているようである。ただし，その中でも玄室長が304 cm，幅132 cm，高さ147 cmに達するものがあり（Ⅲ-45号墳），これは陵山里中上塚とほぼ一致する。王陵からやや離れた場所ではあるものの，単独でこのように大規模の石室が築造されていることは，王族に次ぐ身分を持つ被葬者の存在を思わせ，塩倉里古墳群に埋葬された集団を代表する人物にはかなり高位の人物がいたこともうかがわせる。また，Ⅲ-72号墳からは後述する銀花冠飾も出土しており，墓域内に官位所持者が含まれていることを物語っている。
　これらの古墳群に代表されるように，泗沘期の都であった扶餘周辺，特に扶餘市街地の東側に位置する陵山里王陵付近には百済後期型石室が群集して存在しており[14]，都城居住者の埋葬地を形成している（山本2005a）。
　別稿で詳論しているため（山本2007b）本書では詳しく立ち入らないが，このような均質な石室は泗沘期の百済地域全域に分布しており，それぞれの地域で中央の動向に倣った構造・形態・規模の石室墳が築かれ，やはりそれぞれ上のような各要素の格差がみられる。陵山里規格によって造られた石室は扶餘恩山里，完州苞山里，沃溝将相里，井邑隠仙里，咸平礼徳里新徳など各地にみられ，特に中央による強い規制が働いていたと思われる。切石造のものは技術的にも中央との関わりをうかがわせるもので，その被葬者の出自に関わらず，官位所持者の墓と考えてよいであろう。羅州伏岩里3号墳の96石室以外の横穴式石室群にみられるように，完全な土着勢力が築いた百済後期型石室は規模・構造が異なるため，その意味では正確な陵山里規格を持つものは中央からの派遣官人とみて差し支えない。
　本書の観点から重要なのは，百済後期型石室の規模・構造・形態にみられる差が，時期的な変遷とともに，被葬者の位相を反映していると推定される点である。120余年という決して長くない泗沘期の間に石室墳が多量に築造された背景には，古墳を築造する官人階層の出現と増加現象を指摘することができる

が，その現象に伴って階層差を墳墓に正確に反映させる動き，すなわち墳墓築造の身分別規制が実行されたものと考えられる。従って特定階層の墳墓が時間の経過によって形態変化を経たとみる観点とともに，位相（階層）が異なる集団または個人の墳墓が同時期に築造された結果，形態や構造・規模の差が表出したと考える必要がある。

この他にも，石室形態の違いには地域ごとの使用石材の種類の差などの要因も考えられるが，百済の中心部に位置する王陵を起点に同一形態を持つ石室がかなり広い範囲にわたって分布する状況からすると，石材入手問題や地域的特色はむしろ下位条件であったと想定できる[15]。

(2) 測量単位の存在について

ここで，上にみた石室の築造規格の基準となった測量単位，つまり尺度の存在について考えてみたい。石室が一定の大きさで築造されていることがみとめられるならば，その均質性を維持するための媒介物として長さに対する共通の概念と，それを実践するための測量道具（ものさしなど）が必要だったであろうことは想像に難くない。ましてや墳墓の大きさや規格に中央政権の規制が作用していたならば，その測量単位もまた国家によって規定されていたものを用いたとみなければならず，そこに中央勢力による人民・集団統治の一端をうかがう端緒が示されているといえる。ただし，仮に墳墓築造に使用された測量単位の存在がみとめられたとしても，それを当時の百済社会において一般的に用いられていた尺度と直接結び付けることには慎重であるべきであろう。当時中国から導入された尺度を含め，地域社会において伝統的に利用されていた尺度など，度量衡の単位はそれぞれ一種類のみではなかったかもしれず，また石材加工ないし墳墓築造の技術者集団が独自に用いていた測量単位に過ぎなかった可能性も否定できないためである。

前述のように，本章で設定した「陵山里規格」の最小測量単位として最も有効な数値は，その最大公約数から算出される約25 cmである。これは石材架構時の多少の誤差を考慮しても大きな変動がないと予想される数値である。もちろんこれは陵山里規格によって築造されたⅠ群とⅡ群石室において最も整合的に適用できる数値であり，石室自体の位相が低いもの，あるいは中央からの

政治的距離が遠い地域においてはその規格に乱れが生じる。これは石室の規模を「何尺以下」のように上限を規定していた事情と関連する現象かもしれない。中国や日本の文献に示された墳墓の規模に関する規定も，上限を表した制限法であった可能性が高い。

百済地域においては従来より東魏尺（約35cm）と唐尺（約29cm）の存在が指摘されてきたが（米田1976, p.170〜172, 李康承2000, p.212），両者とも陵山里規格に適用させるには無理がある数値である。しかし，東魏尺や唐尺が当時の百済地域において使用されていなかったわけではなく，前述のようにむしろ様々な種類の尺度が混存していた可能性を想定する必要があると思われる。このことは，東魏尺を用いて築造したと考えられている百済時代の建造物の存在（米田1976）や，実際に唐尺と同長のものさしの実物が出土している点（李康承2000）においても裏付けられよう[16]。

ここであえて25cmという測量単位を文献や実物資料が知られている基準尺の中から求めると，中国の事例では西晋から南朝時代にかけて1尺が25cm前後のものさしを用いた例がみられる（国家計量総局他1993）。実際に完形のものさしの出土による裏付けはないが，熊津期から中国南朝と緊密な関係を保っていた百済において南朝で使用されていた尺度が一部採択されていた可能性は否定できない。

上の推測が妥当であり，その測量単位が王陵にも適用されていたならば，陵山里の王陵のうち古い時期にあたると考えられる中下塚・東上塚は奥壁幅を8尺に，西下塚・7号墳などは5尺に，東1号墳・東3号墳・東5号墳などは4尺半程度に合わせて設定されていたとみることができる。また陵山里ヌンアンゴル古墳群ではⅠ群・Ⅱ群石室など奥壁の幅を5尺に設定した一群

図10 中国南朝の銅尺（左25cm）と鍍金銅尺（右25.2cm）

と4尺に設定した一群，そして3尺を意図したと考えられる一群があったことが指摘できる[17]）。

完形測量具の出土がない現時点においては，この測量単位の実在性を積極的に論証するのは難しいが，測量単位が存在するかどうかを検証するための次善策として，古墳資料以外の百済泗沘期築造の建造物，特に石造物の各部位のサイズを参照する作業が有効と思われる。ここでは陵山里規格の測量単位が石材加工に関わる技術者集団独自の尺度であった可能性を念頭に置きつつ石造物のみを対象に検討するが，今後すべての建造物や遺物を対象に同様の視覚から分析がなされるべきであろう。また，このような作業は当時の建造物における規格性の有無を確認するとともに，技術者集団の活動など，百済社会における特定集団の動向を明らかにする上でも一つの参考モデルとなる。

まず古墳の石室のように石材を精巧に加工して築造した当時の建造物としては，扶餘定林寺址の五重石塔が挙げられる（尹武炳1981）。この定林寺址の石塔については全体的な設計が東魏尺を利用してなされているとする説が早くから提示されている（米田1976, p.107～122）。しかし，塔を構成する個々の石材をみると東魏尺には合わず，むしろ上で想定した測量単位に近いものがみら

図11　扶餘定林寺址五重石塔と陵寺出土昌王銘舎利龕

れ，注目に値する。ただし，すべての石材において一致するわけではなく一部に限られているため，単なる偶然に過ぎない可能性も否定できない。石塔の全石材を総合的に測量する方法でその蓋然性を検証しない限り，定林寺の石塔から上の推論を立証するのは限界がある。

それに対し，比較的明瞭な事例が扶餘陵山里寺址（陵寺）の木塔心礎部分から発見された昌王銘石造舎利龕である（国立扶餘博物館 2000）。威徳王13（567）年に作られたものとして知られるこの舎利龕は，高さ74 cm，幅と奥行がそれぞれ50 cmである。高さは東魏尺の2尺を基準に設定された可能性も否定できないが，仮にこの舎利龕全体に尺度を適用するならば，25 cm基準を想定した方がより妥当性があるであろう。石室の石材を加工していた集団とこの舎利龕を製作した工人との関連性については明確にし難いが，舎利龕が陵山里王陵群の陵寺からの出土で，寺院建築と古墳築造が関連する点，舎利龕と石室がともに花崗岩を使用した石造物で，その製作には共通した加工技術が必要である点などから，同じ測量単位が使用された可能性を示唆する一つの事例として参考になる。

この他にも，石材ではないが寺院建築の柱間距離などに上の測量単位が適用されていたことを思わせる事例（国立扶餘博物館 2000），扶餘の遺跡から出土した木簡の長さにこの尺度が確認されたとする例（金在弘2001），泗沘都城全体の設計に使用されたことを示唆する見解（尹善泰2003）などが提示されている。

仮に石材加工などに専門的に従事していた集団がいたとすると，石室石材だけでなく百済の各種石製加工物製作に関与していた可能性は高い。前述のように当時の尺度が必ずしも一種類だけに統一されていたわけではなかったと思われるため，石材工人も彼ら独自の測量単位を持っていたかもしれない。その単位が25 cm程度であった可能性については引き続き検証する必要があるが，上にみたように石材以外の他の部分においてもそれが適用されていることが検証されたならば，当時普遍的な尺度であった可能性を考慮すべきであろう。むしろ普遍的であったからこそ国家による墳墓の規模の規制にも利用されたといえるかもしれない。

石造物の場合，石材加工専門集団，いわゆる石工集団が単一系統であったとは断定できず，複数の集団がそれぞれ独自に測量単位を持っていた可能性もあ

るが,少なくとも国家の指導の下に墳墓の築造において共通の概念が作用していたという事実は指摘できよう。その測量単位が他の部分に転用されていた可能性や,反対に他の測量単位が石室石材に適用されていた状況なども考えておく必要がある。

4 銀花冠飾の位階と石室墳

上にみた構造や規模による墳墓の階層化作業は,そこから出土した副葬品に対する検討を通じてある程度裏付けることができる。泗沘期の百済古墳はもともと副葬品が多くない上に,盗掘などにより遺物がほとんど残っておらず,出土遺物を普遍的な分析対象とみなすことはできないが,遺物の中には被葬者の身分をより明確に反映する資料があるため,上の内容を補完する意味で特徴的な遺物について検討してみたい。

百済後期型石室から出土する遺物のうち,墳墓の階層構造を裏付ける資料として,銀花冠飾・帯金具などが挙げられる。帯金具は百済地域だけでなく6～7世紀の東アジア諸国において所有者が官人であることを示す表象としても用いられており,その事例については第3部において詳述する[18]。

銀花冠飾は百済固有の遺物であり,『三国史記』や中国の正史の記録から,百済の官位制の一端をうかがわせる資料として評価されている。銀花冠飾は現在まで百済地域で総12点,南海で1点が確認されているが,古墳からの出土が確実にわかる例はこのうち9点であり,残りは収拾品または遺構が未詳のものか,寺院の塔址出土品である。帯金具も新羅地域に比べ古墳から出土する事例は多くない。このような資料上の制約はあるものの,上に見た石室自体に対する分析と照らし合わせながら考察してみたい。

この冠飾は百済泗沘期の主に横穴式石室から出土する花形(蕾形)の銀製装飾で,被葬者の頭部付近において確認されることが多い点,一般的に冠帽の芯と思われる三角状の鉄棒とともに確認される点などから,冠飾であることは明らかである。現在までに出土した銀花冠飾をみると,特別な解釈が必要な南海南崎里1号墳の例を除くと,その分布が泗沘期百済の領域と推定される地域に限定されているのはもちろん,出土遺構が明確なものはすべて百済後期型石室

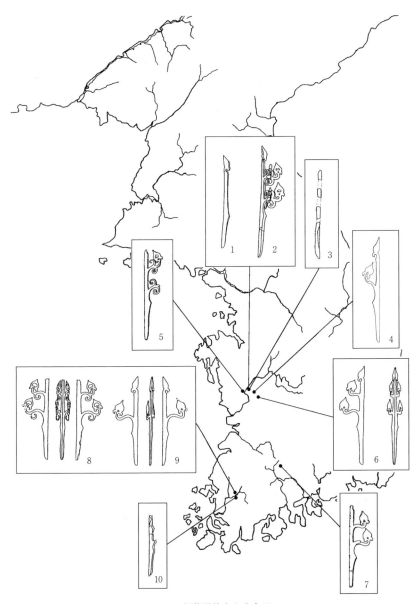

図12　銀花冠飾出土分布図

1・2：扶餘陵山里ヌンアンゴル36号墳　3：同44号墳　4：扶餘塩倉里Ⅲ—72号墳　5：扶餘下黄里　6：論山六谷里7号墳　7：南原尺門里　8・9：羅州伏岩里3号墳　10：羅州興徳里古墳

からの出土であり，百済に帰属する遺物であることは疑いの余地がない。出土地域は特に当時の都邑であった扶餘に集中しており，前・中期の中心地であった現在のソウルや公州地域では報告例がないため，泗沘期に限定される遺物であること，その供給が中央政権によって管理されていたことが考えられる[19]。

　ところで，現在確認されている銀花冠飾を観察すると，大きさや基本型式に共通性があることがわかり，すべて一定の規格化を経た定型品であることがみとめられる。つまり，13点すべてが特定の形を基本形にして製作されており，各個体の形状に時期的な変遷相を求めるのは困難である。銀花冠飾の起源については武寧王陵出土の冠立飾（東・田中1989, p.196）や羅州新村里9号墳出土の冠立飾などに求める見解があるが（申大坤1997），銀製である点を含め，明確な系譜をたどれる例はない。いまだ見解の一致をみない状況であるが，その分布が当時の都であった扶餘周辺に集中する様子から，中央政権が指向した新たな階層体系の表現手段の開始とともに創出されたものであろうと考えられる。つまり，銀花冠飾が政治的意図によって使用されはじめたことがみとめられるならば，そのような支配体系のモデルがどこから入ったのか検証し，その地域の身分表象法と比べることで，それが外来のものか，あるいは百済独自の冠制として新たに出現したものであるのかがわかるであろう。前時期の羅州新村里9号墳，益山笠店里1号墳などの例にみられるように百済地域でも冠帽が身分を表す威信財としての役割を担っていたと思われるため[20]，この時期にも新たな冠制が内部的に発達する基盤はあったといえるが，同時に中国南朝など，より先進的な政治体系を持った地域から受容した可能性も念頭に置いておくべきであろう。

　この銀花冠飾の最も重要な特徴は，『三国史記』をはじめとする文献史料に，百済の官等の第六品である「奈率」以上の官人が用いたとされる「銀花飾冠」としてみえるものの実物であると考えられる点である[21]。文献と考古資料の対比，そして実際に百済の官位を把握する糸口となる資料として注目される。

　出土遺跡は扶餘陵山里ヌンアンゴル36号墳の2点，同44号墳，扶餘塩倉里Ⅲ-72号墳，扶餘下黄里，論山六谷里7号墳，南原尺門里，羅州伏岩里3号墳の2点，羅州興徳里古墳，益山弥勒寺址西塔の2点，南海南峙里1号墳で，半

数以上が当時の中央である扶餘地域とその周辺および拠点的地域とされる益山において出土しており，この遺物の求心性を物語っている。羅州地域でも3点が出土しており，数の上では重点地域といえる。

　まず，この銀花冠飾を所持した被葬者の階層を推定するために，銀花冠飾自体の位相を検討してみることにする。便宜的に名称を付すと銀花冠飾は主幹部・主幹宝珠部・樹枝部・樹枝宝珠部・副樹枝部などの各部位からなっており，冠飾の基部をなす主幹部は13点ともに共通の形に作られている。この主幹部と頂点の主幹宝珠部を合わせた長さが冠飾の全長となり，残存状態の良い例を参考に残りのものも復元すると，長さはおおむね15～20 cm程度に収まる。主幹から分かれ出た樹枝部がもともとない例もあり，これらの有無ないし数によって大分類が可能である。また，主幹と樹枝の宝珠部には逆心葉形の透孔があいているものもある。この冠飾は主幹の長軸中心線を基準にして二つに折り返され，左右対称に製作されているため，樹枝があるものはその数が複数になる。冠飾を側面からみると，主幹の中間よりやや下寄りに関状の突起があるが，これは実際に冠飾を着用したときに頭部（額部）に合うように曲線を持たせたものであろうか。この冠飾の実際の使用例については扶餘陵山里ヌンアンゴル古墳群の報告書の中で復元されている（国立扶餘文化財研究所1998，p. 368～377)[22]。

　これらを分類するにあたって最も注目される基準要素は上述の樹枝の数であろう。冠飾の装飾性の程度を身分差の表現と仮定するならば，銀花冠飾の場合，樹枝の数が視覚的に最も目を引くためである。現在までに確認されている銀花冠飾は，樹枝がないもの，1段2本が付くもの，2段4本が付くものに大別できる。便宜上，樹枝がないものをⅠ式，2本（一対）付いたものをⅡ式，4本（二対）付いたものをⅢ式としておく。扶餘陵山里44号墳から出土したものは残存状態が悪く同定が難しいが，樹枝より先にあたる破片は確認されていない。また，羅州興徳里古墳から出土したものも樹枝が失われているが，主幹部に付いた枝の残欠からⅢ式であることがわかる。

　樹枝部の数により大別した冠飾は，副樹枝の数によって細分される。副樹枝は樹枝宝珠部と主幹の中間に派生する渦巻状の部位で，枝の上下に分かれ出たもの，下方にのみ付くもの，ないものに分けられる。副樹枝がある冠飾は樹枝

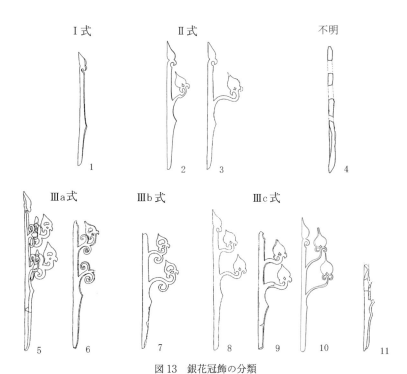

図13 銀花冠飾の分類
1：扶餘陵山里ヌンアンゴル36号墳西側　2：扶餘塩倉里Ⅲ-72号墳　3：羅州伏岩里3号墳16号石室　4：扶餘陵山里ヌンアンゴル44号墳　5：扶餘陵山里ヌンアンゴル36号墳東側　6：扶餘下黄里出土　7：羅州伏岩里3号墳5号石室　8：論山六谷里7号墳　9：南原尺門里出土　10：南海南峙里1号墳　11：羅州興徳里古墳

が4本付いたⅢ式冠飾に限られるため、このうち副樹枝が上下にあるものをⅢa式、下方のみにあるものをⅢb式、副樹枝のないものをⅢc式とする（図13）。羅州興徳里古墳出土の冠飾は前述のようにⅢ式であることは疑いないが、副樹枝の有無は不明瞭であるため、この細分からは除く。

図13をみると、上述した宝珠部にあけられた逆心葉形の透孔はⅢa式とⅢb式、つまり枝が2段になった冠飾のうち特定型式のみにあることがわかる。これは装飾性をより高める効果を期待したものであろう。このように装飾の度合いからみると、銀花冠飾の位相はⅢa式→Ⅲb式→Ⅲc式→Ⅱ式→Ⅰ式の順に低くなることが想定される。

また、冠飾の実際の大きさ（全長）をみると、Ⅲa式のうち扶餘陵山里36号

墳の玄室東側出土品が20.2 cm，扶餘下黄里出土品が推定19 cm前後，Ⅲb式は羅州伏岩里3号墳5号石室出土品が推定17 cm前後，Ⅲc式は論山六谷里7号墳出土品が18 cm，南原尺門里出土品が推定18 cm前後，Ⅱ式は伏岩里3号墳16号石室出土品が16.1 cm，Ⅰ式は陵山里36号墳の玄室西側出土品が15.7 cmと，上に想定した装飾性による位相と正確な比例関係にあることがわかる。

　冠飾の装飾性による位相とそれを着用した人物の身分の間に関連性がみとめられるならば，Ⅲ式冠飾が出土した石室墳の被葬者は高位の人物であり，Ⅱ式冠飾を用いた被葬者はそれよりも低位の身分の人物であったことが推測される。Ⅰ式冠飾は不明瞭な陵山里ヌンアンゴル44号墳の例を除くと今のところ同36号墳の1例しかないが，この36号墳からはⅢa式冠飾も出土しており，合葬されたⅠ式冠飾の被葬者が女性であったことが指摘されている（国立扶餘文化財研究所1998，p.380）。Ⅰ式冠飾に関する評価としては，女性用かあるいはⅡ式より低い階層用という二通りの解釈が考えられるが，44号墳から出土したものをⅠ式とみるならば単に女性用と断定するのは躊躇せざるを得ない。上の陵山里ヌンアンゴル36号墳を夫婦合葬墓とみるならば，そこに埋葬された夫婦は両者とも官人であった可能性もある。百済において女性官人が存在したかどうかはわからないが，両者が同一形態の帯金具を着用していた点を考慮すると，その可能性も高い（図3-1）。

　最高位の冠飾と仮定したⅢa式は現時点では当時の中心地であった扶餘地域以外には出土しておらず，このような分布も位相差を反映しているようである。その他，羅州・論山・南原などでⅢ式冠飾が出土している点は，これらの地域的重要性を物語っている。

　次にこれら銀花冠飾が出土した石室の構造・規模などと対比することで，被葬者の階層性をより明確に提示したい（図14）。確認された13点の銀花冠飾のうち，扶餘下黄里出土品と南原尺門里出土品は収拾品または申告品であるため，遺構との相関関係はわからない。ただし，扶餘下黄里出土品は最も上位に属すると想定したⅢa式冠飾であり，出土地が扶餘中心地の外郭にあたる地域であるため，陵山里ヌンアンゴル36号墳の事例に鑑みると切石のⅠ群石室に埋納されていた蓋然性が高い。聖興山城古墳群・松鶴里古墳群・恩山里古

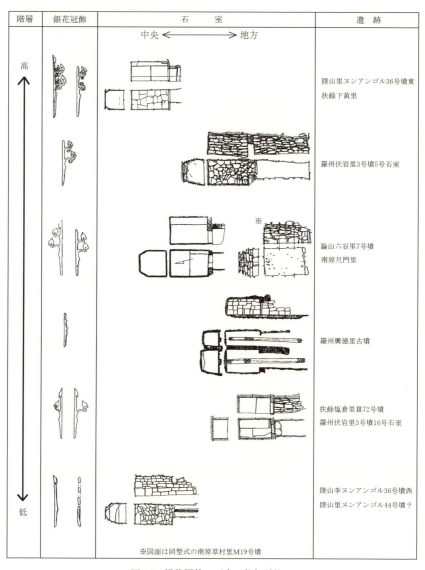

図14　銀花冠飾・石室の位相対比図

群・羅福里古墳群などにみられるように，周辺に切石造の玄室断面六角形の石室が集中分布している点もこの仮定を補強するものである。

　冠飾が出土した遺構を順にみると，Ⅲa式冠飾が出土した陵山里ヌンアンゴル36号墳は上述のように典型的なⅠ群石室である。Ⅰ群石室は陵山里ヌンアンゴル古墳群の中でも数基しか確認されておらず，石室自体の位相も上位にあたるものである。

　次にⅢb式冠飾が出土した羅州伏岩里3号墳5号石室は，奥壁を除いて全面が割石積で築造されている。この石室は伏岩里古墳群内の百済後期型石室の中で規模が最大であり，4人の被葬者が確認されている。石室は陵山里規格に準じていないため，石室間の位相を直接比較するのは困難であるが，羅州地域においては卓越した権力を持った集団であったことは疑いない。

　Ⅲc式冠飾が出土した論山六谷里7号墳は，古墳群中最大の規模を持つ切石造の百済後期型石室である。規模のみをみると中央である扶餘地域にある石室を凌駕する。群中の残りの石室規模が規格性を持っている点を考慮すると，六谷里7号墳は群中で抜きん出た位相を持つ被葬者の墳墓とみることができ，この墳墓が中央による石室築造の規制を受ける前に築造された可能性もある。論山地域と深い関係を持つ上位階層の人物（論山地域出身者？）が帰葬されたとする解釈も成り立つであろう。なお，弥勒寺址西塔からもⅢc式が出土している。

　南原尺門里出土の冠飾は遺構の実測図が残っていないが，関連報告書によると自然の割石を積んだやや幅の広い玄室を持つ石室からの出土で，全榮來が設定した草村里第Ⅲ類型にあたるという（全榮來1981, p.45）。現在までに南原地域でⅠ群の百済後期型石室は発見されておらず，玄室の幅が広く比較的大型の石材を使用した草村里第Ⅲ類型石室はこの地域の上位階層に属する被葬者の墳墓であった蓋然性が高い。

　また，詳細な型式は不明であるが，Ⅲ式に属する冠飾が出土した羅州興徳里古墳も百済後期型石室に分類できる。ただし，この石室は一つの大きな石室の中央に大型板石を仕切りとして立て，石室を左右に分けたいわゆる双室の形態をとっている。周辺地域にはこのような構造を持つ石室の類例がないため比較検討が難しいが，甕棺古墳勢力を継承した人物として大安里4号墳，あるい

はこの興徳里古墳の被葬者が羅州潘南地域において支配的な位置を保っていたことは想像に難くない。

Ⅱ式冠飾を出土した古墳は，扶餘塩倉里Ⅲ-72号墳と羅州伏岩里3号墳16号石室である。塩倉里Ⅲ-72号墳は石室の羨道部分と玄室南側が削平された状態であったため正確な規模は不明であるが，玄室幅78 cmであり，構造は塊石を乱積したもので，古墳群中では中位程度の位相を持つものである。伏岩里3号墳16号石室は古墳内の他の石室に比べてやや規模が小さい。玄室は切石造の平天井で，伏岩里3号墳の中では最も精巧に築造された石室の一つである。銀花冠飾は玄室内部ではなく羨道部分で確認されているが，これが何を意味するのかは明確でない。古墳出土品は以上の二例に過ぎないが，Ⅱ式冠飾は各古墳群中でも相対的に一段階低位と思われる石室から出土する傾向がみられる。なお，弥勒寺址西塔からもⅡ式が出土している。

Ⅰ式冠飾が出土した扶餘陵山里ヌンアンゴル36号墳が，前述のように最上位の石室にあたるⅠ群石室であるが，これは共伴出土したⅢa式冠飾の位相に対応するもので，Ⅰ式冠飾を持った被葬者が単独で埋葬される場合にはより低位の石室が築造されたことが予想される。

以上のように銀花冠飾の位相は規模や構造から予想される石室の階層構造とおおむね一致していることがわかる。また，銀花冠飾が出土した古墳は当該古墳群中でも高位に属するという点も指摘できる。ところで，扶餘に比較的近い地域ではこのような高位相の要素がⅠ群石室に伴う形で表現されるのに対し，中心地から遠く離れるに従って中央の規格から外れ，石室構造に地域色が表れる傾向も指摘できる。これは地方の墓制に対する百済中央の規制が石室構造まで完遂されていなかったことを物語る現象といえよう。

一方，泗沘期に至って急増する古墳の数に比べ，そこから出土する銀花冠飾の数は明らかに少ないため，冠飾を被葬者とともに埋納する行為が百済においてどの程度慣習的に行われていたのかという問題が残る。『三国史記』などの文献に記載された「銀花飾冠」が出土遺物である銀花冠飾を指すことが間違いなければ，百済官等制の第六品である「奈率」以上の官位を所有していた官人は，どのような型式であれこの銀花冠飾を持っていたであろう。官位を与えられた官人の数についての詳細な記録はないが，後述のように第二品の達率が

30人であったことを考えると，六品の奈率までをすべて合わせると相当な人数になるであろう（山本2005a）。盗掘などの事情を考慮したとしても，現在までに調査された1000基を下らないであろう百済後期型石室の数量に比べ，冠飾の総数が現時点で13点というのはあまりにも少ない。これは結局のところ，官人が埋葬された際に必ずしも官位の象徴である冠飾を副葬しなかったことを意味するといえる。被葬者が官人であることを示すもう一つの物証である帯金具の出土数が少ない点も「埋葬服＝官服」ではなかったことを物語っている。

　銀花冠飾との関係から重要な意味を持つ遺物が，前出の冠帽（官帽）の芯と推定される鉄棒である。この遺物は細い鉄棒で作った三角形の骨組みを二つ合わせたような形をしており，一般的に銀花冠飾と共伴出土する（図3-1）。注意すべきは，銀花冠飾が出土しない古墳でも被葬者の頭部付近でこの帽芯のみ確認されることがある点である。調査事例としては扶餘陵山里ヌンアンゴル53号墳，青陽長承里11号墳（柳基正・田鎰溶2004），舒川楸洞里A-27号墳（田鎰溶・李仁鎬・尹淨賢 2006），扶餘甑山里Ⅰ-1号墳（忠清南道歴史文化院2004），羅州伏岩里3号墳7号石室（国立文化財研究所2001）などが挙げられる。いずれも盗掘された痕跡はなく，後代に銀花冠飾のみが持ち去られたとは考え難い。冠飾がない冠帽のみを着用した階層があったことを想像させる例である。

　百済の威徳王が亡き王子のために建てた寺院である扶餘王興寺の塔址からは，舎利荘厳具として，上の帽芯とともに冠帽と考えられる花形雲母装飾が出土している。花形雲母装飾は，中央に大小の円形雲母板を重ね，その周囲に花弁形の雲母板を大小6枚ずつ，計12枚をそれぞれ重ねて配し，大花弁と小花弁の間に薄く延ばした菱形の金箔を挟み入れていたと考えられる。完全に開いた六弁の花を正面からみた形であり，蕾をかたどった銀花冠飾とは対照的である。『三国史記』雑志色服条に，百済の王族は「金花為飾」と記録されていることから，これが王族の冠飾にあたる可能性がある（山本2010）。

　このように百済泗沘期の石室は，都であった扶餘に位置する陵山里王陵群を頂点に，扶餘の隣接地域にあるいわゆる「陵山里規格」で築造された大型切石造断面六角形石室（Ⅰ群石室），規模や形態面においてⅠ群石室を模倣した割石または板石石室（Ⅱ群石室），それより規模が小さい石室（Ⅲ群石室）の順に

階層性を設定できる。さらに，地域または時期により，ここに合掌式石室や平天井石室が加わってくる。位相が低くなるほど数が多くなり，分布地域も拡大する様子がみてとれるが，これは前段階に比べ古墳築造階層の底辺が広くなったことを表すものである。当然ながら石室の形態は時期による変化もあるため，すべての百済後期型石室に定時的視角からのモデルを適用することはできない（山本2015）。にもかかわらずこのモデルが意味を持つと考えられる理由は，百済後期型石室が極めて求心的な墓制で，中央の動向が二次的中心地や周辺地域に敏感に反映されているためである。百済が滅亡する直前の時期にあたる7世紀中葉頃には，上位階層の薄葬化に伴い周辺地域の墳墓も縮小・簡略化する状況があったと思われるが，前述のようにこれは百済の支配者層による中央集権化政策の意図を反映する現象とみることができよう。

5 泗沘期の官位制と横穴式石室

以上検討した内容をもとに，石室墳に埋葬された被葬者と文献史料に記載された百済の官等を実際に対比する作業を試みたい。その際に考古資料と文献という性格の異なる資料を結び付ける鍵となるのは，文献に記された官人の人数と各位階にあたる石室墳の数の対比，そして文献に記録された遺物である銀花冠飾である。

この時期，百済の身分制は16に分けられた十六官等制が整えられた。これは最高位の佐平から第十六位の克虞までの官等をまとめたもので，漢城期以来の身分制にもとづいているとされる。二位の達率から六位の奈率までの5官等はすべて官位名の後に「率」の字が付く率系官等であり，七位の将徳から十一位の対徳まではすべて「徳」の字が付く徳系官等である。十二位の文督と十三位の武督はそれぞれ「督」の字が付くため督系官等であり，十四位以下の佐軍・振武・克虞は共通の文字はないものの武官的な性格を持つ官等であると考えられている（盧重國1988，p. 219・226）。

各官位の人数は一位の佐平が5人（6人とする場合もある），二位の達率が30人であり，それ以外の官等については記録がない[23]。『三国史記』や中国の史書などによると，この十六官等制では各官位につき官服や腰帯の色，官帽の種

表6　百済の十六官等

1	2	3	4	5	6	7	8	9	10	11	12	13	14	15	16
佐平	達率	恩率	徳率	扞率	奈率	将徳	施徳	固徳	季徳	対徳	文督	武督	佐軍	振武	克虞

類まで規定されていたという[24]。この点は石室墳の被葬者の官位を理解する上で参考となるが，服や腰帯の色などは現在に残る資料からはわからない部分が多く，決定的な判断材料とするのは困難である。ここでは上で分析した各種資料を参考に，各類型の石室墳の被葬者の官人としての地位を推定してみたい。

　まず最高支配者層からみると，百済の王族がどのような埋葬法で葬られたかが問題となる。王族が死後に火葬された可能性を完全に否定することはできない。ただ，陵寺としての陵山里寺址の存在や古墳自体の規模・立地などからみて上述の陵山里王陵群が百済の王と王族の墓である可能性は高く，そうであるならば大部分の王と王族は火葬されなかったことになる。新羅や日本の場合とは異なり文献に百済王族の火葬風習に関わる記事が存在しないのも，そのあたりの事情を暗に示唆しているようである。特に，実質的に百済の地に埋葬された最後の王である武王（在位600-641年）の墓が益山双陵であることがみとめられるならば，これもやはり火葬墓ではないため，他の王族も石室墳に葬られた蓋然性が高いといえる。従って，少なくとも泗沘期の百済王は百済後期型石室，その中でも上に設定したⅠ群石室より規模が大きい石室に埋葬されたであろうことがみとめられる（山本2003b, p.144）。

　貴族または最高官人層に属する人々が埋葬された墳墓としては，上に見た陵山里規格により築造された大型切石造石室（Ⅰ群）が採用された可能性が高い。これは王族級古墳と考えられる陵山里王陵群の石室構造をそのまま採用しているため，被葬者が極めて高い身分を持った人物であったことが推測される。この型式の石室墳の出土遺物に高位の銀花冠飾が含まれる点も被葬者の位相の高さを物語っている。ただし，より立ち入った検討を行うために，Ⅰ群石室に埋葬された人物の具体的な官位について触れておく必要がある。文字資料の出土がない現況において考古資料と文献を結び付けるのはやや飛躍が伴うが，王または王族の墳墓にあたる型式より一段階低位の型式と判断されるため，このⅠ群石室を王族以外の最高階層の墓と仮定できよう。つまり，その被

葬者としては百済官等制の最上位にあたる第一位の佐平からを想定できる[25]。

　しかし,現在までに確認されているＩ群石室の数と文献に記載された佐平の人数を対比すると,石室の数が明らかに上回ることが予想されるため,佐平のみが独占的に築造した石室型式とすることはできない。Ｉ群石室は当時の中央である扶餘周辺だけでなく各地方にも存在するため,その被葬者には少なくとも地方に派遣されたか,地方において任命された在地勢力がいた可能性も考慮するべきである。『周書』によると,百済の地方統治体制は方・郡・城(県)制をとっており,五つの「方」を統率する方領には第二位の達率,「郡」を統率する郡将(郡令)には第四位の徳率がそれぞれ任命されたという[26]。この内容を考慮すると,方領となり得た達率の官位所持者もこのＩ群石室に葬られた可能性が指摘できる。ただし,五方が設置されたと推定される地域[27]以外にもＩ群石室が分布しているため,これは達率以上の官人のみが築造できた石室でもないようである。結論から言うと,Ｉ群石室の分布や数に鑑みると,郡将に任命され得た第四位の徳率程度まではこのＩ群石室を造営したとみるのが最も妥当性がありそうである。ただし,地域ごとの分布相などから,徳率以上のすべての官人がＩ群石室を採用したとは思われず,四位程度の官人までこの型式の石室造営が許され,それを実際に築造し得る技術を持った工人集団を動員できたとみるのが適当であるかもしれない。このことを銀花冠飾の位階と対比させてみると,徳率以上の各官人が最も装飾性豊かなⅢ式冠飾を付けていたと推定できるであろう。益山弥勒寺址西塔では舎利荘厳具としてⅢ式とⅡ式の銀花冠飾と「徳率」銘が刻まれた金鋌が共伴出土しており,これらが対応するものであるならば,やはり上の対比は妥当であるといえる。

　次に,Ｉ群石室の形態を意図して築造した割石積石室のうち,陵山里規格によって築造されたⅡ群石室をその下位階層の墳墓と考えることができる。これは規模や形態面においてⅠ群石室を模倣しながらも石材を精密に加工する技術が提供され得なかった一群と規定できる。時期が下るにつれてⅠ群石室の石材が割石へと移行したものもあると思われるが,明確な時期差が認められない場合には下位階層の石室と規定してよいと考える。ただし,これらすべてをⅠ群石室より絶対的下位に位置付けることはできず,地理的な要件や石材入手の条件などにより,上にみた徳率以上の官人がこの割石積石室を造営したこともあ

ったであろう。銀花冠飾はⅡ式に該当するものがこの型式の石室から出土しているため，少なくとも第六位の奈率以上の官人がこの割石積石室に埋葬された事例があったことがわかる。

その下位にあたる石室として六角形の玄室断面を意識しながらも規模の面においてⅠ・Ⅱ群石室より明らかに小型の一群がある。この型式の石室からは現在までに銀花冠飾や銙帯などが出土しておらず，出土遺物の水準からも上位に属する官人の墳墓とはいい難い。銀花冠飾を着用できなかった第七位の将徳以下「徳系」官人程度までが埋葬されたと想定しておく。前述のように当型式の石室からは冠飾の出土がなく，冠帽の芯と推定される鉄芯が出土することがある。上にみた文献の記録を参考にすると，銀花冠飾の着用を許されなかった官人は七品の「将徳」以下であるため，冠飾がなく帽芯のみが出土する古墳の被葬者は七品以下の人物であったと想定できる。帽芯のみが出土する石室の構造や規模をみると，Ⅰ群にはあたらないものの陵山里規格に準ずる大きさであったり，切石の精巧な造りのものが多く，官人の中でも下位の者の墓とはみられない。従って，ここではこのような類例を持つ石室の被葬者を七品以下，中位程度にあたる官人と想定しておきたい。

このようにみると，さらに低位のものと設定した割石や自然石により築造された横口式石室を含む小型石室（石槨）は，第十二位の文督以下が葬られた墳墓であったとの推定が可能であろう。問題は泗沘期に石室墳を築造できたのがどの程度の階層までであったのかという点であるが，百済地域に分布する石室墳をすべて官人の墓と仮定すると，官位を所有していなかった庶民の墓に関する疑問が生じる。しかし，石材加工や石室構築技術の導入は政治権力や財力に乏しかった一般農民など生産者層にとっては容易でなかったと思われ，国家の底辺を構成する人々が埋葬時にある種の施設物を残した可能性は低いといわざるを得ない。

官位を所有しなかった人々の中にも，ある程度の経済力を蓄えて地方の行政に影響力を持った富裕農民層のような階層がいたことも考えられるため，そのような階層は石室を築造した可能性もある。ただし，基本的に中央または第二の中心地に居住した支配階層の墳墓構造を備えた百済後期型石室は，当時の百済中央政権により厳格な統制を受けていた官人層の墓，すなわち「政治的で官

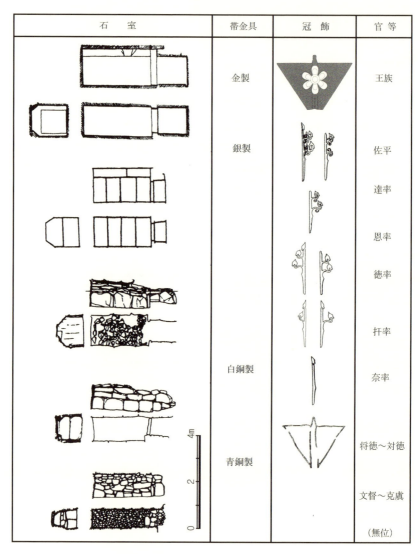

図15 百済後期型石室と百済官位の対比図

的な産物」としておくのが妥当なようである(山本2005a)。上の検討内容をまとめたのが図15である。第3部で触れるように,帯金具の素材による序列もこの検討内容に合致するものである。

表7 百済喪葬令の復元

	王族以上	佐平～徳率	扞率・奈率	将徳～対徳	文督～克虞	庶民
石室規模	陵山里規格以上	陵山里規格(250×125 cm)	陵山里規格(250×125 cm)	小型石室	小型石室	?
使用石材	切石水磨き	切石	割石	割石	割石自然石	?
冠	金花飾	銀花冠飾Ⅲ	銀花冠飾Ⅱ・Ⅰ	冠帽のみ	—	—
帯金具	金	銀	白銅	青銅	—	—

　最後に，以上において検討した内容から導き出される百済の墳墓築造規制の実態を推論し，中央政権によって制度化されていたことが予想される葬送令の内容を復元してみたい。

　まず，百済の泗沘期に至って政治的中心地を起点に高度に規格化する石室の構造から類推して，この時期に各地方・各階層の墳墓築造に中央政権が本格的に介入していたことは疑いない。その介入の実質的な方法が専門工人集団の派遣であるのか設計図の流通であるのか，あるいは能動性・受動性などの諸問題は別稿で検討しているが（山本2007b），当時の王陵と同構造の墳墓が相当広い範囲に分布する点からみて，そこに文化的要素だけでない政治権力を介した求心性をみいだすことが可能である。

　こうした見通しを裏付けるのが同構造の石室にみられる規模面における規格化である。百済の領域内において王陵を凌ぐ規模の石室が築造されなくなるだけでなく，地域を問わず特定階層の墳墓においてみられる同一規格の石室規模は，唐や日本の法令に記された墳墓の規模や築造日数および人数，葬具に関する規制が百済にも存在したことを想像させる。各類型の遺構に埋葬された被葬者の官位の高低については，前述のように出土する銀花冠飾や帯金具などからもアプローチが可能である。以上の考古学的状況から百済の葬送令を復元するとおおむね表7のようになる。官位ごと，項目ごとの詳細にわたる復元はもとより不可能であるが，文献の内容を考古資料で検証する傾向がある日本の薄葬令や中国の葬送令の事例とのよい対比素材になると思われる。

　今後，高句麗や新羅など近隣の同時期における資料を分析することで，古代東アジア全般に共通する葬送への国家の関わり方と，各地域・国家における独

自性も描き出すことができると思われる。また，その過程で文献ないし物質資料の乏しい地域の状況を復元するためのモデル構築もなされるであろう。

第3章 新羅後期石室墳の階層構造と官制

　第3章では，上で検討した百済泗沘期の墓制の様相を参考にしつつ，新羅地域で横穴系石室墳が定着・本格化した時期の状況を調べ，百済地域との比較資料とする。また，両地域の墓制に示された当時の制度的側面を比較検討する上での基礎資料としたい。百済泗沘期の横穴式石室に比べ，新羅の石室は形態・構造や規模の面できわめて多様性に富み，明確な序列が確認できないのが特徴である。そのため，階層構造とそれに対応する被葬者間の地位の差をみいだすのは難しく，百済地域を対象とした検討とは別の切り口が必要である。やや不確実ではあるが，ここでは限定された資料にみられる官位制の痕跡と石室自体の位相をもとに新羅地域の特色を明示し，解釈のモデルを提示する。

1　新羅横穴式石室の類型と分布

(1)　新羅地域における横穴式石室の受容と背景

　新羅でも他の地域と同様に墳墓の埋葬施設は竪穴系から横穴系へと順次移行する様相がみられる。これは，大きくみて威信財などの副葬品を多量に埋納する厚葬的墓制から，次第に薄葬化していく傾向と軌を一にする現象とみてよい。ただし，新羅における横穴式石室導入の状況が他地域に比べて特異なのは，巨大な積石木槨墳からきわめて短期間のうちに横穴式石室が定着・普及したことと，単葬が基本であった従来の墳墓から多葬・追葬へと葬制が大転換した点である。

　新羅地域の墳墓に横穴系の石室が採用されはじめた状況はまだ明確でなく[28]，その背景についても諸説あるが[29]，高句麗・百済など韓半島の他の政体に比べて大きく遅れる6世紀代に普及した。新羅地域において横穴式石室の導入が他地域より遅れたことについては，中国や百済などとの地理的な断絶性なども重要な要因になり得るが，前段階に積石木槨墳という横穴式石室とは完全に性格を異にする独自色の強い墓制が存在したためとみることもできる。言

い換えると，そのような独自色が強い墓制がある時期に変質した背景には，強力な汎東アジア的な埋葬理念の共通化傾向と，それに対応する内部的な社会・政治的変革があったと考える必要がある。このような歴史的な流れの中で，新羅地域でも中央および地方で横穴系埋葬施設が受容され，以後継続して中心勢力の墓制として定着し，全国土に普及することになった。

新羅地域における横穴系埋葬施設の出現については，中央の慶州地域と周辺地域を分けて検討するべきであるという点が指摘されている（崔秉鉉2001）。新羅でも，中央と地方の横穴式石室が必ずしも同じ脈絡で出現したとはいえないためである。慶州地域で出現した横穴系墓制のうち，最も早い時期にあたると考えられているのは普門里夫婦塚や東川里瓦塚の石室で，6世紀前半代に編年されている。形態・構造の上からみて，これらの成立には昌寧や安東地域で盛行した横口式石室が関連している可能性が高い。

一方，中央からやや離れた地域ではそれより早い時期に横穴式石室が出現する。慶山造永洞ⅠB-6号墳などをはじめとする特定の型式の石室（図16）は，慶州地域より年代が遡るいわゆる初期横穴式石室とされており，まず地方で横穴系埋葬施設が受容されていたことがわかる。

新羅地域の石室墳の動向を検討する際に注目すべきなのが後述の慶尚北道栄州にある順興邑内里於宿知述干墓や順興邑内里壁画古墳などである。これらは壁画と特異な片袖式の横長方形の石室を持っており（図18），石室の構造的な面では初期石室墳の一類型といえる。このような片袖式の横長方形石室は，一部慶州地域の王陵級古墳の埋葬施設に採用された可能性もあるが，基本的には慶州以外の地域に築造された新羅の地方墓制の一形態として展開する。早い時期に新羅の中央で造られた縦長方形の横口式石室とは異なり，これら横長方形石室は地理的環境や壁画の存在を根拠に，その系譜を高句麗系石室に求めることもある[30]。また，高句麗との関連が想定されているもう一つの古墳に，迎日の冷水里古墳がある。冷水里古墳の横穴式石室は，長方形の大型の主室に至る羨道に，主室に対して直角に副室が構築された特異な構造を持っている。一部の高句麗の横穴式石室にみられる耳室との関連が想定される初期の事例である。このような高句麗系石室を新羅の中央および地方の墓制として採用することになった背景について，高句麗系住民または高句麗地方勢力を新羅の支配体

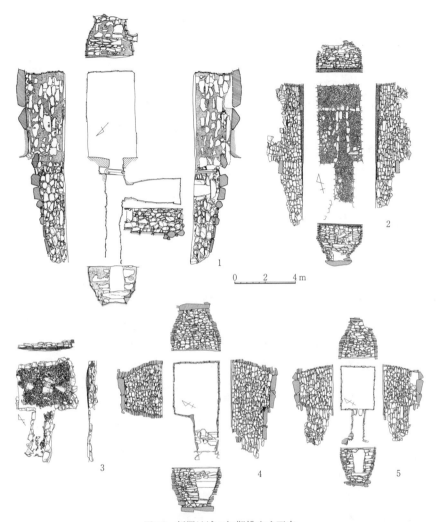

図16　新羅地域の初期横穴式石室
1：迎日冷水里古墳　2：義城鶴尾里1号墳　3：慶山造永洞ⅠB-6号墳　4：達城舌化里M1号墳
5：達城舌化里M2号墳

制の中に編入した結果とみることも可能であろう。
　このような状況をふまえつつ，新羅地域で横穴系埋葬施設が受容された背景に関しては，単なる外部からの伝播だけでなく，より複雑な過程を考慮する必

要がある。何よりも，単葬が大前提であった6世紀前半代までの積石木槨や竪穴式石槨から多葬が基本の横穴式石室への変化は，新羅の墓葬制史の上では画期的かつ重大な変化であり，その変化の思想的背景に対する熟考を要する。

これに関連して重要なのは，新羅地域で一度定着した横穴式石室墳の定型化・普遍化とその拡散が，新羅勢力の領域拡大と同時におこっているようにみえるという点である。これは前述した百済泗沘期の状況と類似した現象といえるが，百済地域の例と同様，新羅内部における政治制度の整備と石室墳の流行が深い関連性を持っていることを示唆している。

6世紀代に新羅が韓半島各地へと勢力を拡大し，各地域を独自の行政単位に編成していく過程において，その影響力が及んだ地域に横穴式石室墳が築造されているが，各地に築造された新羅の石室墳には，地方統治のために中央から派遣された新羅人か，または新羅中央政権の支配下に入り当該地方を統治することになった各地域の在地首長層が埋葬されたと考えられる。従って，新羅の石室墳の分布を確認することにより，当時の新羅のおおよその勢力範囲を抽出することも可能であり，また石室自体の位相・階層性を明らかにすることができれば，そこから被葬者の社会・政治的な地位，すなわち官位や地方統治システムに関しても言及できると思われる。

（2） 新羅横穴式石室墳の定義・類型と分布

上述の通り，新羅地域で確認される横穴式石室の源流は，現時点で少なくとも二つ以上の系統が考えられる。類型設定はこのような系統を正確に把握してこそ説得力を持ち得るが，現時点ではまだ各系統を確実に区別できるほどの初期資料に関するデータが多くないため，型式分類を先行させ，その存在様態について検討することにする。

ここで設定しようとする新羅の横穴式石室の定義は，「新羅の領域または影響圏内で新羅の支配下に置かれた勢力が築造した石室」と規定することができるが，ここでは考察の便宜上，より限定させて「新羅が横穴系墓制を導入して以後，韓半島統一に至るまで，特に各地方へ勢力を拡大する過程で中央と地方に築造された横穴式および横口式石室」に限定することにする。これは横穴式石室の地方拡散以前に洛東江東岸の新羅地域で盛行した横口式石室や，散発的

図17　新羅の横穴式石室の多様性
1：中原楼岩里19号墳　2：中原楼岩里22号墳　3：陝川苧浦里E11号墳　4：陝川苧浦里E15号墳　5：陝川苧浦里E12号墳　6：宜寧雲谷里2号墳　7：昌寧桂城B26号墳　8：昌寧桂城B43号墳　9：陝川苧浦里E13号墳

第3章　新羅後期石室墳の階層構造と官制　65

に分布する初期石室墳と区別するためのもので，その理由は横穴系埋葬施設の本格的な普及以前と以後を比較すると新羅の政治や社会構造に大きな差があると考えられるためである。具体的な年代は，出土土器をはじめとする副葬品や石室の諸属性を考慮すると，6世紀中葉〜7世紀中葉頃に限定される。

新羅の横穴式石室墳を規定する具体的な要素としては，副葬品が残っている場合，原則として短脚高坏と付加口縁台付長頸壺の組成ないし印花文土器が出土する点，石室底面に明確な屍床または棺台施設を設けている点などが必須条件として挙げられる。盗掘などにより石室内から遺物が出土しない場合も多いが，一般的に新羅では墳墓に土器を副葬する慣習が遅くまで残っていた。また絶対的な条件ではないが，同じ時期の百済地域の古墳に比べ，棺釘・鐶座金具の出土が少なく，木棺の使用が普遍化していなかった点[31]，石室に精巧に加工された切石のような石材が使用されなかった点，右片袖式石室が多い点[32]，一つの石室内に2〜8人に至るまで比較的多くの追葬がなされる点[33]などを副次的な特徴として挙げることができる。

新羅地域の石室形態はおおむね次のように分類できる。まず大分類として遺構の種類を考慮する必要があるが，普遍的な大別方法として横穴式石室と羨道を持たない横口式石室に分けられている。横口式石室は横穴式石室が導入される以前から洛東江東岸地域に広く分布しており，なかでも前述の昌寧・安東などで比較的早い時期にあたる遺構が確認されている。ただし初期のものについては本書では扱わない。

次に，横穴式石室の下位属性として玄室の平面形態や羨道の位置などを分類基準とするのが一般的である。玄室の平面形態は長さ（前・奥壁間）が幅（両側壁間）より長い長方形（縦長方形），長さと幅がほぼ等しい方形，長さが幅より短い横長方形に大別できる。玄室平面形態は石室上部構造と密接に関連すると考えられるが，天井部まで完全に残っている例はほとんどなく，天井形態を分類の基準とするのは難しい。ただし，一般的に方形石室は穹窿状天井，長方形石室は左右の側壁ないし前・奥壁を持ち送って平天井を架構した可能性が高い。また羨道位置は両袖式・右片袖式・左片袖式に分けることができる。

横口式石室では，下位属性として玄室平面形態を分類対象とすることができる。石室平面形態は長方形と方形があるが，横長方形玄室を持つ横口式石室は

まだ確認されていないようである。横口式石室の分類方法として，短壁に開けられた横口部の位置を基準とすることもできるが，横穴式の場合と比べ，入口の位置に特に大きな意味はないと判断し，ここでは分類の煩雑さを避けるため，分類対象からは除外することにする。ただし，前壁の一部のみを開口させるものと前壁全面を開口部とするものは分ける必要があり，それぞれ横穴式石室の影響を受けた副次形態かそうでないかという差も考えられる。

次に，このように分類した新羅の石室の分類基準が妥当であるかを検証する。そのためには，分類基準とした遺構の種類，玄室の平面形態，羨道の位置などの諸属性がそれぞれどのような意味を持っているのか，すなわち個別属性間の差に含まれる意味を明らかにする必要がある。結論から述べると，横穴式・横口式という遺構の種類は地域性とそこに埋葬された被葬者のおおよその階層差を，石室の平面形態は地域性と年代的な先後関係およびそこに埋葬された被葬者の人数，そして石室の系統を，羨道位置は石室の系統をそれぞれ相対的に表す属性とみることができる。加えて石室自体の大きさも考慮する必要があるが，石室規模も築造時に予定されていた被葬者の人数や被葬者（またはその家系）の社会的地位を反映していると考えることができる。

諸属性の特徴と変遷の大きな流れは次の通りである。まず横穴式・横口式という遺構の種類の差は遺構の相対的な大きさとも関連している。すなわち，一般的に横穴式石室は横口式石室に比べて大型であり，被葬者の人数や階層差に結び付いている可能性が想起される。これは石室を覆う封土の大きさとも関連する要素である。つまり，大型の封土に設置された石室は墓室内に至る通路を設ける必要があり，小型の封土ではそれがさほど必要ないということである[34]。盗掘の被害が多く，埋葬当時の状況を正確に把握できる資料は少ないが，横穴式石室内に副葬された遺物の量は横口式石室のものより豊富である傾向がみられる。また時期が下る石室墳のうち，王や王族の墓と推定される墳墓の埋葬施設は大部分が横穴式石室であることから，横口式石室が相対的に下位にあたることが裏付けられる。ただし，横口式石室は特定の地域で集中的に築造されるなど，個別古墳の位相の高低だけでは説明できない部分があり，中央と地方の差を含め，古墳群（被葬者集団）としての階層差を考慮する必要があろう。

第二に，新羅地域特有の多数回追葬の事情を受け，石室の平面形態は屍床の設置方式との関連性を想定できるため，予定された被葬者の人数による差という点を考慮する必要がある。また横穴式石室では明確でないが，横口式石室の場合，地域によっては時期が下るにつれて平面形が長い長方形から順次方形に近づく傾向がみられる。横口式だけが存在した時期を過ぎ，横穴式が導入されてからその影響を受けて変化したものと理解しておきたい。慶州近郊に分布する長方形横口式石室から短脚高坏直前段階（6世紀前半代）にあたる二段透孔高坏が比較的多く出土するのに対し，慶州から遠く離れた地域の方形横口式石室では短脚高坏以後の器形のみが出土しており，相対的な移行関係を裏付ける結果となっている。

　第三に，羨道の位置は実際には新羅地域内でも両袖・左右片袖がすべて存在し，同じ古墳群内でもこれらが混在する場合があるため，この属性をもとに明確に系統問題を論じるのは難しい。ただし，百済地域で築造された石室の大部分が左片袖式（奥壁に向かって右側に付く）ないし中央羨道であるのに対し，新羅地域では右片袖式（奥壁に向かって左側に付く）の石室が全体の比率の50％以上を占めるため，この時期の新羅地域の築造傾向が右片袖式石室にやや偏重していたことは明らかである（註32参照）。

　上のように設定した新羅型石室は，前述のように6世紀中葉以降に新羅の勢力拡大とともに韓半島の各地に広がる。その分布は7世紀前半頃までに中央である慶州地域をはじめとして，慶尚南・北道，江原道，忠清北道，忠清南道東・北部，京畿道，咸鏡南道などにかけて広く普及している。これらを大きく地域別に区分すると，慶州・蔚山・慶山・大邱などの旧新羅領域地域，栄州・安東・尚州・金泉などの外郭地域，金海・昌原・咸安・陝川・高霊などの旧加耶地域，三陟・江陵・東海から咸鏡南道まで含まれる東海岸地域，忠州・丹陽・驪州・利川・ソウル周辺などの漢江流域地域，報恩・清州・天安・大田・錦山などの内陸部地域などに分けることができる。このように区分される地域はそれぞれ新羅の地方統治の実践過程において大きな意味を持っており，各地の石室墳と出土遺物に対する編年作業を進めることにより，各地域が新羅によって領域化された正確な時期を考古学的に裏付けることができる（山本2001・2003a）。

新羅の勢力範囲については，石室墳の分布に関する検討だけでなく，絶対年代がわかる北漢山碑・昌寧碑・黄草嶺碑・磨雲嶺碑などの真興王巡狩碑，蔚珍鳳坪碑・丹陽赤城碑などの石碑，新羅の山城などに対する検討[35]を通じても検証される。

2　6～7世紀における新羅の官位制と地方統治体制

　では，上のような新羅地域の横穴式石室を持つ古墳が，新羅の政治制度とどのように関連するのか。その対比作業に先立ち，文献にみられる新羅の官位制と地方統治体制について概観しておきたい。
　新羅では，第23代の法興王代（514-540年）に官制の整備，法令の制定，仏教の公認など一連の革新的政策の変化がおこったとされる。これにより，前段階，すなわち麻立干期（「王」にあたる称号として「麻立干」が使用されていた時代）に盛行した豊富な副葬品を持つ巨大な積石木槨墳の築造，金冠や金銅冠などをはじめとする金属製装身具の所有に象徴される権力の可視的表現の時代とは大きな違いがみられるようになる。つまり，稀少な威信財や巨大墳墓で権力の巨大さを誇示した社会からの一大転換期がこの時期にあたるのである。
　この時期に新羅地域で横穴系の埋葬施設が受容され普及した状況は，墳墓を政治・社会的な背景と関連させて解釈する際の重要な素材である。すなわち，この時期に官制がある程度整備され，法制定に対する意識が生まれることにより，目にみえる形で権力を表現する必要がなくなっていった証左とみることができるのである。また，第22代の智証王代に制定された殉葬の禁止（502年）とともに，この時期に仏教が正式に受容（528年）されたことも，上位階層の薄葬意識を高める結果をもたらしたであろう。その社会的状況がまさに新羅における横穴式石室墳築造の本格化につながっているといえる[36]。
　このような大きな社会変化の重要な要素として，本書の主たるテーマの一つである官制整備の問題があるが，百済と同様，新羅でもこの頃に官位制（十七官等制）が完備したと考えられている。新羅の官位制は，韓半島のその他の政体とは異なりやや独特な特徴を持っているが，それが王都にいる王京人を対象とした京位と，地方官人らを対象とした外位を区別した授位である。この京

位・外位制は,血統による新羅の厳格な身分秩序である骨品制とともに,当時簡単に変えたり越えたりすることができない身分の格差として作用していたとされる[37]。

　新羅の京位制は『三国史記』巻1新羅本紀の儒理尼師今9年条,同巻38志7職官上,『三国遺事』巻1紀異2弩礼王条などの韓半島の史書,『梁書』巻54列伝48新羅伝などの中国史書,迎日冷水里碑や蔚珍鳳坪碑などの金石文を通じてその内容が知られている。儒理尼師今9(西暦32)年にすでに京位が制定されたという『三国史記』の記録は年代に信憑性がなく,そのまま受け入れることはできないが,官等の名称自体に関してはみとめる傾向がある。

　この京位の起源については学界で定説がないが,新羅(斯盧国)が周辺勢力をその大きさによって中央官制に編成していく過程で,彼らが本来持っていた身分秩序をそのまま取り入れて成立したとする見方が一般的である。また,斯盧国を構成していた様々な勢力の位号やその家臣の名称から始まったとする説も注目される(河日植2000)。それによると,法興王代に官制が整備される前から京位の骨格がすでに存在していたことは疑いなく,その意味では京位と横穴系墓制のみを対比させる作業は決して容易ではない。のみならず,京位制を新羅の固有法的な性格の制度とみるならば,その後に導入されたと考えられる継受法,すなわち中国の律令官制との関連性についても別途に検討する必要が生じる。

　一方,新羅の地方統治と墓制の相関関係を検討する際に参考になると思われるのが外位制である。新羅の外位は斯盧国の征服活動の過程で王都に移された地方の有力首長層以外の勢力,すなわち各地にそのまま残された村落の首長層に授けられた官位で,全11段階で構成される。外位の第一位である嶽干が京位の第七位である一吉湌に対応し,以下順に京位十七位に合わせて編成されている(表8)。

　外位の制定は正式には京位とともに法興王代のことと考えられる。ところが,智証王4(503)年に建てられた迎日冷水里碑,法興王11(524)年に建てられた蔚珍鳳坪碑,540年代に作られたと推定される丹陽赤城碑,真興王22(561)年に建てられた真興王昌寧巡狩碑などには,それぞれ外位に関する記述が含まれた内容が刻まれており,これらからは外位が段階的に形成されていっ

たような印象を受ける[38]）。これらの金石文を根拠にすると，外位は実質的に真興王22年までにかけて徐々に整っていったとみることができる。外位の基盤となる身分制が地方にできあがった時期とその基本形態は明らかでないが，外位は京位の枠組みを土台に成立したと考えられるため，上限もそれから大きく遡らない時期とみられる。外位の基礎となる身分秩序としては，『三国史記』智証王6（505）年条にみられる地方に派遣された軍主に関する記事，または503年に建てられた迎日冷水里碑にみられる道使派遣記事が一つの糸口になる。つまり，新羅が智証王6年に州郡県を設置した際，中央から派遣された軍主，またはそれより早い時期に派遣されたと考えられる道使がいたが，その傘下に入った地方在地勢

表8　新羅の官等

	京　位		外　位
1	伊伐滄/角干		
2	伊尺滄/伊滄		
3	迊滄/蘇判		
4	波珍滄/海干		
5	大阿滄		
6	阿滄		
7	一吉滄	1	嶽干
8	沙滄	2	述干
9	級伐滄/級滄	3	高干
10	大奈麻	4	貴干
11	奈麻/奈末	5	選干
12	大舎	6	上干
13	小舎	7	干/下干
14	吉士	8	一伐
15	大烏	9	一尺
16	小烏	10	彼日
17	造位	11	阿尺

力の首長層や，州郡県に編成されずに新羅の影響下に入った小規模村落の村主らが，後に外位を受ける対象となったのではないかと推定される。

　外位に関しては，その実質的な機能や，どのような過程を経ていつ制度化されたのかなど，文献史学界でも解決をみない問題が残っているが，新羅では王都と地方を厳格に差別化していたという点，外位制がそのような差別性の延長線上に出現した官位であるという点を考慮すると，この時期の新羅の勢力拡大と，それと同時に地方に普及した定型的な墓制との関連性を考える上で良好な資料となるであろう。

　さらに，新羅の墓制と官位制との関係を推測するにあたり，外位制に加えて地方統治体制を把握しておくことも必要である。先に触れたように，新羅では智証王6年に州郡県を設置することになった[39]）。この時は悉直，すなわち現在の三陟に州を置いて軍主を派遣しており，その後には領域拡大とともに上州

(尚州地域)，下州（昌寧地域），比列忽州（安辺地域），新州（漢江下流地域）などを順に設置した。定型化する以前の初期横穴式石室が都である慶州より早い段階に造られたのは，多くがこれらの地域である。真興王代以降に新しく占領した地域に対しては，州を設置すると同時に，「停」と呼ばれる軍隊を配置した。従って，この時期の地方統治体制についても，州と停を合わせて行政と軍事が一元的に運営されたとみるのか，あるいは行政と軍事の機能分化がなされていたとみるのかについて異見がある。このような問題に対する解釈にも，当該地域の考古資料の分析が役立つと考えられるが，ここではひとまず州と停の行政的な側面と軍事的な側面を一括的なものとみて，新羅領域内での該当地域の序列のみを官位制と結び付けて検討する。

3 新羅横穴式石室の階層性と被葬者の官位

墓制と官位制を結び付けるにあたって前提となるのは，墳墓に埋葬された被葬者が実際に官位を持った官人であったのかという点である。これを検証する作業は容易でないが，新羅では被葬者が生前に官位を所持していたことを表す資料が墳墓から確認される事例がある。栄州順興於宿墓のように，古墳の石室壁面に被葬者の名や官位などを書いた墓誌的なものが確認される例以外には実質的な検証は難しいが，出土土器に彫られた文字，そして被葬者が官人であったことを想起させる帯金具などが参考となる。また，各地方の石室墳がこの時期に中央と共通する形に定型化される現象は，百済の例と同様，何よりも中央と地方の政治的つながりを示す資料といえる。

百済の事例を反証とすると，この時期の新羅地域で構造や使用石材，規模を含めて墳墓築造に強い規制があったとみるのは困難である。しかし，きわめて短期間で領域内の墓葬制が一変したことと併せ，中央勢力と類似した規模を持ち，同質の副葬品を埋納した石室墳に埋葬された被葬者は，中央政権によってその地位をある程度みとめられ，その支配体制に編入されていた人物とみることは可能であろう。以下では，新羅の石室墳の各類型に階層構造を求めることができるかを検討し，推論可能な部分に関して新羅官制との対応を試みたい。

新羅石室墳の階層化の基準として有効であると考えられる属性としては，百

済地域のものと同様に石室の大きさや形態・構造が挙げられるが,正確な規格化が達成されている百済の場合とは異なり新羅の石室は多様性を備えているため,規模のみから墳墓自体の序列を決定するのは困難である。従って構造や大きさの他に副葬品の種類や質,石室各類型の築造数,分布地域などをみながら大まかな位相を検討する。ただし,前述のように新羅の石室墳は地域ごとの特色もあり,すべての地域の墳墓を一律に扱って一つの全体階層構造に帰結させるのは不可能である。従って,本書では6世紀後半から7世紀中葉にわたる時期の古墳のうち,階層差がみとめられるサンプルのみに言及する。その階層構造にどれだけ普遍性を持たせることができるかは,今後検討すべき課題である。

まず石室規模であるが,ここでは玄室の面積を主な検討対象とする。石室の大きさは封土の大きさとも直接関連する属性で,外観的にも被葬者の相対的な地位を考える上で一定の意味を持つ対象である。これが認められるならば,一般的に横穴式石室が横口式石室より大型であるため,特定地域に時期差がない両者が混在する場合,横穴式石室をより上位階層の墓と想定することができよう。羨道を合わせると封土の規模はさらに大きくなる。また,新羅が領土を拡張していく上で重視した地域や拠点的地域には横穴式石室墳が密集して分布する傾向がある点も注目される。特に斯盧国段階から六部に次ぐ重要な地域とみなされてきた押督国(後の押督州)に該当する慶山(林堂洞古墳群),上州に該当する尚州(青里古墳群),新羅の中原小京(国原小京)が設置された交通の要衝地の忠州(楼岩里古墳群),新羅が中国との交渉のために初めて西海岸に進出した際に拠点として新州を設置した地域の京畿道地方(ソウル芳荑洞古墳群など)などの交通と行政の要衝には,比較的規模が大きい新羅の古墳群が立地している。高霊池山洞古墳群や陝川苧浦里古墳群なども,前時期からの要衝に造られている。

このような重要な地域に対する統治政策としては,支配下に置いた在地勢力に統治を委託するというよりは,中央から官位を持つ人物を派遣した可能性が高い。派遣された官人は京位の官位を持っていたと思われるため,政治的・軍事的に重視された地域内に築造された大型石室墳には,京位官人が埋葬された可能性がある[40]。さらに,新羅の地方の石室墳の中で最高位の位相であると想定できるものでは,方形プランの玄室を持つ横穴式石室が高い比率を占め

る。これらは他型式の石室に比べて相対的に規模が大きく，墳丘周辺に外護列石をめぐらせて荘厳に築造されていることが多いため，暫定的に最上位に位置する石室型式と仮定しておく。中心地である慶州で王族ないし貴族墓級古墳の埋葬施設として方形横穴式石室が主流であったこととも矛盾しない。

　上の推定に関連して注目される記録が『三国史記』真興王19（558）年条にみられる徙民の記事である[41]。それによると前年に忠州に設置した国原小京に慶州地域の貴戚および六部の子弟，裕福な知識人を移住させたとみえるが，これが事実ならば「徙」ないし「子弟」という表現からして単なる官人の派遣ではなく，家族や一族を含む大規模移住が行われ，そこに永住させたと解釈することができる。この際に重要なのは，小京への移住によって京位の官位が剥奪されたり外位に格下げされたとは想定しにくく，移住した階層は引き続き京位を維持していたと推定される点である。そのこともあって地方都市に「小京」の名称を付けたのではないか。この場合，その構成員が死亡した時に慶州に帰葬されていないことは明らかであり，彼らが残した古墳が上にみた地方の方形横穴式石室と推定される。こうした事例は小京や拠点地域に限定されるが，徙民政策が州郡レベルでも行われていたとすると，各地方に築造された墳墓にもそれが反映されているであろうことは想像できる。

　以上のように，地方の重要拠点に築造された大型方形横穴式石室の被葬者を，中央から派遣された京位官人と仮定できるならば，次に外位の中でも高位の官位を持つ被葬者の墓がどのようなものであったのかという問題が生じる。これについては，やや例外的な事例ではあるが，直接資料がある。外位の官位名を含む被葬者の名が確認された栄州順興の「於宿墓」がそれにあたる（図18）。この古墳は横長方形を呈した玄室を持つ右片袖式石室である。この古墳を特徴付けるのは，人物像や蓮花文など石室壁面に描かれた壁画と，石扉内面に書かれた被葬者を示すと推定される「乙卯年於宿知述干」の銘文である。この古墳の被葬者の死亡年または埋葬された年を表すと考えられる「乙卯年」については，研究者によってそれぞれ法興王22（535）年，真平王17（595）年，武烈王2（655）年などとみる異なる見解があるが，筆者は石室形態や壁画の存在などの独自性から，その築造時期が7世紀以降には下らないと考える。このような横長方形の石室は新羅の地方進出過程の中でも主に初期にみられるもの

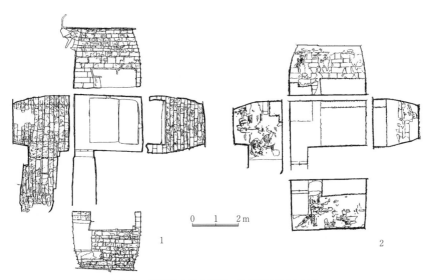

図18 順興邑内里古墳群の於宿墓と壁画古墳
1：於宿墓 2：邑内里壁画古墳

で，仮に遅い時期に築造されたものであるならば，石室構造が完全に新羅化し，壁画や石室築造方式に独自性がみられなくなると思われる。

年号の次の文字「於宿」は人名と考えられ，これは古墳に埋葬された被葬者の名前である可能性が高い。「知」は文献や石碑などにみえる「智」と同様に，新羅では人名の後ろに慣習的に尊称のように付けた文字である。この「於宿」を高句麗人の名前であるとして，この古墳に埋葬された被葬者を高句麗系の人物とみる説があるが（秦弘燮1984，p.29），これは石室形態や壁画の存在などからも妥当であるように思える。ただし，当時北方から下ってきた高句麗人自身の墓であるのか，あるいは当地域に定着したその子孫の墓なのかについては議論の余地がある。

次の「述干」は，新羅の官位のうち地方官人に授けた外位の第二位にあたる官位名で，このような「人名（於宿）―尊称（知）―官位（述干）」の順序は新羅の金石文でしばしばみられる人名表記法である。この銘文から被葬者が新羅の官位を所持した人物であったことは明らかであり，また真興王巡狩碑をはじめとする碑文の人名表記に一般的にみられる「知」または「智」の尊称の存在

表9　金石文にみられる新羅の人名表記法

石碑	人名表記	石碑	人名表記
北漢山碑	□□智一尺干，□□智迊干	南山新城碑1碑	主阿良村今知撰干
昌寧碑	武力智迊干，麻叱智述干	南山新城碑2碑	比知夫知及干
磨雲嶺碑	另力智迊干，比知及干，另知大舍	南山新城碑3碑	文□知大舍？
黃草嶺碑	服冬知大阿干，□知迊干	南山新城碑9碑	郡上人曳知撰干
赤城碑	武力智阿干		

からも，死亡時に新羅社会に属した人物であったことが裏付けられる。

　この銘文と古墳の型式をもとに被葬者の性格についてまとめると，この地域に居住していた高句麗系勢力の首長「於宿」は，ある時期に新羅の支配体制の中に編入されて新羅の外位の第二位にあたる述干の官位を受け，この地域を統治することになった人物とみられる。そして死後には，本来自身が属していた高句麗の伝統的な風習により，壁画が描かれた横長方形の横穴式石室に埋葬された状況を想像することができる。石室中に自身の名と官位，死亡年を書いておく風習も，新羅や百済ではほとんどみられない外来的な特徴といえる。

　述干は外位の二番目の官位であるが，第一位の嶽干は碑文や文献の中でも人名とともに実際に使用されている事例がなく，その実在性を疑問視する見方もあるため，実質的には述干が外位の最上位とみてもよい。当然ながらこの一つの事例だけを根拠にすべての横長方形石室の被葬者を述干の官位を所持した官人とみることはできない。何よりこの於宿墓の特殊性を考慮する必要があり，またこのような類型の石室が，多くの地方類型の中の一事例に過ぎない可能性も依然として高い。しかし少なくとも述干をはじめとする外位の上位官人が横長方形石室に埋葬された例があるという事実はみとめられるため，他の地域でも類似した官位を持った人々が同等なレベルの墓制を採用していた可能性は指摘できる。

　では，高位階層以外の官人はどうであろうか。外位の第二位の述干が横穴式石室に埋葬されていたことから考えると，それより下位階層の官人は構造や大きさの面で下位に位置付けられる横口式石室に埋葬された可能性が想定される。これを考古学的に検証するのは困難であるが，参考となる資料として，古墳から出土する刻書土器が挙げられる。昌寧桂城古墳群など昌寧地域で出土す

る土器の例をとると,やや大型に属する横口式石室から出土する短脚高坏に,「大干」と読める文字が刻まれた事例がある(図19)。出土した短脚高坏は型式や共伴遺物から6世紀中葉以前には遡らないと考えられるため,5世紀代以前に用いられた各地域の統合的最高首長を表す呼称としての「干」ではないと思われる。これらもやはり新羅の地方統治体制下に編入された勢力に帰属するものとみられるため,ひとまず新羅の官位名の中で理解するべきであろう。

　筆者は,これを京位第十二位の大舎に対応する外位第六位の「上干」にあたるものと仮定しておきたい。横口式石室に埋葬された被葬者が上干に限定されるものではないが,概して長さが2〜3mほどになる横口式石室では,土器をはじめとする豊富な副葬品が出土する場合が多く,外位の中でも干群系(一位〜七位)の下位,すなわち上干や下干程度にあたる官人が埋葬された可能性が想定できる。

　また他の事例として,梁山下北亭古墳群の中で方形に近い長方形横口式石室を持つ1号墳では,「上」と読める文字が刻まれた短脚高坏が出土しているが,これも同様に外位の上干に関連する資料である可能性を指摘しておく[42]。ただし,この「大干」などの刻書土器は,その判読方法をはじめ不確かな部分が多く,被葬者の官位を推定する資料として普遍的に利用することは難しい。特に推定「大干」銘短脚高坏は昌寧地方で集中的に出土する土器で,新羅地域全体で普遍的に確認されるものではないため,かなり不安定な検討素材といわざるを得ない。

　ところで,横口式石室の中でも長さが3mを超える大型に属するものが尚州や昌寧,そして安東の古墳群の中に多くみられる。特に新興里古墳群の例のように,尚州地域の横穴式石室は二つの石室をつなげたような長大な遺構があり,被葬者間の階層性というよりは強い地域性が表現されているものとみられる。ただし,これらは副葬品も豊富で,密集分布して墓域を形成していることから,このような事例を地方官人の墳墓と判断できるならば,外位の中でも干群系の比較的高い官位を所持していた人物のものと推測することが可能である。尚州と昌寧は新羅王権が地方統治のために設置した州のうちそれぞれ上州と下州にあたっており,帯金具の出土が多い点も示唆深い。

　以上のように各類型の石室墳に葬られた被葬者の階層を設定できるならば,

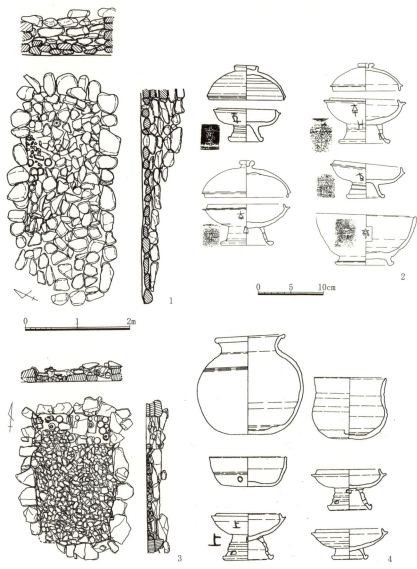

図19 官等名（?）が刻まれた土器と出土遺構
1：昌寧桂城B40号墳石室　2：昌寧古墳群出土「大干」銘土器
3：梁山下北亭1号墳石室　4：梁山下北亭1号墳出土「上」銘土器

各地に最も多く築造された石室墳，すなわち長さが1.5～2m程度の小規模石室の被葬者は，第八位の一伐以下，非干群系外位を所持した官人または一般庶民の墳墓ということになるが，これについては墳墓の被葬者を官人と判断してよいかという点を含んでおり，検討の余地が多い。

　ここで提示した石室墳の位相は当然ながら絶対的なものではなく，実際には地域差や時期差など，より複雑な変移があると予想される。各地域で横穴式石室墳が盛んに造られた時期は，統一新羅期を除けば6世紀後半～7世紀半ばのきわめて限定された期間ではあるが，時間の経過により古墳築造の様相も変化したと思われるため，地域色を考慮した地方ごとの展開が検討されなければならない。また，慶州地域の状況，つまり京位を所持した人物と，彼らが埋葬された墓型式の対応が考察されなければならず，慶州地域の状況に合わせて各地方の様相を検討するのが本来の手順といえる。

　新羅の外位制は文武王14（674）年頃には完全に廃止されたと考えられている。7世紀半ば頃からは韓半島統一戦争で軍功をたてた地方勢力や投降した高句麗・百済の官人層には外位の代わりに京位を与えるようになった。ただし，これは地方勢力の独立性を評価した結果というよりは，新羅中央政権がもはや地方勢力の半独立性をみとめなくなったことの帰結とみることができる。すなわち，韓半島統一を完了して次の段階の政策として，各地方にそのまま残存していた地方勢力を弱体化させ，中央集権化を本格的に推進しようとする新羅王権の意図が反映されていたのである。

　このような政策の変化は墓制にも表れる。この頃からは，それまで全国的に続いていた横穴式石室墳の築造が急激に減少するようになる。この現象も，統一後の新羅王権による中央集権の強化政策と無関係ではない。以後，大型の石室墳の築造は都である慶州地域と拠点地域に集中し，王族や中央貴族，そして地方の有力官人層が独占するところとなる。第1章でみたように，古墳の築造数自体が激減するのもこの時期にあたっており，墳墓を通じた身分表象は王族・貴族を除いて完全に終結する。このことは，第3部でみる腰帯具が出土する統一新羅時代墳墓の状況からも再確認できる。7世紀後半におこった外位制の廃止，地方石室墳の消滅，新羅王権の中央集権化は相互に密接に関連していたのである。

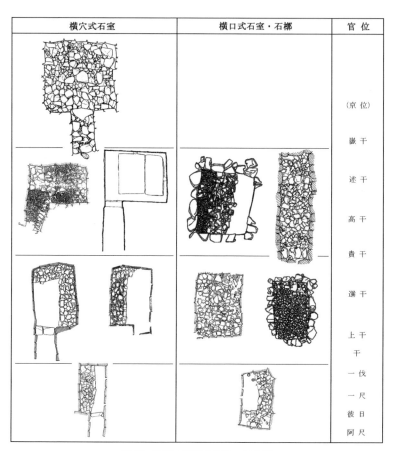

図 20 新羅の石室と官位の対比図

　繰り返し触れているように，百済の状況に比べ，新羅の墓制には中央による築造規制やそれに伴う墳墓の均質化が顕著に表れないという点が指摘できる。これは同時期の周辺諸国とは異なる新羅の独自性として評価することができよう。このような独自性を長期間保てた要因については新羅の固有法の存在などとの関連から別途検討する必要があるが，このことは新羅地域に早くから喪葬に対する規制（喪葬令）が導入されなかったことを表すと同時に，新羅の地方勢力が半独立性を固持していたことがわかる興味深い現象である。他地域とは異なり，新羅の被支配階層に対する統治が墓制を通じて顕著に行われなかった

理由は，三国時代の段階ではまだ確固たる中央集権化が達成されておらず，新羅の墓制が完全に中央指向に変わっていなかったことにあると思われる。このような状況は新羅の中央勢力が中国式の服飾制を導入する時期に順次変化することになるが，そのことについては第3部で詳述する。

第2部　東アジアにおける
　　　　土器様式の変化と文書行政

　第2部では，最も普遍的な物質資料である土器を中心とした器物から当時の社会的・政治的状況をどのように読み解くことができるかについて，そのモデルと実例を提示しながら論じてみたい。本来，土器をはじめとする各種器物は，先史時代以来人々の日常生活と密接に関連してきた文化的産物といえるが，社会が古代国家段階に至ってからはその型式・様式の分布と政治的領域の間に一定の相関関係が想定される事例がみいだせるようになり，各政体の領域と想定される地理範囲ごとに特徴を異にする形態・組成を持つ土器がみられる。特に韓半島三国時代には，国ごとに比較的明確な帰属型式を持つ器物があることがよく知られており，その分布を通じて国家の領域を設定したり勢力拡張の状況を検討することがある（山本2001・2003a・2003c）。このような現象は器物の政治的側面を反映する事例であり，一定の条件を前提として土器資料が当時の政治相の復元に活用できる可能性を示している。

　ここで問題としたいのは，このような政体ごとの器物の特徴や動向の抽出ではなく，個別政体内部で土器型式および様式が急速に変化する現象をどのように理解するかという点である。大筋でみると，本書の主な対象時期である6〜7世紀のある時点で，百済と新羅の土器には従来の伝統・在来型式の漸移的変遷過程としては解釈が難しい器種・様式の大きな変化がおこる。この変化は先にみた墓制の変化や後述する服飾の変化と連動する一連の現象として解釈することができるが，本書ではその背景として新たな統治方式と生活様式の導入，そして国際関係の変化をみいだしたい。

　上述のように，特定の例外を除き，土器の個別器種が当時の制度や統治方式を直接表す政治的産物であるとみなすのは難しいが，6〜7世紀代の変化が政体の支配階層の中でまずおこる点や，時に新型式・様式の使用が支配階層に限定されることが確認されるため，そこに当時の内政上の理由付けをすることもできる。また，このような変化が百済と新羅，そしてその他の地域でほぼ同様

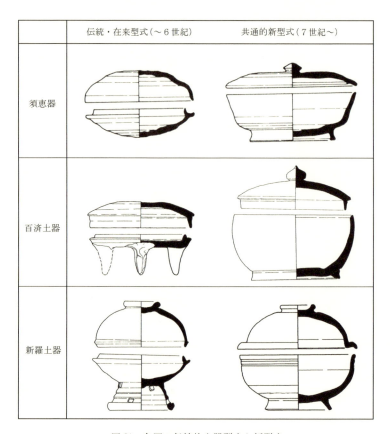

図21　各国の伝統的土器型式と新型式

の脈絡でおこっており，変化の流れには多くの共通点がみられるため，それを当時の東アジア情勢に備えた各国の外交上の対応とみることもできる。

　以下では，三国時代後半期にかけて各国でおきた新しい土器器種の出現および土器様式の変化に対し，外来文化および儀礼制度の受容，そして文書行政の定着という観点から検討したい。その代表的な新出器種として，この時期東アジア全体で流行しはじめた台付器種，特に台付碗の動向を取り上げて論じる。また，硯（定形硯）の出現と定着・展開過程を紐解くことによって，官人社会へと移行した社会の普遍的な政治運営方式であった文書行政の本格化にアプローチする。

第1章　7世紀における土器様式の転換と社会変化

　本章では，韓半島の事例を検討する前提として，同時期の日本列島においてみられる土器様式の変化についてまず概観し，次にその現象と対応する百済と新羅の状況をみていく。土器様式の変化において，異なる地域でおきた共通する現象の背景を明らかにすることを目的としたい。

1　須恵器の様式変化とその背景

　土器は，城郭や都城・墳墓・威信財などに比べれば，当時の政治的・社会的状況をさほど敏感に反映する資料とはいえず，時代の転換期に必ずしも大きな変化をみせないことも多い。特に，地域内での大きな勢力交替がみとめられない日本列島では，土器変遷の歴史の中で須恵器の導入という一大イベントが行われ，一時期においてそれまでとは全く異なった材質や器形の移入がなされたが，それ以外の個別器種の型式変化という点では一貫して漸進的な変遷を保っている。また，似た形の須恵器が日本列島の広い地域に分布しており，器形の微細な差から地域や個別勢力の違いを判別するのは困難である。
　ただし，このような状況は他の地域でも普遍的にみられることではなく，特に韓半島では，歴史書に名を連ねる政体（国家）ないし地域ごとに全く異なる形の土器を製作しており，その分布さえも当時の国の領域や政体の動向を敏感に反映している場合がある。日本の場合に比べて土器の変化や分布の状況に政治的・社会的要素が多分に反映されているといえるのである。結果として，特定の地域勢力が滅びるとその地域における土器相が短期間のうちに全く異なるものになるという現象もおこるわけであるが，これも日本列島ではなかなかみられない現象である。
　一方，日本のほぼ連続的な型式変遷にあっても，ある程度の画期性が認められる段階がある。それが7世紀における変化である。以下では，須恵器の変化の中での一大画期ともいえる7世紀における様式変化の様相を過去の研究にも

とづいて概観し，本章の前提とする。

(1) 7世紀における須恵器の変化

須恵器の編年研究は大阪府の陶邑窯跡群に対する調査研究をかわきりに飛躍的に進展した。消費地である古墳から出土した資料よりも，生産地である窯跡からの資料がより編年に適しているとして始まった森浩一の研究（森1958）を嚆矢として，中村浩・田辺昭三らによって大系がまとめられており（中村1978，田辺1981），この一連の成果を土台に各遺跡から出土する資料にそれぞれ相対年代が適用され，さらに実年代をあてはめる努力がなされている。一方，消費地である宮都から出土する資料を対象に，7世紀における土器様式の転換に着目し，現在もその基礎研究として位置付けられているのが西弘海の論考である（西1986）。西は7世紀に含まれるとされる須恵器を，試みとして均等にⅠ～Ⅳの4時期＝4型式に分け，それぞれの時期の特徴を次のように説明する[43]。

第Ⅰ期は食器類の器種の交替として土器様式が明確に変化しはじめる時期とする。須恵器の坏においては従来の蓋と身の形が上下逆転し，蓋の頂部に宝珠形のつまみを持つものが現れる。ただし，ここで新たに現れた宝珠形つまみの付く坏（坏G）は，古墳時代以来の蓋坏（坏H）の数量を上回るものではない。

第Ⅱ期は第Ⅰ期においてみられた様式の転換が定着し，それが発展する時期であるとする。法量の縮小とともに，上記の坏Gと坏Hの数量が逆転する。

第Ⅲ期には台付碗の発展形として高台を持つ坏（坏B）が成立し，完全に姿を消す古墳時代以来の坏Hに代わって定着・普及するとみる[44]。また，同形ながらも規格化された法量の差によって器種が分化し，その後の土器様式を決定付ける。西はこれを官僚制の発展とそれにかかる大量の官人層の出現，およびその特殊な生活形態と結び付け，これをもって「律令的土器様式」の成立とする。第Ⅳ期では大きな様式変化はなく，Ⅲ期に成立した土器様式の継承発展期として位置付けている。

このいわゆる飛鳥編年（図22）は，消費地である宮都などからの出土資料をもとにしたものであるが，坏H→坏G→坏Bの変化を単線的なものとして編年した中村案が補正されている。その後の新しい資料の追加などによって編年

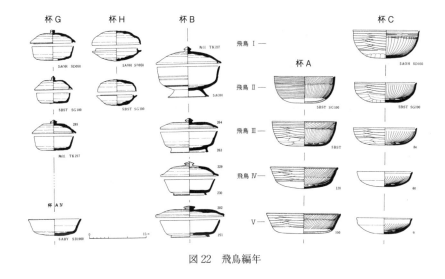

図22 飛鳥編年

や実年代などの面においてやや変更・修正の必要が説かれてもいるが（白石2006），基本的な変化の過程や傾向は十分に認められるものであり，当時の様式転換の実像をよく描き出している。その後，新しい状況をふまえて陶邑編年を再構築する研究も提示されており（佐藤2006），そこでは7世紀にみられる各型式を並行する「形式」としてみとめ，漸移的な様式転換を想定している[45]。実年代の適用は当然ながら重要な命題であるが，ここでは様式変化の傾向に焦点を当てているため，とりあえずは上のような変化の方向性のみを確認するにとどめておく。

(2) 様式変化の背景

では，7世紀に至ってこのような土器様式の変化がおこった背景としては，どのようなことが考えられているのであろうか。西弘海は，新たな器種の出現を，韓半島三国の仏教文化の一要素として日本にもたらされた佐波理鋺を主とする金属製容器の直接模倣に端を発するとしている。従って新たに出現した杯Gなども，量が少ない初期の飛鳥I期においては仏具として使用されていたと考えている。それが積極的に受容されることで徐々に日本の中において普及し，前述のように律令的統治体制の整備とともに定着をみたとする。

一方，同じく7世紀の間におこるとされる匙や箸の出現をもとに，「手食」から「匙箸食」への食事方法の変化と連動して，食器としての土器が様式変化したと説く研究もあり（内山 2009），同じ観点から中国や韓半島との関わりに触れている論考もみられる（城ヶ谷 1984，小笠原 1988b，小田 2016）。これらはそれぞれに妥当な見方であり，様式変化の現象面を説明する上で当を得ていると思われる。

　ここでさらに考えたいのは，そのような変化をもたらすに至った原因である。他国の容器を模倣し，食事方法が転換するにあたっては，先進文化への憧れなどという一側面のみでは説明できない事情が含まれているはずであり，それは当時の情勢を反映して必要に駆られた変化である可能性も考慮されなくてはならない。また，儀礼や祭祀に用いる際に，食器と祭器は共通するものであることが多いため，この変化は食器の変化，つまり食事方法の変化だけでなく，祭祀・儀礼における変化も併せて考える必要がある。その状況は，百済・新羅など隣接国における同時期の様相を概観することで，より明確になると思われる。

2　百済地域における土器様式の変化

　韓半島三国時代のそれぞれ異なる物質文化の中でも，各国・各地域の特徴を最もよく表しているのが土器である[46]。以下では，7世紀の百済地域と新羅地域の土器について概観し，その様式変化の実像と背景について検討したい。

　まず百済土器についての基礎認識に関わる部分をみると，考古学的に百済の国家形成を論じる際に，現在のソウル市付近で起こった考古資料にみられるある種の変化をその基準とする研究があり（朴淳發 2003c），その基準の一つに前段階とは画期的な違いをみせる新しい土器様式の成立がある。前段階のいわゆる原三国土器とは区別され，韓半島中西部地方を中心に以後広く分布するようになるこの土器群を百済土器と呼んでいる。このときに成立した百済土器は，百済の最初の都の名称をとって漢城様式の百済土器と呼ばれることが多く，この様式の拡散は百済中央勢力の伸張に比例すると考えるのが一般的である。年代に異論はあるものの，3世紀半ば頃に成立したとされるこの様式は，基本的

に百済の前期(漢城期)と中期(熊津期),そして後期(泗沘期)のある時点まで存続した。

(1) 漢城様式の展開

百済土器を代表する漢城様式は,漢城期(～475年)の都があったとされる現ソウル市にある石村洞古墳群,夢村土城,風納土城などから出土する資料を対象に研究が進められた。石村洞古墳群は漢城期の百済の王墓群と推定される古墳群で,夢村土城・風納土城は中心勢力が居住していたと考えられている土城遺跡である。漢城様式の内容は,土器の材質からみると赤褐色軟質土器・黒色磨研土器・灰色軟質土器・青灰色硬質土器と呼ばれるものに分けられるが,このうち黒色磨研土器や青灰色硬質土器は前時代にはみられず,漢城様式土器の成立以降に出現したものである。青灰色硬質土器は陶質土器,すなわち日本の須恵器と同じ材質にあたるもので,以後百済土器の主要な器種はこの材質に集約されていく。黒色磨研土器は漢城期の百済土器に特徴的な材質であるが,中期にあたる熊津期以降は姿を消す。

また,器種も原三国時代の土器に比べて多様化しており,漢城様式を構成する器種の大部分は前時代の土器とは断絶した新出のものである。この時点で韓半島中西部地域の土器様式に重大な転換があったことは明らかであり,その背景について,その他の資料にみられる画期的変化(古墳の大型化・都城の成立)

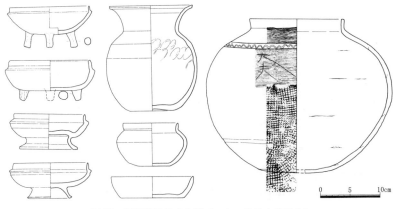

図23 百済漢城様式土器(ソウル風納土城出土)

と合わせて国家としての百済の成立があったとみるのである (朴淳發 2003c)[47]。百済土器を代表する器種には，三足器・高坏・蓋坏・直口短頸壺・広口長頸壺・器台などがある (図23)。特に目立つのは，蓋坏の身の底部に棒状，あるいは指先形の足を3本取り付けた小型器種である三足器で，型式変化を経ながら百済後期のある段階まで製作され続ける。この坏形三足器は，百済以外の高句麗や新羅・加耶などの地域では製作されない器種で，百済土器の指標として最も特徴的なものである。漢城期以降，百済の影響圏に組み込まれたと推定される地域には，この三足器をはじめとする漢城様式の百済土器が浸透しており，百済王権の伸張を復元する上でも一つの基準として用いられることが多い。

(2) 百済土器の様式転換

475年，高句麗の侵攻により漢城が陥落して南方への逃避的遷都を余儀なくされた百済は，以後現在の公州に拠って体勢を立て直す。この百済中期にあたる熊津期の遺跡から出土する土器をみると，多少の新器種が追加されてはいるものの，全体として前代の漢城様式を引き継いでおり，各器種の型式変化はほぼ漸進的であるといえる。この百済の一時的滅亡が歴史的事実であり，この頃の土器編年がほぼ正確であることを認めるならば，都が陥落して王が殺害され，国が滅亡の危機に瀕するという政治的・社会的大事件は，土器様式の転換にさほど大きな影響を与えなかったことになる。ただし，その後の百済土器様式の大転換に重要な役割を果たしたと考えられる現象の萌芽は，既にこの時期にみられる。

538年に百済は扶餘への計画的遷都を断行し，泗沘都城の時代となる。660年に唐と新羅の連合軍の侵攻により実質的に国が滅びるまでの約120年間，泗沘城を根拠地としていたが，この間に文化的に大きな転機を迎える。前回の火急の状況での遷都とは異なり，都市計画を伴う今回の遷都では，政治制度や仏教による思想の統一など，諸般政策の実行を伴っていたとされる。ただし土器に関していえば，泗沘期の前半までは漢城期以来の伝統的な百済の土器様式がそのまま維持され，後半にかけて徐々に新しい様式へと変わっていく。その器種・器形の変遷相には日本の状況と共通する点が認められるため，以下に詳述したい。

ただし，日本の須恵器の場合とは異なり，百済の地域では大量の土器を各地に流通させるための大生産地といえる遺跡は発見・調査されていないため，窯跡から出土する資料を根幹とした体系的な編年は困難であり，現在も基盤的な編年が確立しているとはいい難い。また百済地域では，印象として全域の土器が完全な定型性を保っているとはいえず，各地で発見される小規模な窯跡の存在から，地域ごとに生産と供給が完結していたり，あるいは各地の窯で作られた製品が都城など特定地域に集積されていた可能性がある。生産と流通に関する研究は今後の課題であるため，以下では都城を中心に消費地遺跡から出土した資料について検討を加える。

　百済土器の様式変化の流れを要約すると，蓋坏・高坏・三足器など小型の坏類が徐々に姿を消し，代わりに碗類が定着することによって新様式が完成するといえる。碗類は高台が付くものが主流であるが，日本の坏Ａのような平底で無台のものもあり，底部はこの時期に既に糸切によって切り離した痕がみられるものがある。台付碗は有蓋と無蓋があるが，特徴的なのは有蓋のもので，蓋と身を風船技法で同時に製作し，製作工程のある段階で切り離している（酒井2013）。台付碗の蓋のつまみは，ほぼ例外なく擬宝珠形である。また，一般的な台付碗の他にも，台付碗の口縁部や口縁直下に鍔がめぐるものや，高台の付く皿なども同じ時期に新たな器種として出現し定着していく（図24・25）。

　様式や個別器種の転換を語る際に問題となるのは，新出の器種が衰退した器種の機能を実際に代替したものであるのかという点である。つまり百済の場合，この時期に至って坏類に代わって碗類が現れ，碗類が従来の坏類の機能を担ったということが立証される必要がある。

　この問題については，生産地の調査が十分でない百済土器の事情を補う方法として，泗沘期の各遺跡から出土する各器種の数量の比率をもとに検討した経緯がある（山本2006）。それによると，各遺跡における坏類と碗類の出土比率は時代を追って反比例の関係にあることが明らかである。特に，泗沘都城内の遺跡では坏類と碗類が混在するのが一般的である反面，泗沘期の後半（7世紀初め）に造営が始まった可能性が高い第二の拠点である益山の王宮里遺跡，弥勒寺址などから出土するのはほとんどが碗類である点が注目される。この状況に熊津期以前のものであることが確実な出土事例を併せると，坏類のみを使用

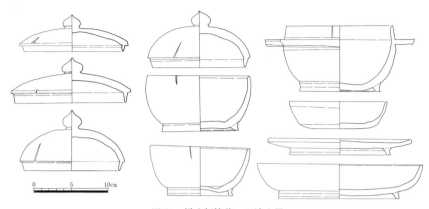

図24 様式転換後の百済土器

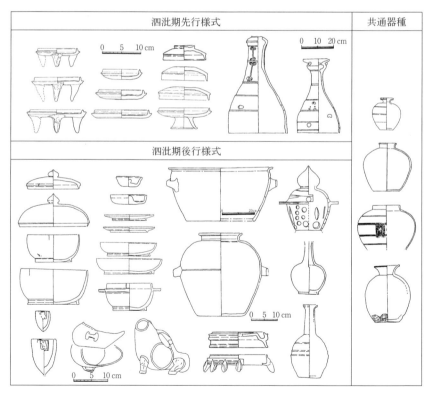

図25 泗沘期百済土器の旧様式と新様式

していた時期から坏類と碗類が混在する時期を経て,碗類を主体とする時期に移行したという大綱を示すことができる。この様式移行の流れにおいて,従来の坏類と新出の碗類の比率が逆転する時期が一つの定点となりうるが,その時期は百済の伝統器種である三足器の編年(朴淳發 2003b)に示されたその衰退時期や,前述の碗類の出土相などから考えると,6世紀末〜7世紀初頭頃と考えられる。

加えて,この様式転換においては,坏類・碗類といった小型の常用器種のみが変化するだけでなく,それに伴って様々な新出の器種が追加されており,その編年からも上の年代に画期があったことがわかる。一つの例として,第3章で触れる百済における硯の生産開始とその展開が参考となる。百済の転用硯については関連研究がないが,定形硯は漢城時代から泗沘期の前半まで中国の南朝地域から直接搬入された中国製品が散見されるのに対し,その後は百済国内で生産された製品が急速に普及するようになる。百済製品には水滴形や獣蹄形の足を持つ中国製品を忠実に模した硯も多くあり,中国における紀年資料をもとにした編年により国産品生産開始の年代を6世紀末ないし7世紀初頭頃とみることができる。

このように,坏類に代わる碗類の普及だけでなく,様々な器種にわたって変化がみられ,その完成形として泗沘期の後半に新しい土器様式が成立するのである。これを筆者は百済後期様式の土器群と呼んでいる。ただし,この百済後期様式の土器は,都城である現在の扶餘周辺と第二の拠点である益山周辺において集中的に確認されており,百済のその他の地域ではあまりみられない。これは新様式が成立して間もなく,それが地方まで浸透する前に百済が滅びてしまったことと関連する現象であろう。注意すべきなのは,上のような状況から,土器様式の転換を主導したのが百済の中央勢力であったと考えられる点である。

(3) 土器様式転換の契機

では,百済地域の土器様式はどのような背景のもと,何を契機に変化したのか。注目したいのは,様式転換後に主要器種としての位置を占める碗類で,特に有蓋で高台の付いた器形の発達は日本の須恵器における7世紀の変化と対比

できる共通の現象である。ただし百済の場合，全体的な様式変化の傾向に便乗して坏から碗への型式変化が進んだのではなく，逆に系譜を異にする碗という器種があるきっかけで百済地域に入り，それがやがて様式の中心器種として坏類に取って代わったという印象を受ける。

百済においても高台付の碗類は外来器種である。天安龍院里古墳群や公州水村里古墳群など漢城期にあたる古墳群でも碗形の容器は出土するが，それらはすべて中国産の陶磁器である。また，熊津期にあたる公州の武寧王陵，舒川の玉北里遺跡では青銅製の鋺が出土しているが，これらもやはり中国製品と考えられる。つまり，早く漢城・熊津期の頃から百済では碗という器種が認識されており，それを指向する形で百済国内でも碗が作られはじめたといえる。それを物語るのが，遅くとも熊津期に百済内部で製作が開始された陶磁器や金属器

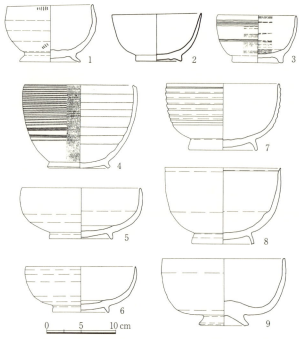

図26　金属器・陶磁器を模倣した百済の初期台付碗
1：論山定止里13号住居址　2：群山山月里6号墳　3：舒川花山里9号墳　4：公州山儀里40号墳　5・6：舒川鳳仙里3-Ⅱ-2号墳　7：公州丹芝里3号墓　8：公州丹芝里18号墓　9：公州丹芝里21号墓

を模した台付碗の存在である(図26)。筆者はこれらを百済の初期台付碗と呼んでいるが(山本2005b),主に古墳から出土するこれら初期台付碗は,数としては極めて少数であり,中国製品と同様に特別な器種として扱われていたことがわかる。

　中国の器種を模した土器が泗沘期の後半に様式の主要器種として定着して大量に生産されはじめ,併せて新出の器種も加わって新しい土器様式を成立させるに至った背景としては,前述のように食事方法の変化という点に注目すべきであり,特に碗類の法量による器種分化という,日本の須恵器でもみられる現象が百済後期様式でもみとめられる点や,皿や鐔付碗など碗から派生し使用の際に碗とセットになると思われる器種が同時に現れている点からも,食器構成の変化,言い換えれば食事方法に変化があったことは間違いない。ただし,その変化がおこった原因としては,単なる新しい文化の導入や流行などといった内部的理由だけでは解釈できない部分があるため,その内容に関する詳細は後述したい。ここでは,上記の土器様式転換について,同様の変化が日本や次に述べる新羅でもおこっていることに注目しておきたい。

3　新羅地域における土器様式の変化

　前述のように,韓半島の三国時代では国ごとに全く異なった様式の土器を製作・使用していたが,これは単なる土器形態の違いにとどまるものではなく,製作技法から生産体制までが根本的に異質であったといわざるを得ないほどの違いがみられる。さらに器種組成や特定遺構からの出土量にも差があることから,使い方にも違いがあったとみられる。百済の土器は同一遺跡から出土するものでも個体差があり定型化の度合いが低く,素朴さ稚拙さがうかがえるのに対し,新羅地域の土器は若干の地域差はみられるものの,早い時期から高い生産技術によって高度の定型化が達成されていた印象を受ける。中心地である慶州の周辺ではまとまった数の土器窯も発見されており,大量生産体制によって各地に供給されていたことが考えられる。百済とは異なり,古墳に大量の土器を副葬していたことも,新羅のこのような状況を生み出した要因の一つであろう。

新羅は，その成立から滅亡まで都を慶州から遷していないが，その間に加耶を吸収し（6世紀後半），百済と高句麗を滅亡させて三国を統一する（7世紀後半）という画期があった。三国統一を基準に三国時代の新羅を「古新羅」，統一以後の新羅を「統一新羅」と呼んで時代を区分している。後述するように，この政治的・歴史的大事件を契機に物質文化に変化があったのかという点は，考古資料と歴史叙述との関わりを考える上で重要である。ただし，新羅地域の土器が新羅という政体（国家）と深く関連するものであったことは，新羅が併合したり進出・征服した地域に時を置かずして新羅土器が流入していることからも疑いのない事実である（山本2001・2003c）。

（1）　新羅土器の様式

　新羅土器は，もともと器形や器種が未分化の状態であった原三国時代の慶尚道地域の土器が，洛東江の左岸と右岸でそれぞれ独自の様式として成立し，加耶土器と分かれることで成立した。現在の編年では，明確に他と区別できる新羅の土器様式は，4～5世紀にかけて成立し発展してきたとされる。その主要な器種は長脚の高坏や長頸壺類である。従来は新羅の土器様式について，その器形や文様から前期様式・後期様式・統一様式などの名称で区分していた（金元龍1960・1984，崔秉鉉1987，洪潽植1999・2000，朴淳發2000b）。それに対し，筆者は土器の用途・出土遺跡・生産量・分布など，土器の性格を含む様々な状況や歴史的背景を参考に，古新羅から統一新羅までの「新羅土器」全体に前期・中期・後期・末期の四つの様式（段階）を設定した（山本2007a，尹相悳2014）。様式の違いは単に形態や器種組成の違いであるだけでなく，その裏面には土器自体の性質や使用・生産目的，生産体制などが反映されていると考えたためである（表10）。

　代表的器種である高坏の変化を追うと，前期様式の高坏は脚が2～3段に分かれ，特にそのうちの2段には透かしを配するのが一般的で，6世紀の前半頃にかけて器全体の法量や脚が縮小していく傾向がみられるが，漸進的な型式変化の範疇から逸脱する変化はない。この時期の土器は，新羅において厚葬が極限に達した積石木槨墳をはじめとする墳墓に副葬することを一つの目的として生産されているため，出土量は極めて多い。

表10 新羅土器様式の分期設定

分期	Ⅰ	Ⅱ	Ⅲ	Ⅳ
様式	前期様式	中期様式	後期様式	末期様式
主要器種	長脚高坏	短脚高坏	印花文台付碗	瓶類
用途	副葬用	祭祀用	食膳用	各種生活用
消費遺跡	墳墓（積石木槨）	墳墓（横穴式石室）	都城・墳墓など	墳墓副葬無
生産量	多	減少	少	増加
分布	嶺南・嶺東	＋京畿・湖西・嶺西	＋湖南	全域
時期	〜6c中葉	6c中葉〜7c前半	7c前半〜8c	8c〜10c

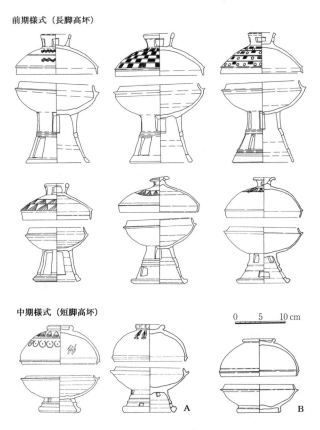

図27　新羅高坏の変遷

形態の上でやや画期的な変化がみられ，副葬量や副葬された古墳の形式にも変容がみられるのは中期様式の段階とした6世紀半ば以降である。この時期には巨大な積石木槨墳は造られなくなり，墳丘が縮小するとともに埋葬主体も横穴式石室に変わる。一古墳から出土する土器の量も，一人が一回の食事で使用する食器の組み合わせ程度の数になる。この時期の特徴的な高坏の形態はいわゆる短脚高坏と呼ばれているもので，これらは脚の長さが身の深さと同等かそれ以下であり（短脚高坏A），高台ほどの高さしかない器種（短脚高坏B）も現れる（図27）。土器様式としてはある程度の画期性が設定できる段階であるが，短脚高坏Aや共伴するいわゆる付加口縁台付壺などは前段階からの型式発展の結果の姿であり，その前後には連続性がみとめられる。

　他地域と同様，新羅土器の様式においても最も大きな変化がみられるのは後期様式とした7世紀段階の土器である。この様式の成立にあたっては，器種と文様という二つの点において前段階とはやや断絶した変化がみられる。つまり，伝統的様式を代表する器種であった高坏の衰退と，それに代わる有蓋台付碗の出現である。特徴的なのは，碗類を含むこの時期以降の各種新羅土器の器面に押捺された様々なスタンプ文で，それらを総称して印花文土器と呼んでいる。従来，印花文土器は統一新羅時代を象徴する土器とされてきたが，新羅による三国統一より早い時期に様式として確立していた可能性が高い。すなわち，百済の一時的な滅亡時と同様，ここでも新羅の三国統一という歴史的・政治的大事件が物質文化に積極的な変化を及ぼしたとは考えられないのである。

　最後の末期様式土器は，いわゆる「羅末麗初（新羅末・高麗初）土器」と呼ばれている土器群で，この段階でも大きな様式の転換がみられるが，この変化も個別に論じるべき課題であり，本書の対象時期からはやや逸脱するため，詳細は省略する。

(2)　新羅土器の様式転換とその契機

　ここで問題とするのは，新羅の土器が最も大きく変化した中期様式から後期様式への転換過程である。ここでもまず注目されるのは，伝統的に主要器種の位置を占めていた坏類が碗類に入れ替わるという現象である。日本や百済の場合とはやや異なり，新羅では蓋坏の出土量は極めて限定的であるが，代わりに

高坏の使用量がそれを補って余りある。新羅の高坏は蓋の有無，脚の長さや形態，上述の短脚高坏AとBの混在など，「高坏」としてくくれる範疇の中にもいくつかの型式が同時に存在しており，それぞれ異なった役割が持たされていたと思われる。百済のように坏類に器種分化がみられないのは，高坏の多様さに原因が求められる。

　伝統的に極めて多様な高坏を使用していた新羅において，様式変化の発端はやはり外来の碗形器の受容にある。早くから中国との交流を持っていた百済とは異なり，新羅は遅くまで中国と接触しなかったことが記録からもわかり，その状況が出土資料にも表れている[48]。新羅の場合，碗類への移行の一つの契機となったのは，高句麗から搬入された青銅製鋺の存在である。記録によると，新羅は一定の時期まで高句麗に従属する関係にあり，物質文化の上でもある程度影響を受けていたことが知られる。なかでも銅鋺には，確実に高句麗から搬入されたと判断できる資料として底に「乙卯年国岡上広開土地好太王壺杅十」と鋳出された慶州壺杅塚出土品があるが，同形のものが昌寧校洞古墳群や慶州味鄒王陵地区など新羅の各地で確認されており，新羅における碗形器の初現となっている（図28A）。これらの銅鋺はすべて搬入品である可能性が高い。

　次の段階には，銅鋺を土器で模倣する行為が新羅の内部で行われたものと考えられる。その具体的な資料が慶州月城路カ15号墳や釜山徳川洞D24号墳などから出土した土製の台付碗で，特徴としてはそれ以降の台付碗に比べて法量が大きく銅鋺に近い点，器面に青銅製品を思わせる横方向の突線がめぐる点などがある（図28B）。出土の頻度などをみても青銅製品と大きな差はなく，これが銅鋺を模して新羅内部で碗形土器を作りはじめた第一段階にあたる。

　次の模倣製作第二段階では，全体的な形態は維持しながらも法量の縮小が進行し，後に印花文土器として定着する新羅の台付碗とほぼ同じ大きさのものが現れる（図28C）。器面には依然として青銅製品の名残といえる水平の突線がめぐるものが一般的である。出土の比率は在来の高坏類に比べると極少数であるが，前段階のものに比べ増加する傾向にある。また，この段階とほぼ同じ時期に，青銅器模倣とは異なる資料がみられはじめる。それが台付碗に施文される同心円文などの単体スタンプ文である。この要素は青銅製品にはみられず，またこのような土器には施釉したもの（緑釉）がみられることから，この段階

には中国の陶磁器を模倣する行為も併せて行われたとみられる。すなわち，はじめに高句麗の銅鋺を模倣することで出現した台付碗が徐々に形態変化を遂げ，ある段階において中国陶磁器の要素も加味されるに至ったと考えられるのである。筆者はそのモデルとなった陶磁器について，文様と施文方法，器形，流通の状況，年代などの諸条件に鑑みて，中国江西省にある洪州窯の隋代製品

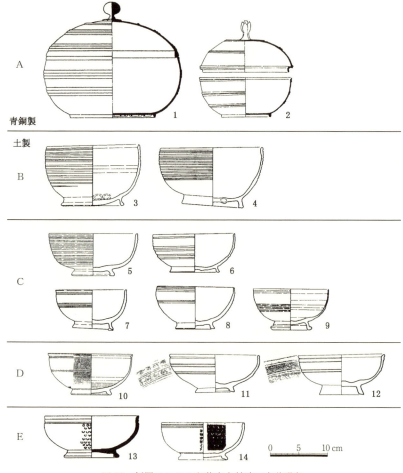

図28 新羅における印花文台付碗の定着過程
1：慶州壺杅塚　2：昌寧校洞7号墳　3：慶州月城路カ15号墳　4：釜山徳川洞D—24号墳　5：尚州城洞里26号墳　6：慶州冷水里古墳　7：泗川月城里1号墳　8：陜川苧浦里E—2号墳　9：蔚州華山里16号墳　10：蔚州華山里4号墳　11：慶州芳内里30号墳　12：慶州芳内里40号墳　13：慶州忠孝洞6号墳　14：慶州雁鴨池

図 29　銅鋺と模倣土器碗
上：青銅製　下：土製

を候補として挙げている（山本 2007a, p. 103〜112）。

　このような変遷を経た台付碗は，7世紀に至って高坏との比率が逆転し，器面に繁縟な印花文を施した印花文台付碗として新羅土器の主要器種を占めるようになる。高坏以外の代表器種である壺類も，伝統的な台付長頸壺が碗類の定着と軌を一にして印花文を施した細頸壺に変化しており，単なる一器種の変化でない様式全体にわたる転換がおこったことがわかる。その交替は漸移的ではあるが，古墳などから高坏と台付碗が共伴して出土する例は稀であり[49]，ある程度の画期性がみとめられる。この時期は古墳群の位置や古墳築造の数量にも変化がおこる段階であり，土器様式の転換とも併せて何らかの社会変化があったことがうかがえる。前述の印花文土器のモデルとなった可能性がある中国陶磁器の年代や，この時期に新羅内部でも生産が本格化する定形硯のモデルが

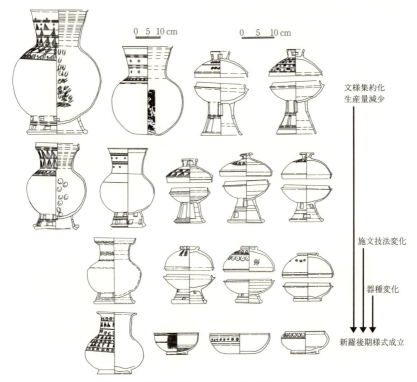

図30 新羅土器様式の変遷と後期様式の成立

隋代から唐代初期のものであることから,様式転換が進んだのはやはり7世紀前半のことと考えられる。

4 様式変化の類型と汎東アジア的背景

このように,日本・百済・新羅という異なるすべての政体において土器様式の最も画期的な変化がおこる時期があり,それが共通して7世紀にかかる時期であること,伝統的な器種には地域ごとの特色があるが,基本的に坏類(坏H)から高台を持つ碗類(坏B)への変化を根幹とすることなどが確認できる。本書では検討しないが,現在までに知られている出土品からみて,おそらく高句麗でも同様の変化がおこっていたと思われる。

以下では，土器様式の変化のパターンを類型化してそれぞれの地域に特有の事情を明確にするとともに，パターンは異なっても汎東アジア的に共通する土器様式変化の原因と背景を，中国との関連から想定してみたい。

(1) 土器様式変化の諸類型

従前の研究のように，同じ社会の中において同時に使用された有機的関係を持つ土器のセットを土器様式と規定すると，その土器様式の変化のしかたには様々なパターンがあったことが想定される。上にみたように，日本・百済・新羅という隣接する3地域の7世紀に限ってみても，変化の過程は一律ではない。以下に想定される変化モデルをいくつか提示する。

一般的に，新しい土器様式の成立とは，必ずしも様式を構成するすべての器種が交替する現象のみを指すわけではない。特に日常生活で使用される甕・壺などの中・大型器種はその製作・使用主体が完全に変わらない限り，若干の器形変化を伴いながらも，ある程度伝統を保ったと考えられる。また，当然ながら器種や土器が使われた目的によって変化の背景はそれぞれ異なることが考えられる。様々な状況を踏まえて土器様式の変化の類型をまとめると，①新たな土器様式が前段階の様式を完全に排除する排他的様式変化，②新たな技術移入などによって大幅な器種追加がなされる革新的様式変化，③小型器種を中心に比較的多様な器種にわたって器種交替がおこる画期的様式変化，④新たに出現したいくつかの器種が前段階の様式と結び付くことで新しい様式を構成する部分的様式変化，⑤前段階の器種組成を保った上で，各器種が型式変化をおこすことで様式自体が転換したようにみえる漸移的様式変化などのパターンが想定でき，またそれぞれの類型にも変化の規模や度合いに諸段階があることが予想される。このような諸相は，土器を使用していた当時の時代背景と連動する現象であろう。

例えば，①の排他的様式変化は百済の滅亡と新羅による併合など，土器使用主体の交替などの歴史事情が想定される場合などが考えられ，②の例としては5世紀の日本に導入された須恵器のように，革新的な土器生産技術の導入などによる変化が考えられるであろう。では，7世紀の各地におこった土器様式の転換はどうであろうか。日本・百済・新羅のケースをみると，甕や壺などの

中・大型器種は引き続き伝統的な器形を保っているため，土器全体にわたる器種変化がこの時期におこったわけではないことがわかる。また，日本の須恵器や百済の土器は，ある一時期に坏類（坏H）から碗類（坏G・B）へ突如として変化したわけでなく，共存する時期と交替の時期幅があったことも指摘されており（佐藤2006），排他的状況や技術革新があったこともみとめられない。新羅の場合はやや変化に画期性がみられるようであるが，遺跡からの出土状況をみると，やはり急激な変化とはいえない。全体的にみると，勢力交替や技術革新がおこったわけではなく，何らかの契機で内部的に土器様式の転換が促進された結果と考えるのが妥当なようであり，上の類型に照らすと③のような変化相を想定することができる。では，各地において共通した土器様式の転換を促した要因として，どのような状況が考えられるであろうか。

（2） 土器様式の転換をもたらした歴史的背景

7世紀の土器様式の変化から読み取れる重要な点は，いくつかの器種の消滅と出現を伴いながらも，その変化の主体が小型器種である坏類から碗類への変化であるという点である。そしてそれは，もともと坏類が担っていた機能を代替する器種として碗類が出現・定着したという点であり，全く使い方を異にする器が代表器種としての位置を占めたわけではないことをまず指摘しておきたい。そのうえで，同じ時期の同じような変化が，日本だけでなく百済や新羅などの東アジア各地でおこったことに注目し，この現象を東アジア史的背景の中に位置付けてみたい。

前述のように，日本の須恵器における上のような変化の背景として，一つに韓半島の容器に影響を受けたとする見方があった。しかし本章で概観したように，当時の韓半島でも，時期的にやや早い可能性はあるものの，ほぼ同じ頃に日本の土器様式と同じようなパターンの変化が各地でおこっていた。また，仏具としての韓半島三国の金属器が大きな役割を果たしたであろうことも指摘されているが，実際には現時点の資料をみる限り，7世紀の早い段階にあたる金属製容器は韓半島でも一般的ではなく，わずかな例が日本にもたらされたとしても須恵器の様式を変化させるほどの効果があったとは考えられない。

東アジアの各地域で同じような現象がおこっていたとすれば，この段階の土

器の変化は単なる先進文物の模倣として片付けられるほど単純ではない。この時期の東アジアにおける文化変化の特徴は単に食器の転換のみにとどまらず，宗教や政治・経済の側面に至るまで様々な部分に及んでおり，そのうちの一要素として土器様式の転換があったことを認識する必要がある。では，この時期の文化に変化をもたらした最も大きな要因とは何であったのか。

結論を述べると，この段階の土器様式の変化は，それぞれの地域における外交的意図と，国内統治面における意図の両者が表出した結果と考えられる。つまり，これは墓制や服飾の規制などにみられる中央政権による民衆統治と連動する現象であり，特に社会構成員を編成する場である都城において，居住民の生活様式に至るまで規定しようとするものであったことが想像される。

百済と新羅において，この様式変化の主体として受け入れられた器種が大部分中国に由来するものである事実がそれを端的に物語っており，日本の須恵器（坏G・B）においてその器種・器形が外来のものに端を発すると考えられているのも同様である。7世紀に入って頻繁にみられる中国と韓半島諸国，中国と日本の間の外交内容を勘案すると，再統一が達成され，当時周辺地域にとって最も大きな存在であった中国（隋唐）の影響力が器物の様式変化にも強く作用したと考えてよかろう。

7世紀以降の中国を中心とした東アジア諸国間では，成熟した古代国家として成長した国と国との正式な通交が本格的に始まるため，その仲介役である遣使による外交が重要な役割を果たし，それに伴って中国式の外交儀礼が各国に浸透したと思われる。この中国式外交と外交儀礼が，周辺国の意思を問わずある程度の強制力を持って完遂されたであろうことは，外交の場における諸国の摩擦に関する記録や中国の遣使を迎える際に表面化する問題などからうかがえる。

当時，中国の外交使節を迎える際には，供膳形態を含め中国式の礼制に基づいた外交儀礼を行う必要があり，それが規定通りに行われない場合には外交交渉にも影響を及ぼすおそれがあったと考えられる。言い換えると，周辺諸国にとって，中国の使臣を接待する賓礼の席は自国の文化水準と中国式儀礼制度の浸透の度合いを表現する場でもあり，対外的には中国の制度に対する従順さを，対内的には中央政権の権威を表現する機会であったと思われる。実際に中

国の使節が周辺国において接待を受ける際には中国式のやり方を要求したことも記録されており[50]，そういった要求の一つとして中国的器物の使用が含まれていたことが推測できる。このように，この時期の供膳形態をはじめとする生活・儀礼様式の変化は，中国やその影響を受けた近隣国との対等な交流のために東アジア諸国の中央政権が模索した不可避の道であり，国際舞台における自国の活動と権威を内外に表現した結果であったといえる。

　日本における伝統的な坏Hから宝珠形のつまみと高台が付いた坏Bへの変化，百済における坏類から碗類への変化，新羅における高坏から印花文台付碗への変化は，これまでそれぞれ独立した現象として扱われ，個々に研究がなされてきた。しかし，近隣の地域の状況を把握し，その変化の方向と様相，そして時期の一致点が明確にされることによって，すべての地域に共通する歴史的背景が改めて注目される。このような歴史状況と考古資料の変化との関連も，解釈の一方法として積極的に採用されるべきであろう。

　このような観点からみると，日本・百済・新羅という異なる国において，特定の共通する時期に器物の伝統的な器種が衰退し新たな様式へと転換していく現象は，当時の東アジア諸国が共通して対処する必要があった国際情勢の変容に関連するものであったとみることができる。中国における強大な統一国家の出現は，その周辺国の国内統治と外交儀礼の形式に一定の変化をもたらし，ひいては生活文化に用いられた器物にまで影響を与えることになったのである。

　本章では三つの地域に関して触れたが，当時中国と正式な交渉を持ち，その政治制度や思想を理解し導入した他の諸国でも同じような状況が現出したことが予想される。本書で触れられなかった諸地域と，変化の能動主体である中国の供膳・儀礼形態の本質を明らかにする作業，そして土器と並んで主要容器の位置を占めつつあった金属製容器（毛利光2004・2005）を含めた検討が必要である。

第2章　陶硯からみた文書行政の普及

　次に，官制の施行により編成された官人層と最も深く関係する器物といえる硯について触れ，当時の文書行政が本格化した状況にアプローチしたい。日常生活で使用される一般の容器とは異なる硯は，その用途が官人層の業務と密接に関わっており，同時期に普遍的にみられはじめる墨書木簡の存在とともに，新たな統治方式の本格的施行を表す物的証拠として評価できる。この時期，墨書による文字使用はまだ一般に普及しておらず，硯が出土する遺構は行政・軍事や思想普及に関わる都城・山城・寺院などに限られるためである。以下では中国で古くから製作・使用されてきた定型化した硯が百済・新羅などで初めて導入された時期を確認することで，中国式の文書行政がいつ韓半島で本格化したのか，その背景にはどのような社会変化があったのかを明確にする。

1　陶硯研究の意義

　古代社会にあって，文字の使用は日常生活の中の需要によって始まったというよりは，政治的・経済的な記録管理および統制などの必要により，まず支配階層で積極的に取り入れられた。初期の文字記録では土器や木器，または石や岩などに直接刻んだり金属器に鋳出すなどの方法があったが，中国を中心とする東アジア文化圏では，政体が一定の成長を遂げた段階からは墨と筆で紙や木片などに文字を書く墨書が普及した。墨書の起源は中国にあるが，それが韓半島の百済や新羅，日本列島などでおおむね共通の脈絡で受容されているという点に関しては踏み込んだ議論が必要である。

　石や木に文字を刻むよりはるかに効率的な墨による記録には，筆・墨・硯・硯滴など様々な筆記用具が必要になる。従って，これらの筆記用具に関する検討は文字の使用と普及の状況を明らかにする上で有効な方法であり，本書でも詳述するが，筆や墨などは現在まで考古資料として残ることが稀な遺物であるため，土や石で作られ，後代まで残存する陶硯や石硯がまず検討対象となる。

硯はその用途が非常に特殊であり，他の土器器種から派生して成立したものではなく，ある時期に社会の需要によって導入されたものといえる。その出現の背景には特別な意味，すなわち文字を使った各種業務の遂行などがあったことがうかがえる。ただし，硯という新しい道具の出現が墨書の開始と直結するとみることには慎重であるべきで，それ以前から文字の使用はすでに始まっていた可能性が高い。そのような状況を詳論するためには，他の器種や瓦の破片などを利用したいわゆる転用硯に関する検討がなされなければならない。従って，硯の出土が百済・新羅の都である扶餘や慶州地域に集中する現象は，地方で文字が使われていなかったということではなく，定型化した硯が中央の集団によってまず多用されたということを表すに過ぎない。また，装飾性が高い硯が扶餘や慶州で集中的に確認されている点も，使用階層の差を反映している。このような状況を考慮に入れ，硯の研究によって解明が期待できることをまとめると次の通りである。

　まず，硯という専用器種の出現は，墨書による文字使用が本格化・普遍化した状況を表す指標になると思われる。上で触れたように，硯の出現と文字使用の開始は直接結び付かないが，簡牘資料とともに体系的な文字使用の確立時期や背景を考察する要素として，定形硯[51]の出現は重要な意味を持っている。

　第二に，硯が出土する遺跡の性格や分布を検討することにより，常時文字を使用する必要があった階層・職掌および地域が明らかになると考えられる。これは同時に行政・経済活動・宗教活動・遊戯など硯の多様な使用目的を明確にするポイントでもある。併せて，硯の装飾性も同様に使用階層や使用目的によって異なっていた可能性があり，出土遺跡の性格と複合的に考察することにより，その対応関係が明らかになることが期待される。

　第三に，上記に関連して，硯の使用が政治的中心地で先に始まった点を考えると，当然ながら墨書の定着と普及がまず中央の支配階層から始まったとみて支障はなく，ひいては文字を媒体とした新しい文書行政の開始とその施行対象となった整備された官制の存在をみいだすことができるはずである。百済地域・新羅地域・日本列島など当時の東アジア各地では，ほぼ同じ時期に専用器種としての硯が出現するが，その時期に各国が中国の整備された法体系（律令）を継受し，それぞれの集権支配を強化しようとしていたことは確実であ

る。その法体系の根幹である官制を運営するための行政的手段が文書行政であり，その施行状況の一端を木簡や硯から明らかにすることができると期待される。

第四に，上のような背景で出現した硯は，百済や新羅地域で独自に出現した器種でなく，大きな政治的・文化的影響力を持っていた中国において成立・発展したものであったため，中国における器形の系統とその伝播を確認することにより，当時の国際交流，特に地域間の政治的交流の一端に光をあてることができると考える。言い換えると，硯の受容は単なる器物の形態的模倣や流行だけでなく，その時々に中国から導入された政治制度とも深く関連していた可能性があるということである。

硯を政治的産物，特に文書行政と結び付けて考える観点については，木簡の有効性との比較から，否定的な見方もあるかもしれない。文書木簡は当時の行政文書そのものであるため，行政の実際を研究する上で最も有効な資料であることは間違いない。ただし，文書木簡の出土がその役割を終えて廃棄された状況であることが多いのに対し，硯は実際に文書や文字が書かれた場所の状況を表していることも多く，木簡など書写材料との複合的な研究が有効であることを付け加えておきたい。

2 中国陶硯の変遷

百済と新羅の硯についての検討に先立ち，まず中国の硯について概観しておく。中国の硯は早い時期から普遍的に存在し，前述のように紀年銘墳墓出土品などを通じて年代的位置付けが比較的明確である。百済や新羅地域の初期の出土資料は，中国の特定時期の資料と形態が類似しており，なかには中国からの舶載品も多く存在する。よって中国資料のおおまかな変遷を把握し，それと対比することで韓半島資料の形態的な系統，年代などを明らかにし，中国式統治方式が受容された時期やその状況をうかがう一助としたい。後述のように，百済と新羅ではそれぞれ異なった形態の硯が定着・普及しているが，その原因は両者が中国の別の地域と密接につながっていたためと考えられる。そのような当時の地域間の交流相に光をあてる端緒も提示できるであろう。なお，中国硯

の変遷については先行研究によくまとまったものがあるため，本書でもこれらに大きく依存する（吉田1985・1992，白井2000b）。

(1) 漢代以前

中国では新石器時代の土器に毛筆で文様を描いた痕跡があるため，顔料を磨る石製品がまず出現したと考えられる。陝西省臨潼姜寨二期遺跡では原始石硯として報告されている自然石を利用した道具が出土しているが（呉戦塁2002），それには赤色顔料の跡があり，いわゆる調色器として使われていたことがわかる。殷墟（婦好墓）や周代の墓（洛陽機瓦廠12号墓）などでも顔料を混ぜるために用いられた玉器が出土しているが，このような調色器が後代の硯の原形に該当すると考えられる。

図31 硯の原形・調色器

漢代以降に増加する硯の祖形と考えられる長方形石板の中で最も早い時期に属する例が洛陽の西周墓で出土しているが（洛陽市博物館1965），この時期に墨を使用していたかは不明である。

秦代には毛筆や墨などが出土する例（湖北雲夢睡虎地11号墓など）も増え，墨を使った書法が定着したと考えられる。この時代はまだ紙が本格的に普及していなかった時期で，書写材料としては主に竹簡を使い文字を記録していた。筆の出土がすべて墨による文字記録の存在を表すわけではないが，彩色用であれ漆塗り用であれ，液体状の顔料を調合するための広義の硯の概念がこの時期にはすでに存在していたと考えてよい。またこの時期には，石板とともに顔料（墨）を砕いたり磨ったりするための磨り石がセットになっている点も特徴である。

(2) 漢　代（図32）

前漢代の石板は，形態は周代のものとほぼ同一であるが，表面に確実な墨の

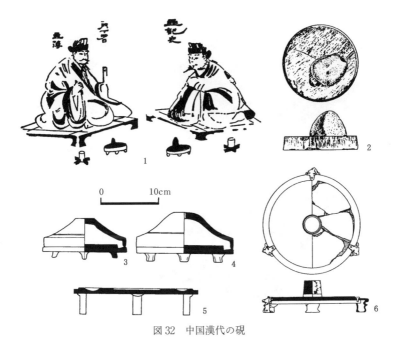

図32 中国漢代の硯
1：望都漢墓壁画の硯 2：鳳凰山168号漢墓出土板硯 3：広東省広州沙河区漢墓 4：広東省広州5080号墓 5：安徽省太和県税鎮馬古堆漢墓 6：平壌石巌里9号墳

跡がある例（洛陽焼溝632号墓など）が確認されている。また板石の他に竹簡・木簡・毛筆・墨・削刀・筆箱などが共伴出土した例（湖北江陵紀南城鳳凰山168号墓）もあり，紀元前2世紀前半代には完全な墨書体系が確立されていたことがわかる。後漢代には石製板硯の他に脚が付いた動物形の硯や山（峰）形の硯などの形象硯もみられ，その中の獣足円板硯や亀形硯が後代の円面硯の祖形になったと考えられる。形象硯には陶製品が多く，複雑な形状を作るために硯を粘土で製作しはじめたとみることもできよう。

この時期の石板には墨の痕跡の他に李相銘円形石板（王靖憲2002）のように赤色顔料が残るものもあるため，石板の用途を墨書用のみに限定させることはできない。ただし，中国では墨書とともに朱書も盛んに行われていたため，赤色顔料が文字の使用を否定するものではない。また，李相銘石板にみられるように，硯に使用者の名を記しておく風習はこの時期の中国ですでにみられるが，はるか後代の韓半島などの周辺地域でも確認される。

第2章 陶硯からみた文書行政の普及 111

図33　楽浪の硯
1：平壌石巌里9号墳　2：平壌南井里116号墳

韓半島の硯使用は漢郡県である楽浪の存続期まで遡るが，この楽浪の硯は中国本土の様相を反映している。平壌石巌里9号墳出土の石製硯（図32-6，図33-1）は本体と磨石がセットになった石板型のもので，三足の金銅製獣形脚が付属する（朝鮮總督府1927）。これは漢代の遺物の中でも比較的発展した形態で，時期的には後漢代に属すると考えられる。また彩篋塚では長方形板硯とともに漆器の硯台が，王光墓では筆の一部が確認されている。

漢代は紙（蔡侯紙）の改良と書写材料としての普及が進んだ時期であり，それに伴って筆や硯なども逐次改良されたと考えられるが，その結果としてこの時期の硯の数の増加と形態の複雑化・装飾化がなされたのであろう。なお，この時期の石製板硯とされるものは一部周辺地域でも使用されたとみられ，泗川勒島遺跡B地区カ245号住居址や，弥生時代の島根県田和山遺跡，福岡県三雲・井原遺跡番上地区などで出土している（武末・平尾2016）。これらが実際に硯と呼べるものであるのか，どのような用途で使用されたのか，当該社会でどのような役割を担っていたのかなど，検討すべき課題は多い。

(3) 三国〜魏晋南北朝代（図34・35）

　中国の三国時代の出土資料からみると，この時期に従来の板硯の形態を脱し，いわゆる硯縁（外堤部）があり硯部と脚部が一体化した硯の基本形が成立したとみることができる。陶製（土製）硯が本格的に使われはじめたのもこの時期の特徴として挙げられる。その初期の陶硯の一例として南京石門坎で出土した魏の円形三足硯があるが，共伴出土した弩に魏厲公の年号である「正始二年（241）」銘がある点から，おおよその年代がわかる。晋・南北朝に流行する硯の形態と類似しており，後代の円面硯の基本形がこの時期に成立していたことがわかる[52]。ただし，この段階の硯はまだ陸と海の区別がなく，硯面が平坦な点は前代の板硯の形を継承していると考えられ，三足硯が多いという点も後漢代のものと共通する特徴である。

　晋代の硯では西晋・東晋を通じて陸と海の区別がなく，硯面が平坦なものが引き続き流行するが，脚数は三足の他に四足・五足などが現れる。1985年以降に報告された事例をみると，安徽省馬鞍山桃冲村3号墓（西晋／三足），江西省南昌市青雲譜垈山墓（西晋／三足），広西省梧州晋墓（三足），浙江省紹興県

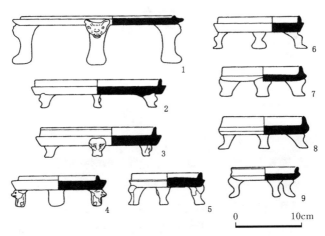

図34　中国三国〜魏晋南北朝代の硯（1）
1：鎮江市高金1號墓　2：南京市甘家港5号墓　3：南京市象坊村1号墓
4：江蘇省句容県西晋元康4（294）年墓　5：江蘇省江寧県東善橋3号墓
6：鎮江市諫壁油庫1号墓　7：南京市娘娘山1号墓　8：南京市郭家山1号
墓　9：広東省梅県梅余2号墓

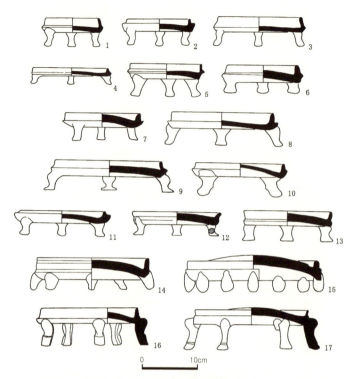

図35　中国三国〜魏晋南北朝代の硯（2）
1：南京市梁桂陽王墓　2：鎮江市燕子山3号墓　3・6：湖北省武漢193号墓　4：湖北省枝江県姚家港2号墓　5：広東省宝安県鉄子山12号墓　7：湖南省湘陰県湘陰古窯址　8：南京市象山2号墓　9：浙江省徳清窯　10：南京市尭化門梁墓　11：鎮江市劉克墓　12：南京市対面山南朝墓　13：南京市高廟墓　14：福州市天山馬嶺窯址　15：広西省融安県南朝墓　16：広西省恭城県長茶地1号墓　17：山西省大同県北魏元淑墓

309号墓（西晋／四足），江蘇省江寧県下坊村1号墓（東晋／三足），広東省鶴山市雅瑶1号墓（東晋／三足）などがある。個別の形態をみると，西晋代の墓から出土した事例の大部分が板状の硯面に短い縁が立ち上がる形態を呈しているのに対し，東晋代の墓の出土品は脚数の増加とともに全体の器形がより複雑になり，硯縁が盤部分と一体的に作られるようになる特徴を指摘することができる。

このような形態的特徴の流れからすると，後述するソウルの夢村土城で出土した円形硯は中国の西晋〜東晋代の資料ときわめて近い形態であり，そのモデ

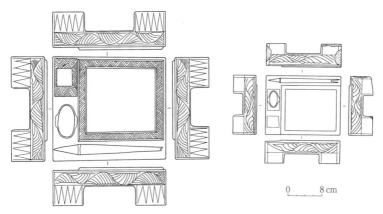

図36　北燕馮素弗墓出土の大硯・小硯

ルが晋代の硯であったか，晋から搬入されたものとみて差し支えない。前後の時期に百済硯の系譜がない点を考えると，中国から直接もたらされた搬入品である可能性が高い。晋代には陶硯・石硯の他に漆塗硯・金属硯など様々な材質の硯があったという記録が『拾遺記』や『東宮故事』などにあるが（北畠・北畠1980, p.40），実物資料は確認されていないようである。さらに米芾の『硯史』によると，後代に流行する風字硯（鳳池硯）がこの時期にすでにあったとされているが（北畠・北畠1980, p.39），実物の裏付けはない。遼寧省北票北燕馮素弗墓では石製方形硯が出土しており，漢代以来の方形硯と北朝系の硯を結ぶ資料として注目される（図36）。

　魏晋南北朝時代に入ると，南朝では脚が付いた円面硯が定着し普遍的に使用されたが，北朝ではその他に方形の硯や風字硯などの使用が確認される。南北朝代を通じておこった円面硯の形態変化の最も大きな特徴としては，硯面の中央が盛り上がり，墨を磨る陸と水を溜める海が明確に区別されるという点が挙げられる。ただし，陸と海の境界は明瞭でなく，陸の上面は平坦にならないものが大部分である。脚数は晋代に続き三・四・五足が比較的多いが，後期には十足以上が付いた多足硯も現れる。一方，北朝でも十足以上の脚が付く多足硯が出現するが（北魏洛陽城出土品など），南朝硯との先後関係は不明である。また南朝では，円形の陶硯の他に方形の石硯なども確認されており，硯使用の多様化がみられる。

第2章　陶硯からみた文書行政の普及　　115

(4) 隋・唐代（図37・38）

隋唐代には硯の多足化が進み，中国的法制度の拡散とともに東アジア各地域で類似した形態の硯が出現する。この時期の円面硯の特徴として，脚数の急増とともに陸と海の境界が明確な稜をなし，陸が平坦になるという点が挙げられる。また陸と海の境界に低い突帯をめぐらせるものもみられ，海の深さも深くなり，断面が大きくU字またはV字形に掘り込まれる。このような変化がおきた時期の資料として，江西省清江県嶺西隋墓出土品（図38-1）が挙げられる（吉田1985，p.62）。この墓は墓室に用いられた塼に隋大業4（608）年の紀年があるため，このような変化が7世紀初頭頃にはおきており，以後唐代に引き継

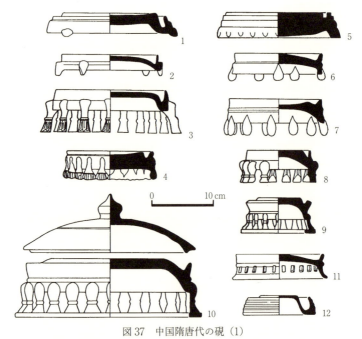

図37　中国隋唐代の硯（1）
1：四川省鄲県横山子窯址　2・3：成都市青羊宮窯址　4：浙江省江山県旅頭公社6号墓　5：河北省内丘刑窯　6：湖南省長沙4号墓　7：湖南省長沙成嘉湖唐墓　8：安陽市活水村隋墓　9：湖北省鄭県唐李徽墓　10：陝西省礼泉県長楽公主墓　11：湖南省長沙7号隋墓　12：西安市白鹿原唐墓

がれていったことがわかる[53]）。

この時期の円面硯の脚の形態には様々なものがあり，韓半島の百済地域で多くみられる水滴形のものや獣脚形のものが一般化するのもこの時期である。管見によると，水滴形の脚を持つ硯のうち現在最も古い時期の資料としては広東省羅定県鶴咀山墓出土品（南朝／五足），広西省融安県南朝墓出土品（十二足）などがある。融安県南朝墓出土品（図35-15）は，共伴出土した滑石製買地券から南朝梁の天監18（519）年に副葬されたことが確実な資料である。ただし，南朝期に水滴形の脚を持つ硯は普遍化しておらず，以後，四川省成都市青羊宮址，万県永徽五年墓，湖南省長沙市赤峰山3号墓，赤崗沖2号墓，湘門県隋大業六年墓，江西省清江県隋墓など中国南部地方の隋末〜唐初墓で多く出土しており，その盛行が隋代以降，特に7世紀代であったことを示している。

一方，獣脚硯も水滴脚硯とほぼ同じ時期に流行するとみられるが，西安市羊頭鎮総章元（668）年李爽墓出土品（図38-8）にみられるように7世紀中葉からは脚部が変形する様子が観察され，その流行時期は7世紀初〜中葉という比較的短い期間であったと思われる（李知宴1993, p.265）。

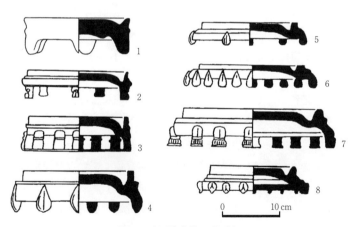

図38　中国隋唐代の硯（2）
1：江西省清江県嶺西（樹槐公社）隋墓　2：大業7（611）年田徳元隋墓　3：大業12（616）年田行達隋墓　4：四川省万県永徽5（654）年唐墓　5：長沙市赤峰3号墓　6：長沙市赤崗沖2号墓　7：長沙市左家塘30号墓　8：西安市羊頭鎮総章元（668）年李爽墓

この他に隋代に出現する重要な器形として、盤部と台脚が一体的に製作された圏足硯がある。年代がわかる例として、西安市東郊郭家灘棉四広工地隋墓（616年）および大業6（610）年墓出土品と同一形態の硯と共伴した湖南省長沙隋墓出土品などがあり、出現の下限がわかる。出土遺構がすべて隋代を遡らない点からみて、上限は6世紀後半頃と推定される。この圏足硯は韓半島では多くみられない器形で、唐律令を受け入れた日本で主要型式となるが、このような選択的受容の現象も各政体と中国との関係を示しているように思われる。

　唐代には、青磁・白磁・三彩など装飾的な硯の製作が盛んに行われた。また無脚硯・風字硯・形象硯・筆挿しが付いた硯など、さらに多彩な器形が作られた。動物の足を模倣した獣脚形の足や、足の上部に人面や獣面などを施した多足硯もこの時期に現れる要素である。

　中国古代の硯の変遷をまとめるとおおよそ次のようになる。①材質面では石製から陶製、そして後代にはまた石製のものへ、②硯の形態は円板形から短い縁が付いたものを経てより複雑な形態へ、③脚数は三足から四・五足を経て多足へ、④脚の形態は単純獣脚形から水滴・獣脚・圏足など多様な形態へ、⑤硯面は平坦なものから陸が緩やかに盛り上がる形態を経て陸と海が明確に区分されるものへと移行した。各特徴の変化の時期は、①の変化は後漢末〜三国時代にわたる時期（石→陶）と唐代（陶→石）、②の変化は三国時代〜晋代、③の変化は後漢代〜隋唐にかけて、④の変化は南朝〜隋唐の時期、⑤は晋代〜南朝に第一の画期が、そして隋唐代に第二の画期があったと考えられる。

　現在までに発見されているこれら中国硯の使用階層は、出土遺跡から地方の有力階層程度とみられる事例が多い。中国の硯のうち、百済の硯と類似した形態を持つものは隋唐代の地方、特に南部地域で出土したものの中に多いようにみえるが、これは百済がもともと南朝と活発に交流していた経緯があり、それが交易などの基盤となっていたのかもしれない。対して新羅地域で出土する硯は北朝、またはそれに続く隋唐の中心地に近い北部地域出土品との関連性を指摘することができる。

　注目したいのは、中国の支配階層から一般庶民階層に至るまで身分や職掌などに応じてそれぞれどのような形態の硯を使用していたのか、あるいはそのような使い分けが実際にあったのかという点であるが、このことについてはさら

なる資料の蓄積を待って検討したい。今後中国で硯の形態と使用階層の相関関係が確認できれば，韓半島や日本へ伝播した硯の意義をより正確に検討できると考えられる。

第3章　百済陶硯の変遷と文書行政

　次に韓半島の百済・新羅地域で出土する硯の形態について検討し，中国資料との対応関係の確認を通じて大まかな編年作業を試みたい。百済と新羅がそれぞれ中国系定形硯をいつ導入したのか，そしてそれぞれの硯の系統が中国のどの地域と深い関連を有するのかという問題を検討することにより，硯の導入に含まれる政治的意味やそれに伴う統治方式の受容状況に光をあてる。また，硯の他の文房具に関しても，新羅の出土品を中心に概観して考察の補完材料とする。本章ではまず百済地域出土品を対象に，韓半島での硯の出現とその概略的な変遷相，そして型式などの把握に努める。

図39　百済の各種硯

1　泗沘期以前の陶硯

　韓半島中・南部地方に筆・墨・硯などを使った書法が初めて入ってきた時期は明確でないが,紀元前1世紀頃に築造されたとされる昌原茶戸里1号墳で筆や刀子が出土している事実から（李健茂1992）,この頃に中国郡県の影響で一部導入された可能性がある[54]。一方,楽浪地域では平壌石巌里9号墳,養洞里5号墳などで実際に硯が出土しているが（国立中央博物館2001a, p.88・2001b）,前述のようにこの時期の硯は陸と海が分離していない長方形または円形の板硯である[55]。韓半島南部地域では,茶戸里1号墳出土品から推定される硯の存在に加え,このような板硯が導入された痕跡は多くない。硯を使って文字を記録するような社会ではなかったことに原因があるのかもしれない。

　現在,百済漢城期に該当する遺物のうち,確実に硯とみられる資料はソウルの夢村土城出土品が知られるのみである。夢村土城東北地区発掘調査時に遺物散布地で出土したこの円形硯は,まだ陸と海の区別がない平坦な硯面を持つ資料で（図40-3）,これは先にみたように中国で円形硯が流行しはじめた晋代のものと共通する。報告者も言及しているように,類例には南京呂家山M1号東晋墓で出土した灰陶硯があり（金元龍・任孝宰・林永珍1987, p.203〜205）,年代推定の根拠となる。この夢村土城出土品は器面に白釉が着せられているが,これは当時の百済の製陶技術にはない技法であるため,中国からの搬入品である可能性が高い[56]。

　この他に,漢城期の土器が多く出土した洪城神衿城の遺物の中にも百済の硯として報告されたものがある（李康承・朴淳

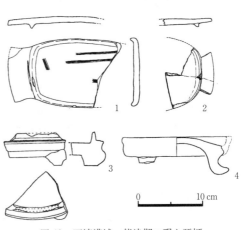

図40　百済漢城・熊津期の硯と耳坏
[漢城期]　1：渼沙里遺跡　2：風納土城　3：夢村土城
[熊津期]　4：公山城

發・成正鏞 1994, p.57)。これと類似した形態を持つ資料は益山弥勒寺址でも出土しているが、同様のものが慶州雁鴨池など新羅の遺跡で多く確認されており、後述のように韓半島内で独自の変化を経たと推定される短脚硯の一種である点から推測して、統一新羅時代の硯であると思われる。なお、ソウル風納土城や河南渼沙里遺跡では、扁平な楕円形の盤部に耳部が付いた器種が出土しており、これを硯とみる見方もあるが、中国を含め類品はなく、耳坏を模倣した耳坏形の土器としておくべきであろう（図 40-1・2）。

　熊津期の都であった公州では、公山城の挽阿楼址などをはじめとする各種建物址で円形多足硯が何点か出土しているが、形態や共伴土器からみてこれらの大部分は泗沘期の遺物と考えられる。公山城が泗沘期の重要拠点の一つとして利用された際に搬入されたものであろう。一方、公山城の貯水池ではこれらとは形態を異にする高さ 5.7 cm、口径 16.8 cm の円形無蓋三足硯（図 40-4）が 1 点出土しており（安承周・李南奭 1987, p.67）、これは海の形態、脚数などからみて中国南朝の系統のものと考えられる。百済地域ではこの硯と直接的に結び付く先行ないし後行形態が確認されていないため、やはり南朝との交流を通じて伝わったものと考えられる。色調や焼成状態からみて、中国からの搬入品である可能性が高い。中国側の資料の中でこれと形態的に最も類似し、年代比較が可能なものに塼築墳の南京市尭化門南朝梁墓で出土した三足硯（図 35-10）がある（南京博物院 1981）。この資料は形態だけでなく大きさも高さ 6.0 cm、口径 16.0 cm と公山城出土品と同程度である。尭化門梁墓の被葬者は雍州刺史・江州刺史など多くの官職を持った「肖偉」である可能性が指摘されているが、それが妥当ならばその死亡年は梁武帝の中大通 4（532）年であることがわかっており、副葬された硯もこの時期を前後するものと考えられる。中国の文物が百済に伝わる際の若干の時間差を考慮しても、熊津期末～泗沘期初頭から大きく外れないであろう。

　形態的に熊津期に含まれる可能性がある硯はこの 1 点のみで、熊津期に定形硯の使用が普遍化していたとみることはできない状況である。ただし、図面は公開されていないが、同じ公山城の貯水池から出土した硯の中に陸と海の区別がなく硯面が平坦なものがあり、夢村土城出土品との形態的類似性を示している。貯水池という特殊な性格の遺構からの出土であり、統一新羅時代の土器や

百済の三足器などがともに確認されている状況から，埋没過程で様々な時期の遺物が混在していることがわかっており，層位的な検討は難しい。

2　泗沘期の陶硯

　泗沘期に入ると，官制・地方制度・税制など各種政治制度の整備，漢字の普及，識字層の増加などとともに，硯が普遍的に使用されはじめる。統治組織を構成する人員が多くなり，支配地域が拡大するに伴い，口頭での指示伝達法に代わり文章によって上位階層の意思を伝達する文書行政を指向するようになった結果であろう。出土遺跡や出土状況から，硯の普及の背景にこのような社会的事情があったことは想像に難くない。

　中国の事例とは異なり，百済地域では墳墓遺跡の副葬品として硯が出土した例はない。泗沘期の硯出土遺跡には扶餘の官北里推定王宮址，扶蘇山城，宮南池，陵寺，定林寺址，錦城山建物址，亭岩里窯址，花枝山遺跡，泗沘都城軍守里地点，東南里遺跡，双北里遺跡，離宮址，公州の公山城，益山の弥勒寺址，王宮里遺跡，羅州の徳山里遺跡，順天の剣丹山城などがあり，生産地である窯跡出土品を除くと政治的・宗教的に重要な施設から主に出土する遺物であることがわかる。このような状況の背景には，一般的な生活遺跡に対する調査資料が多く蓄積されていないこともあるかもしれない。しかし装飾性が高い硯を用いて文字を記録した階層は，この時代にはまだ限られていたとみるべきである。

　この時期の硯は，扶餘の官北里遺跡や東南里遺跡で出土した方形系の石製ま

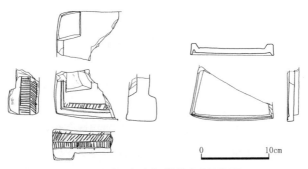

図41　百済の方形硯（扶餘官北里遺跡）

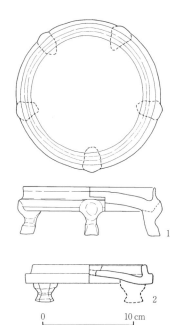

図42 百済泗沘期の外来系硯
1:伝扶餘発見青磁硯 2:扶餘東南里遺跡出土灰陶硯

たは土製風字硯(図41)など一部例外を除くと大部分が円形陶硯で,特に多くの脚が付いた多足硯と台脚がある短脚硯が比較的高い比率を占める点が特徴的である。これは泗沘期の遺跡で出土する硯が前段階の漢城・熊津期とは異なる系統,すなわち中国南朝〜隋唐の影響を再度受容し,さらに国内で独自に形態を発展させたことを示している。

ところで,扶餘出土と伝えられる資料の中に,中国から直接搬入されたと考えられる青磁硯(金妍秀1994)が何点かある(図42-1)。これらの青磁硯は泗沘期の典型的な多足硯とは異なる五足硯で,陸と海の境界部分が明瞭でない南北朝時代によくみられる形態である。これらが扶餘出土品で間違いなければ,百済での定型化・自主生産の開始以前に,泗沘期の初期まで中国から硯が搬入されていたことがわかる。さらに扶餘の東南里遺跡でも,中国資料との比較から熊津期末〜泗沘期初頭頃に編年できる灰陶硯が出土しているが(図42-2),器形はもちろん器面・断面の色調・胎土・焼成などすべての特徴から中国製品と考えられる[57]。

以上の個体数が少ない中国製品は泗沘期の初期に集中的に搬入されたと考えられ,その後は百済地域内で独自に硯の生産を開始したと思われる。以下では,内部的な変遷相がある程度把握できる百済製品について,形態分類と基礎的な分析を試みる。

南北朝〜隋唐の影響で生産が始まったと考えられる泗沘期の硯を形態別に細分すると,多足円面硯,無脚円形硯,短脚円面硯,そして高い高台に透孔を配した圏足硯に分けることができる。短脚硯と圏足硯は形態上類似したものとみることもできるが,出現の契機や出土量に明確な差があるため,ここでは異なる器形として分類した。この二つの器形の相違点としては,台脚の形態および

図43 泗沘期の水滴脚硯
1・2：軍守里遺跡 3・7〜13：扶蘇山城 4：宮南池 5：陵寺 6：官北里遺跡

長さとともに，圏足硯の台脚に一定間隔であけられた透孔が重要な属性となる。この多足硯・無脚硯・短脚硯・圏足硯をそれぞれⅠ・Ⅱ・Ⅲ・Ⅳ類と設定しておく。

多足硯は脚数には差があるが，泗沘期に内部的に生産される個体はおおむね10本以上の脚が付いたものが大部分である。脚の文様・形態を基準に水滴脚硯（Ⅰa型／図43），獣脚が変化したと考えられる陽刻蓮弁文獣脚硯（Ⅰb型／図44），単純円柱形に突帯を何重かめぐらせたもの（Ⅰc型）などに細分できるが，水滴形と陽刻蓮弁文脚が主流をなす。出土遺跡としては公州の公山城建物

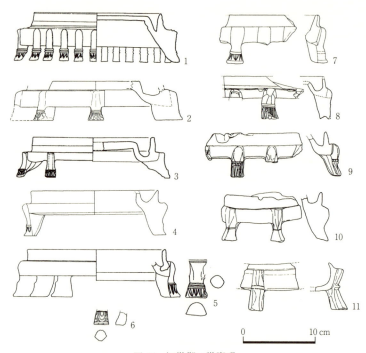

図44　泗沘期の獣脚硯
1：扶餘錦城山　2：軍守里遺跡　3：公山城建物址　4：益山王宮里遺跡
5・7・9～11：扶蘇山城　6：宮南池　8：官北里遺跡

址，扶餘の扶蘇山城，官北里遺跡，陵寺，定林寺址，宮南池，益山の王宮里遺跡などがある。また多足硯の中には離宮址[58]で出土した台座付蹄脚硯（無文様）がある（国立中央博物館1999, p.162，国立扶餘博物館2003, p.135・2004, p.91）。台座とは脚端部を環状につなげたものを指し，百済地域ではこの一例のみが確認されている。ただし，この硯は白磁硯であり，百済内部で生産されたものではないため，百済の硯の分類からは除外する。

　短脚硯は硯盤を作った後にその下部に環状台脚を付けた形態で，一般的に台脚の高さが硯盤の高さより低く，台脚の直径が硯盤の直径より小さいものと規定しておく。ただし，後述する新羅の短脚硯の中には，台脚部分が高いものがある。この類型の硯の出土量は泗沘期では比較的高い比率を占めており，一部統一新羅の硯に続いていく形態である。台脚には一般的に装飾がないが（Ⅲa

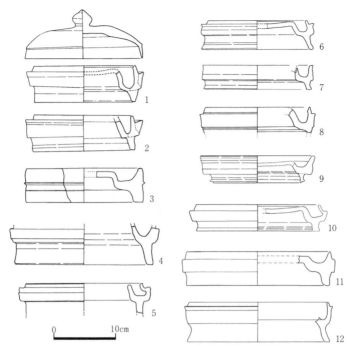

図45 泗沘期の短脚硯（1）（Ⅲa型）

1・2：亭岩里窯址　3：公山城建物址（統一新羅時代？）　4・5・11：扶蘇山城
6：陵寺　7：定林寺址　8・10・12：益山王宮里遺跡　9：官北里遺跡

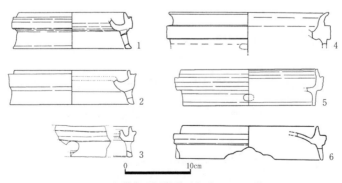

図46 泗沘期の短脚硯（2）（Ⅲb・Ⅲc型）

1：龍井里建物址　2・4：扶蘇山城　3：大田月坪洞遺跡　5：益山王宮里遺跡
6：天王寺址

第3章 百済陶硯の変遷と文書行政　127

型/図45),眼象を持つもの(Ⅲb型/図46-6)や透孔を持つもの(Ⅲc型/図46-1〜5)などがある[59]。出土遺跡としては公州の公山城西門址,扶餘の扶蘇山城,官北里遺跡,陵寺,定林寺址,宮南池,亭岩里窯址,益山の王宮里遺跡,大田の月坪洞遺跡などがある。

　無脚硯(図47-1〜4)には陸と海が明確に分かれ,多足硯の脚部のみを省いたような形態の中型品(Ⅱa型)と,平坦な硯盤に縁・陸・海を作った小型品(Ⅱb型)がある。出土数が少なく,硯の主体をなす型式ではない。出土遺跡としてはⅡa型は扶餘扶蘇山城,宮南池などがあり,Ⅱb型は順天剣丹山城など極めて限定された場所で出土している。また泗沘都城軍守里地点で出土したⅡ型硯の中には,硯盤の側面に連続集線弧文をめぐらせたものもある(図47-4)。陸・海の形態は定かでないが,現在までに類例がない特異な硯に属する。統一新羅の遺物である可能性も否定できないが,暫定的にⅡc型と設定しておく。

　圏足硯(図47-5)は全体の形がわかる事例は出土していないが,台脚部分が硯盤の高さより高く,盤部と一体で製作され,台脚の直径が盤の直径と同等か,より大きいものである。台脚には透孔が一定の間隔であけられている。百済では泗沘都城軍守里地点での出土事例があり,透孔の形態は円形ないしアーチ形に復元できる。大田月坪洞遺跡A1貯蔵穴でも類似した形態の硯が出土しているが,台脚部が欠損しているため,圏足硯であるかは明確でない。

　このように分類できる硯は,通常一遺跡で一種類のみが出土するということではなく,同一遺跡でいくつかの異なる種類が出土する場合が多い。そのため,施設の性格ごとに硯の形態が決まっていたわけではないといえる。形態の

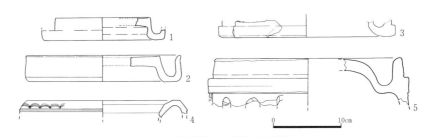

図47　泗沘期の無脚硯・圏足硯
1・2:扶蘇山城　3:宮南池　4・5:軍守里遺跡

器　形	細分類	形　態	出土遺跡
有足硯（I類）	I a（水滴足）	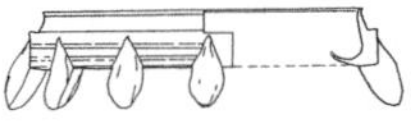	扶蘇山城・定林寺址・宮南池 軍守里
	I b（陽刻蓮弁獣脚）	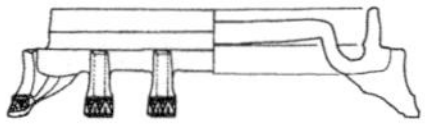	公山城・扶蘇山城・官北里・錦城山 宮南池・王宮里
	I c（その他）	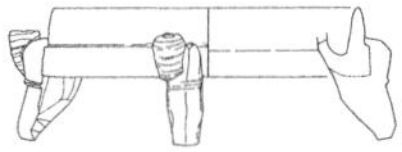	扶蘇山城・官北里・陵寺・定林寺址 王宮里・月坪洞
無脚硯（II類）	II a（中型）	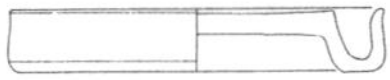	扶蘇山城・宮南池
	II b（盤状）	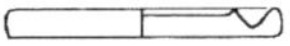	剣丹山城
	II c（波状文）		軍守里
短脚硯（III類）	III a（無文）		公山城・扶蘇山城・官北里・陵寺 定林寺址・宮南池・亭岩里・王宮里
	III b（眼象）	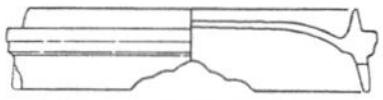	天王寺址・花枝山（?）
	III c（透孔）	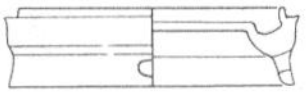	扶蘇山城・王宮里・月坪洞・王宮里
圏足硯（IV類）		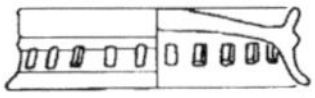	軍守里・月坪洞（?）

図48　泗沘期の陶硯分類図

差に含まれる意味は不明であるが，硯が官的性格を持つ器物であるならば，官人としての地位，すなわち官位の高低や官職の別によって区別して使用されていた可能性も念頭に置くべきであろう。

また各器形の観察から，時期による形態変化の様子も跡付けることができる。泗沘期における硯の普遍化の始点を明確に示す資料はないが，先に触れた南

図49　扶餘離宮址出土蹄脚硯

第3章　百済陶硯の変遷と文書行政　　129

朝青磁および灰陶硯の輸入を一つの契機とみることができるであろう。泗沘期の五足硯は現時点では搬入品とみられる資料のみであり，その後流行する多足硯と同型式の硯は中国では隋唐期に該当する墓で多く出土している。このような状況から，百済地域で生産され普遍化する時期も6世紀末～7世紀初頭を大きく遡ることはないと思われる。

次に百済から伝播したと考えられる硯が出土する日本の状況を概観し，中国の編年と総合することにより，泗沘期の硯の詳細な年代を検討してみたい。

3　日本の初期陶硯との関係

日本において確実に定形硯が使用されはじめたのは7世紀初頭頃と推定されている（杉本1987，吉田1985）。さらに早い時期に転用硯があった可能性は否定できないが，現時点では土器様式の組成の中に硯が加わる時期を6世紀代に遡及させるのは困難な状況である。文献史料をみると，『日本書紀』推古紀18（617）年条に「高麗王貢上僧曇徴法定曇徴知五経且能作彩色及紙墨」の記録があり，それ以前の日本で墨書の慣習が一般化していなかったことを示すと同時に，それが韓半島からの影響で本格化したことをうかがわせる。このような状況をもとに，類似した形態を持つ日本の硯の年代から，百済の硯の年代幅をある程度絞ることができると考えられ

図50　日本の陶硯
上：東京国立博物館所蔵品　中・下：藤原京出土品

る[60])。

　百済の硯に類似する日本の硯の中で，推定年代が7世紀代とされるものに，福岡県御供田遺跡，荒木，塚ノ谷1号窯址，大宰府，奈良県石神遺跡，下ツ道，大阪府陶邑窯址，京都府隼上り窯址などの資料がある（図51)[61]。御供田遺跡や石神遺跡出土品は上でみた百済泗沘期の硯のⅠb型（陽刻蓮弁文多足硯）であるが，そのうち御供田遺跡の硯は7世紀前半に編年される土器が共伴している。これを百済から搬入されたものとみる見解もあるが（千田1995），盤の形態や脚を取り付ける方式などに若干差があるため，百済硯を模倣して製作したものである可能性もある。

　日本で出土したⅠa型硯（水滴脚）としては，福岡県大宰府出土品，奈良県下ツ道側溝出土品，奈良県竜田御坊山3号墳出土品などがある。このうち大宰府と下ツ道出土品は年代が不明であるが，御坊山3号墳出土品は古墳自体の年代が7世紀中葉頃とされている。御坊山3号墳出土品は三彩（または二彩）のもので，これを百済で製作されたものとみる見解もある（白井2000a）。ただし，全体の大きさや施釉などの特徴からみて，百済ではまだ類品はみつかっておらず，唐製品である可能性もある。

　陶邑ではTK43号窯址で多足硯の脚端部をつなげた台座付多足蹄脚硯[62]と圏足硯が出土している。TK43の年代については研究者ごとに若干の見解の違いがあるが，これを須恵器編年と対応させることができるならば，おおよそ6世紀後半頃の時期が与えられる。この資料は窯内部で出土した遺物であることから，TK43型式の中でも遅い時期とみることができる。これは日本で生産されたことが確実な硯としては最も早い時期に該当する。またTG64，TG68号窯址でも圏足硯5点が出土しているが，これらの年代はそれぞれ7世紀前半および中葉に比定されている。隼上り窯址では圏足硯・無脚硯など総12点の硯が出土しているが，この窯の年代幅は共伴した須恵器からみるとTK209〜TK217型式の過渡期，すなわち7世紀前半代にあたるとみられている（杉本1987, p.134〜136）。

　日本で短脚硯が出土した遺跡は福岡県塚ノ谷窯址，奈良県藤原宮址（図51-8），平城宮址などで，その数は多くない。年代幅は7世紀中葉から8世紀代までと広く，形態も多様である。これには複数の系統があったと推測されるが，

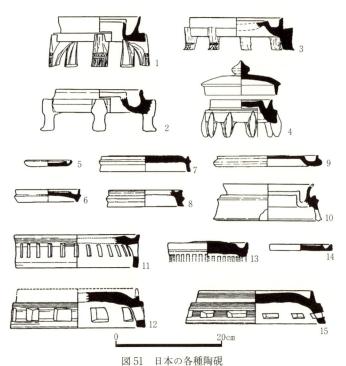

図51　日本の各種陶硯
1：福岡県荒木出土品　2：福岡県大宰府　3：奈良県石神遺跡　4：奈良県竜田御坊山3号墳　5：群馬県上淵名遺跡　6：平城宮　7：岐阜県長者屋敷遺跡　8：藤原宮　9：法隆寺大宝蔵殿　10：福岡県塚ノ谷1号窯址　11～15：京都府隼上り窯址

先に設定した百済硯の各型式との対応関係をみると，藤原宮・平城宮出土品はⅢa型，塚ノ谷窯址出土品はⅢb型に該当する。

無脚硯も出土事例は多くないが，京都府隼上り窯址，大阪府桜井谷窯址，奈良県法隆寺大宝蔵殿（図51-9），三重県西ヶ広遺跡，茨城県長者屋敷遺跡などで出土している。このうち，百済地域出土品との類似性が指摘できるのは法隆寺大宝蔵殿出土品のみである。

日本に硯が導入されてから最も普遍化する形態は圏足硯であり，この点百済地域とは状況が異なる。陸の部分に平坦面が形成されていない特徴などからみて，扶餘軍守里で出土した圏足硯と最も類似した形態を持つものは隼上り窯址出土品で，7世紀前半頃に位置付けられる（杉本1987）。

史書に記録された上記の百済と倭の交流内容からみて,墨や硯を含む体系的な書法が百済や高句麗から日本に伝わったことは容易に想像できる。特に6世紀中葉に百済から仏教が伝来した後,僧侶の往来も活発になり,それにより経典だけでなく各種職掌に関する専門的な知識・技術を携えた博士が同伴することが多くなった。7世紀代に入り,前述した曇徴以外にも,推古10 (602) 年に百済僧の観勒が暦本や天文地理書,遁甲法術書などを伝え,倭人がこれを習っている[63]。百済系の硯の日本への伝播には,政治的側面の他に,百済の思想や文化を取り入れる過程が背景にあったと考えられる。

4　中国・日本の資料からみた百済陶硯の年代

　以下では,中国および日本の硯の年代をもとに,百済硯の各型式のおおよその年代に触れたい。

　先にみたように,泗沘期で最も古い時期にあたる硯は伝扶餘発見の青磁硯,東南里遺跡出土品などの中国製搬入品である(図42)。これらの硯は南朝の資料に類似しており,脚数や形態などからみて,公山城出土の三足硯に後出するものと位置付けられる。中国側の報告は多くないが,南朝末期の梁・陳代のものが泗沘遷都以降に搬入されたと推定される。残りの泗沘期の硯は,大部分が隋唐期の硯の影響で生産が始まったものや,その後の内部的な変遷を経たものである。類型別におおよその年代をみると次のようになる。

　まずⅠa型(水滴脚多足硯)は四川省や湖南省などで出土する水滴脚多足硯とほぼ同一の形態を持つことから,中国南部地方に直接の祖形がみいだせる。既出のように,中国ではこの類型の初現は南朝梁代(6世紀前半)まで遡るが,この時期のものは百済の硯とは異なる形態を持つ。脚数が多い点でも泗沘期のⅠa型の硯は隋唐代の影響であったとみるのが妥当なようである。この類型は中国では7世紀初めに流行しはじめ,7世紀中葉頃には衰退するため,百済で導入された時期も7世紀初頭～前半頃であったと思われる。これは百済Ⅰa型硯の陸がすべて平坦面を持ち,海との境界が明瞭であるという点でも裏付けられる。Ⅰa型硯の型式学的な変遷相はよくわからないが,中国や日本の例を参考にすると,脚数の増加とともに水滴形部分が細くなり,作りが雑になる

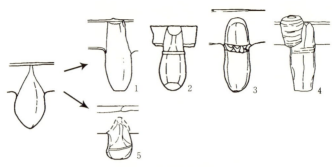

図52　水滴脚の変遷相
1～3：扶蘇山城　4：官北里遺跡　5：陵寺

傾向がみられる（図52）。

Ｉｂ型（陽刻蓮弁文獣脚多足硯）も類似した形態の資料が中国四川省成都青宮窯址などで出土しており，その系譜を中国南部に求めることができる。中国では獣脚は水滴脚のものとおおむね同じ時期に出現するとみられ，脚の表面を蓮弁文などの文様で飾ったものも南朝期にはすでに確認される（王靖憲 2002, p.19）。ただし，陸の形態をみると百済の資料をその時期まで遡らせるのは難しく，おおよそＩａ型とほぼ同じ時期に導入されたと想定できる。また泗沘期のＩｂ型硯は脚部と盤部の接合部分を厚く補強した事例が多く，中国からの導入後の百済的な特徴を備えている[64]。

扶餘宮南池遺跡では青磁に似せて緑釉を施釉したＩｂ型硯の脚部（図53-1）が出土している（国立扶餘文化財研究所 2001b）。形骸化が進んでいない陽刻蓮弁文の形態や，脚と盤の接合部に粘土による補強がみられない点から，Ｉｂ型硯の中でも初期にあたる資料といえる。これは中国から搬入された個体である可能性もあるが，このような形態を模倣して百済地域で製作が開始されたとすると，共伴遺物からみてＩｂ型硯の盛行は7世紀前半以降，百済滅亡期までと考えられる。脚に陽刻された蓮弁文[65]は，当初は三重三枚の花弁で構成されていたが，蓮弁数の減少とともに次第に形骸化し，最終段階には扶蘇山城や官北里出土品のように縦方向の線刻で処理された形態へ変容する（図53-6・7）。また扶蘇山城などで出土している無文の獣脚硯は，このような形骸化がより進展した姿とみることもできる（図53-8）。この変遷の過程に絶対年代を与える

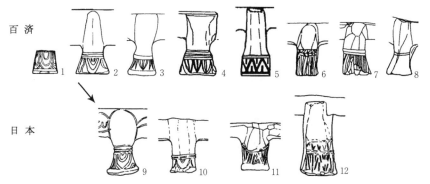

図53 獣脚の変遷相
1：宮南池　2：軍守里遺跡　3・4・6・8：扶蘇山城　5：公山城建物址　7：官北里遺跡　9：藤原宮址　10：石神遺跡　11：御供田遺跡　12：荒木出土

のは難しいが，おおよそ7世紀前半から滅亡期までの約50年にかけて進行した現象とみられる。日本の御供田，荒木，石神などの遺跡で出土したIb型硯は，すべてこのような変容の過程で導入されたもので，正確な蓮弁文を施した事例は輸入品の可能性がある藤原京址出土品以外にはほとんどみられない。日本の資料がすべて7世紀前半～中葉頃に編年される点も，百済Ib型硯の推定年代と齟齬がない。

　Ic型の硯は水滴脚に陽刻文を施文したもの，単純な円柱形をなすものに細分できるが，大まかにみると前者はIa型とIb型の要素が結び付いたもの，後者は脚形態が退化・単純化したものといえる。両者とも中国からの導入後の形態からある程度の変容を経た資料という点で共通しており，ここでは一つの範疇にまとめておく。水滴脚に文様があるものは，Ib型と同様に型作りで施文したもので，双北里遺跡や定林寺址（尹武炳1981）の出土品など，同時製作されたと思われるものが異なる遺跡に供給された状況もみられる。形態変化を経ている資料という点で，これらがIa型とIb型より後出する型式であることは明らかである。この型式に分類される資料に，官北里遺跡出土の筆挿し付の硯がある（図43-6）。この資料は長めの水滴脚を持ち，Ia型の変形と考えられるものである。筆挿し付の硯は百済地域では官北里遺跡から出土した2点のみである。中国で筆挿し付の円面硯がみられるのは唐代以降で，器形は圏足硯に限られるようである。日本でも7世紀後半より古い時期の例は確認されて

いないため，官北里出土品も百済が滅亡する直前の段階に位置付けられる資料と考えられる。百済内部で変化した硯に筆挿しの要素が加わったものであろう。

Ⅱ類の無脚硯は中国では唐代の例がみられる。西安市白鹿原唐墓で出土した資料が代表例で，器高が比較的高く盤の側面に数条の沈線をめぐらせている点で百済の無脚硯とは若干の差がある。日本の出土資料で百済のものと最も近い形態を持つものは法隆寺大宝蔵殿出土品であるが，これも7世紀中葉より時期が遡るものではない。扁平な小型円盤に海と陸を設けた簡略な形態のⅡb型硯は順天剣丹山城で出土した1点だけであるが（崔仁善他2004，p.144），形態は日本の隼上り窯址出土品に類似する。前述の通り，この窯址の年代は7世紀前半頃と推定されている（杉本1987）。これらの無脚硯は略式の硯として百済地域内部で独自に出現・変遷した可能性もあるため，他の器形に先行して製作されたとは考えられない。中国・日本の資料との関係と百済地域内での発展という二通りを考慮し，ここではその出現を暫定的に7世紀前半頃としておく。大きさや形態の簡便さから携帯用の硯と考えられ，都城の他に山城など地方の施設で多く確認される可能性がある。

Ⅲ類とした短脚硯は百済では最も多く出土する器形の一つであるが，中国ではほぼ類例がみられない。Ⅲ類硯はすべて陸と海の境界が明確で陸が平坦である点から，6世紀末～7世紀初頭を遡るものではないが，この時期の中国硯は多足硯ないし圏足硯が絶対多数を占めており，中国資料から泗沘期の短脚硯の上限をおさえるのは困難である。一方，日本にはⅢa型と若干類似した形態の硯があり，最も早い時期にあたる藤原宮址出土品も7世紀後半以前のものではない。眼象があるⅢb型の類例としては中国の武漢市東湖岳家嘴隋墓（方形硯），日本の福岡県塚ノ谷窯址出土品などがあるが，東湖岳家嘴隋墓出土品は7世紀前半，塚ノ谷窯址出土品は7世紀中葉～後半とされている（杉本1987，p.146）。中国ではあまりみられない器形である点，日本の資料の年代が7世紀中葉以降である点などから，短脚硯は百済内で考案された器形としておきたい。日本の類品は百済の硯をモデルに製作されたものであろう。他の器形の導入時期と日本の資料の年代を考慮すると，出現の年代は7世紀前半頃と推定することができる。この型式の硯は統一新羅時代にも引き継がれ，百済では滅亡時期まで使用されたとみられる。多足硯より構造が単純で，百済地域で最も普

遍的に使用されていることから，中国から取り入れた硯を簡素化した量産品とみられ，その製作時期も幾分遅れると思われる。

扶餘亭岩里窯址では宝珠形つまみが付いた蓋とセットのⅢa型硯が出土している。この資料はⅢa型硯が百済で実際に生産されていたことを証明するとともに，窯内部で出土している状況から，窯が廃棄される直前に最後の焼成で焼かれた製品とみられ，相対的な年代の後行性を表す資料と評価できる。

Ⅳ類の圏足硯は，中国や日本の状況とは異なり百済では普遍化しなかったが，泗沘都城軍守里地点（朴淳發他 2003）と大田の鶏足山城[66]で典型といえる個体が出土した。中国で圏足硯が本格的に使用された時期は隋代と考えられ，日本の隼上り窯址が 7 世紀前半であるという点を考慮すると，百済にも 7 世紀前半代に入ってきた可能性が高い。

5　陶硯からみた百済土器変革の画期と泗沘期の社会

以上のように，硯は泗沘期に成立する百済後期様式の土器の中でも国内での製作開始が比較的遅れた器種であるといえる。また，共伴出土するその他の器種を点検することで，不安定な泗沘期百済土器の編年に一定の根拠を与えることができる器種であると考える。従って，ここでは各報告書と筆者が観察した内容をもとに，前章で触れた泗沘期におきた百済土器の変革（百済後期様式の成立）について，硯を年代的根拠として概観したい。

前述のように泗沘期のある時点で百済土器の器種は新たな変化の様相をみせはじめる。すなわち，漢城・熊津期の主要な構成器種であった三足器・高坏・蓋坏などが順次姿を消し，灰色・黒色系統の台付碗・Ⅲ（盤）・鍔付碗・大型甕・大型鉢や，その他多くの異形土器が出現する。本章で扱った硯もそのうちの一器種である。この新器種群がすべて同時に出現したわけではないが，一部の初期台付碗を除くと，国産品が熊津期以前の遺跡で出土した例はなく，泗沘期以後に共通の脈絡で出現した器種であることがわかる。また，これらが泗沘遷都と同時に製作開始されたとみる根拠もないため，泗沘期に入って漸移的になされた政治・社会的発展とともに出現したとみるのが実状に即した解釈であろう。

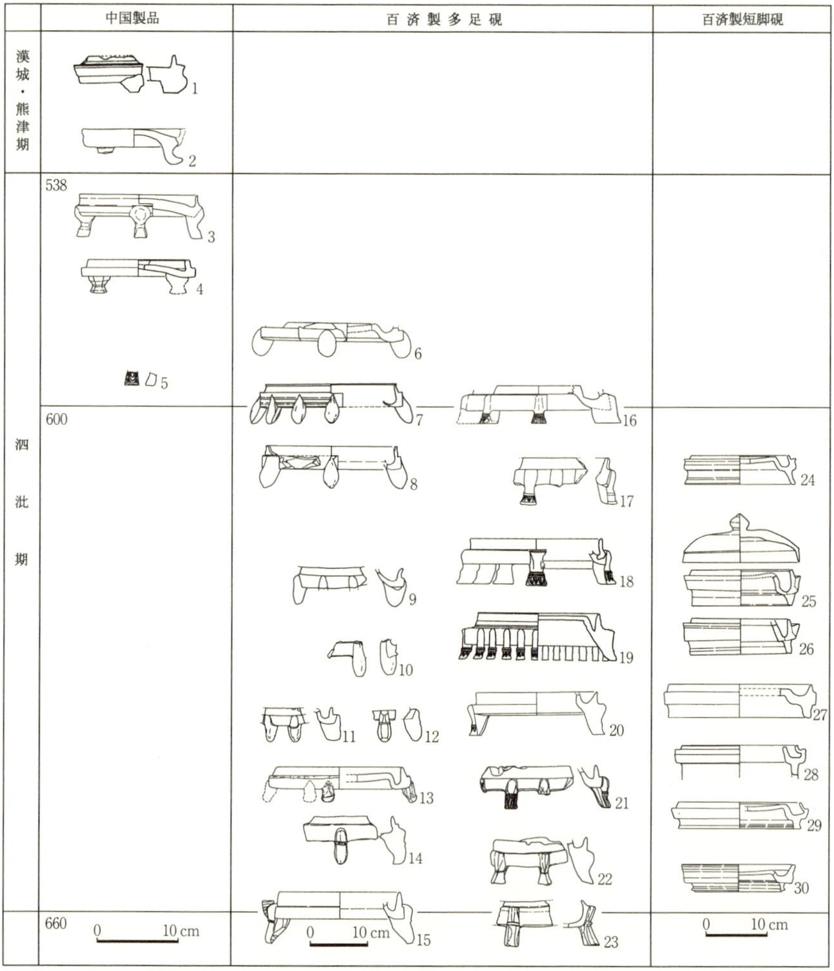

図54 百済陶硯編年図
1：ソウル夢村土城 2：公州公山城 3：伝扶餘発見 4：扶餘東南里遺跡 5・6：扶餘宮南池 7・9〜12・14・17・18・21〜23・27・28：扶餘扶蘇山城 8・16：扶餘軍守里遺跡 15・30：扶餘官北里遺跡 19：扶餘錦城山 20・29：益山王宮里遺跡 24：扶餘陵寺 25・26：扶餘亭岩里窯址

　百済土器新器種の定着過程を正確に描き出すためには器種ごとの検討が必要であるが，旧器種の衰退が比較的緩やかに進行したのに対し，新器種の出現はある程度画期性を持っていたことが想像される。従って，ここでは三足器・蓋坏・高坏など典型的な旧器種に代替する形で出現した百済後期様式の上限につ

いて，硯との比較を通じて考察したい。

　硯や台付碗などが墳墓の副葬品として共伴する事例はないため，厳密な同時代性の把握は難しいが，このような状況で有効に活用できると考えられるのが緑釉陶器である。緑釉陶器は泗沘期の遺跡でしばしば確認される器物で，窯址が正式に調査された例はないものの，器種や器形の類似性から考えて百済地域で生産されていたと推定される[67]。緑釉陶器として製作された器種は台付碗・器台・瓶・硯など，主に百済後期様式に含まれるものである[68]。緑釉陶器は器物自体に高級感を与える特殊な器物で，それを使用した階層が限定されていたことを表している。百済後期様式の土器群が中央政権の支配階層（または高級官人層）によって率先して使用されたもので，都の近郊で集中的に出土するという点を考慮すると，緑釉を施釉した器物は支配者階層の中でも特に上位に属した階層が使用を許されていた容器であったことが想像できる。その使用階層を具体的に限定するのは難しいが，百済後期様式土器の出土量に占める緑釉陶器の割合は極めて限られており，その特殊性が際立つ[69]。

　緑釉陶器の出土分布をみると，都である扶餘地域を中心に全羅道地域まで事例があるものの，扶餘と益山の資料を除くと残りは少数である。扶餘から最も離れた場所で出土した例として，順天の剣丹山城および麗水の鼓楽山城出土品があるが，これらはその位置や遺跡の性格からみて中央政権の高位階層が使用したとは言い難い。南海沿岸から近い立地などの条件を考慮すると，上陸した使節の接待用または交易品としての性格を考える必要もある。これら全羅南道地域で出土する資料をもとに百済後期様式の成立との関連性およびその時期を考えてみたい。

　地域的に隣接する類似した性格の遺跡である順天剣丹山城と麗水鼓楽山城では，それぞれ緑釉を全面に施した硯と台付碗が出土している。異なる遺跡からの出土であるにもかかわらず，これらは釉色の濃さや焼成具合が共通しており，同じ場所で焼かれ同時に当地に供給されたものである可能性が高い。ところで，鼓楽山城で出土した台付碗は緑釉であるだけでなく，胴部に２条の沈線がめぐらされており，泗沘期に定型化する以前の初期形態台付碗とみられる（山本2005b）。その生産は同時に流通したと考えられる緑釉硯の年代と大きく異ならないと推定される。剣丹山城で出土した緑釉硯は脚の先端部分が欠失し

ているため形態の詳細がわからないが，硯盤の形態と脚上部の形態からみて本章でⅠb型とした獣脚（陽刻蓮弁文）多足硯であることがわかる。硯面は陸と海が明確に区別され，陸が平坦であり，中国では隋代頃にみられる型式である。この緑釉硯が中国からの輸入品か百済製品かについてはまだ検討の余地があるが，中国製品であったとしても製作年代が6世紀末〜7世紀初頭から大きく遡るものではなく，緑釉台付椀もそれを前後する時期に製作されたとみてよい。中央から遠く離れた地方で出土した資料ではあるが，当時の高級品である点を考慮に入れ，中央の状況を反映する資料とみておきたい。

このような観点から，百済泗沘期の硯使用には大きく二つの画期があったことがわかる。一つは中国の硯を搬入し定形硯の使用が始まった泗沘初期（6世紀前半），もう一つは百済内部で硯を生産しはじめ多様な硯が定着した泗沘中期（7世紀初頭）である。百済後期様式の土器群はこの時期に定着したものと思われる。前者は泗沘遷都に代表される都城制や統治機構の整備が推進され，中国南朝からの多くの影響を受けていた時期で，後者は中央集権・王権強化に関連して中国の統一国家である隋唐から思想や政治的諸制度を受容した時期である。本章の最後に，この二つの時期に関連して，硯と文字使用本格化の背景について概観しておく。

(1) 聖　王　代（6世紀前半代）

泗沘期は木簡の使用が普遍化する時期でもある。百済における硯の普及は，当然ながら文字使用の本格化と対応する現象であり，当時の主たる書写材料であった木簡との関係を意識する必要がある。現在までに確認されている百済の木簡には，扶餘官北里遺跡，宮南池，双北里遺跡，陵寺，益山弥勒寺址，羅州伏岩里遺跡などで出土したものがある。

百済の木簡には干支が記録されたものはほとんどなく，具体的な年代はわからないが，多角的な分析を通じておおよその時期が検討されている（朴仲煥 2002a・2002b，李星培 2004）。それによると，百済木簡のうち出土状況や書体から現状で最古段階にあたると推定されるものが，23個体以上が出土した扶餘陵寺の木簡である。これらの木簡は出土位置からみて陵寺の完工年代である威徳王13（567）年より時期が遡る可能性がある資料で（朴仲煥 2002b, p.227〜

229),書体が梁・陳など南朝の書風である点(李星培2004)からもそれが裏付けられる。また,墨書と刻書が混用されている木簡も出土しており,文字表現が墨書へ完全に転換していなかった時期の資料と解釈することもできるかもしれない。木簡には様々な内容のものが含まれているが,子基寺・宝憙寺などの寺名や祭儀的な内容の他に奈率・対徳など官等名や六部五方・下部など行政区域名が記録されており,政治的意味を持った文書木簡もあったことがわかる。この時期に官等制と地方統治体制が整備されたことは様々な資料から推察が可能であるが,木簡もその一端を示すものと評価でき,併せて硯使用の本格化を間接的に表す資料とみることもできる。

聖王代に百済は南朝の梁に活発に遣使を送った[70]。特に聖王19(541)年の朝貢時には梁から毛詩博士,涅槃経などの経義,工匠・書師などを伴って帰国しており[71],この時に体系的な墨書の技術や硯が中国から渡ってきたと考えられるが,その時期が泗沘初期にみられる輸入硯の年代と一致している点は注目してよい。

(2) 武 王 代(7世紀代)

百済のその他の木簡は内容の判読が難しいものが多いが,出土状況から年代を推察できるものがある。官北里・双北里出土木簡は,内容の判読は難しいが,共伴出土した土器から泗沘期百済土器の新器種出現以後,すなわち7世紀初頭以降と推定される。弥勒寺址出土木簡も文献にみられる弥勒寺の創建年代から武王代,すなわち7世紀以前には遡らないと思われる。宮南池出土木簡は習書木簡の他に陵寺出土品のように西部(?)・中部(?)・後巷・邁羅城など行政区域や都城制の存在を想起させる内容がみえる。文献に記録された宮南池造成記事とこの木簡の年代を結び付けるのは,宮南池の当初の位置が確認されていない現時点では危険である。ただし,百済の畿内が五部五巷に分かれているという記事は中国の『北史』や『隋書』東夷伝百済条などにみられ,これらがすべて唐代に編纂されたことを考慮すると,武王代以降の状況を記録した内容とみて差し支えない。

武王代以降に木簡資料は増加する様相をみせるが,この時期は硯が本格的に百済国内で生産されはじめ,数が急増する段階にあたっており,両者の動向が

一致することがわかる。武王代における墨書および硯使用の活発化の背景には，統一国家である隋唐の出現とそれに連動する東アジア情勢の変化を受け，百済でも中央集権化・王権強化の動きが強くあったことが推測される。すなわち，文書行政の本格的な施行という政治的現象が，硯の製作と墨書木簡の普及を促進させたと考えられるのである。

ただし，王宮址や山城，苑池など王族や中央貴族，支配階層に関連する遺跡の他に，寺院などでも硯や木簡が多く出土する状況は，政治的側面以外にも文字普及に一定の役割を果たした宗教・思想的側面があったことを物語っている。弥勒寺や帝釈寺の創建からわかるように，武王が仏教の普及に積極的に臨んでいたことはよく知られており[72]，これらの寺院が官寺の性格を持っていたとすると，宗教・思想にも政治的影響が及んでいたと考えられる。経典など基本的な教義の確立・伝達に文字が必須であったことは容易に想像でき，そのような側面からも硯が発達した理由を求めることができよう。

武王代に至り，百済はより活発に隋唐に遣使を送って朝貢を行っている。武王41（640）年には子弟を唐に送って国学を学ばせているが，この施策を儒教的政治思想の確立と関連させてみる見解がある（金壽泰 1999, p. 129）。仏教以外に儒教・道教など多様な思想を導入したのも，武王代に文字使用が普遍化し専用器種としての硯が大量生産されるようになった大きな要因であったと考えられる。このような各種宗教の導入が中央政権の意図によって推進されたという点を考慮すると，やはりその思想を民衆統治という政治的手段として活用しようとしたことは疑いなく，その意味でも文字やそれに関連する物質資料を，政治性を帯びた産物とみるのは間違いではない。

第4章　新羅陶硯の変遷と文書行政

　慶州を中心に，新羅および統一新羅時代の遺跡でも硯の出土が報告されている。新羅地域でも硯は他の器種に比べさほど注目されてこなかったが，実際には他の器種に劣らず当時の社会相や国際交流の様相を顕著に表す資料として評価される。ここでは発掘調査によって類例が増加している新羅地域の硯についてその概要を示し，系譜・分類・年代など基礎的な分析を試みる。なお，ここで述べる新羅は，三国時代の古新羅と統一新羅時代を含むものとする。

　新羅時代の硯は各種建物址，苑池，寺院址，窯址，山城などの軍事施設などで出土している。この中で当時の中心地域であった慶州の王都関連遺跡からの出土数が顕著に多く，百済の場合と同様，硯が当時の政治・文化の中心地で多く使われていたことがわかる[73]。墳墓の副葬品として硯の出土例がないという点も百済と共通しており，一括遺物の共伴関係から編年を試みるのは困難であるが，以下ではまず各種分析のための基礎作業として新羅硯の形態分類を行い，それぞれの系統についてみていく。

図55　新羅の各種陶硯

1 新羅陶硯の分類

　新羅の硯は，絶対的な出土量はさほど多くないながらも形態的には比較的多様性がみられ，今後の調査でさらに多くの器形が確認される可能性も高い。ここでは現在までに発見されている器形に限り，その系統を念頭において理解が容易な形態分類を試みる。

　まず形態上の最も明確な差は平面形で，大きく円面硯と方形系のものに分けられる。これは単純に円形と方形の差であるだけでなく，前者は陸を囲む形で海が形成されており，後者は陸と海が対峙するように区分されているという点が分類の基準となる[74]。出土比率は円形の硯が大部分を占めるが，後述のように統一新羅時代の後半頃からは方形系の硯が増えていくようである。また例外的に円形系でありながら陸と海の区別がなく，内部が空洞になっている中空硯が大邱旭水洞で出土している（国立中央博物館 2003, p.58）。

(1) 方形系硯

　方形系の硯は形態と素材が多様であるが，新羅地域で確認されているものには風字硯（箕形硯）・長方硯・楕円硯などがあり，素材による区分では陶硯・石硯・漆塗硯などに分けられる。このうち長方形の硯は王京遺跡はじめいくつかの遺跡からの出土が報告されているが，出土状況が不明で時期的にも高麗時代以降に流行する後行形態とみられるため，本書では検討対象から除外する。風字硯は主に土製と石製のものが製作され，慶州雁鴨池で唯一出土している漆器の硯とされるものは楕円形に近い隅丸長方形を呈する[75]。方形系の硯は円面硯に比べて小型であり，都城周辺の遺跡の他に地方の山城などでも出土しており，携帯用の硯としても使用されたようである。

　風字硯は厳密には箕形硯と区別されるが，基本的な形態は同一である。半楕円形または長方形に近い形態を帯び，一方の端が八の字形に広がるものが多い。広がった端辺は若干弧状をなす。陸と海の区別は明確でないが，海側の周縁に高い縁が作られ墨汁を受けるようになっている。墨汁を海側に溜めるため陸側の裏面には二つの脚を付け，硯が傾くようにしている。この風字硯は後代

表11 新羅硯の分類表

大分類	小分類	脚分類	材質	出土遺跡
円形系	短脚硯	短脚系	陶製	[透窓無] 慶州天官寺址, 王京 (皇), 王京 (北), 雁鴨池, 東川洞, 洪城神衿城, 保寧真竹里 [透窓有] 金海亀山洞, 大田月坪洞
		高脚系	陶製	雁鴨池, 慶州博物館美術館敷地
	多足硯	獣脚+人・獣面	陶製	[輪脚] 慶州東川洞, 雁鴨池, 慶州博物館美術館敷地 [独立] 王京 (皇)
		人・獣面	陶製	[輪脚] 慶州皇南洞, 殿廊址, 王京 (皇), 慶州博物館美術館敷地, 蔚山中山洞 [独立] 慶州城東洞, 慶州皇吾洞, 王京 (皇), 慶州博物館美術館敷地, 東川洞
		柱状	陶製	慶州皇南洞, 城東洞, 慶州博物館美術館敷地, 王京 (皇), 王京 (北), 東川洞, 鎮海亀山城址, 大田月坪洞
		指頭	陶製	慶州天官寺址, 王京 (北), 岬山寺, 扶餘定林寺址, 鎮海亀山城址
		擬獣脚	陶製	慶州西部洞, 皇南洞, 皇吾洞, 城乾洞, 王京 (皇), 慶州博物館連結通路敷地
	無脚硯		陶製	慶州皇南洞
	中空硯		陶製	大邱旭水洞
方形系	風字硯		陶製／石製	王京 (皇), 王京 (隍), 東川洞, 利川雪峰山城, 抱川半月山城
	楕円硯		漆器製	雁鴨池

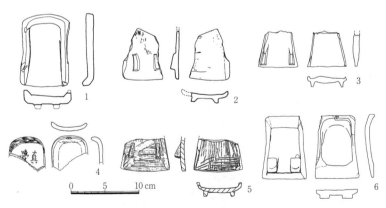

図56 新羅の風字硯

1・2：保寧聖住寺址　3：抱川半月山城　4：新羅王京（隍初等校）　5：新羅王京（皇龍寺東便）　6：利川雪峰山城

第4章　新羅陶硯の変遷と文書行政　　145

まで継承される器形で，後に出現する長方形の硯との関連性を思わせる。

(2) 円形系硯

円形系の硯は基本的に中央に陸を設け，それを囲んで海が形成されており，台脚の形態，陸と海の形態，硯縁の形態などを基準に分類することができる。また，新羅の円面硯には他の土器器種と同様に器面に各種の印花文を施文した

図57 新羅の短脚硯と無脚硯
　［短脚系］1：金海亀山洞遺跡（共伴土器）　2：慶州雁鴨池　3・4：新羅王京（皇龍寺東便）　5：洪城神衿城　6：保寧真竹里窯址
　［高脚系］7：慶州博物館美術館敷地　8：慶州雁鴨池　9：新羅王京（皇吾洞）
　［無脚硯］10：慶州皇南洞建物址

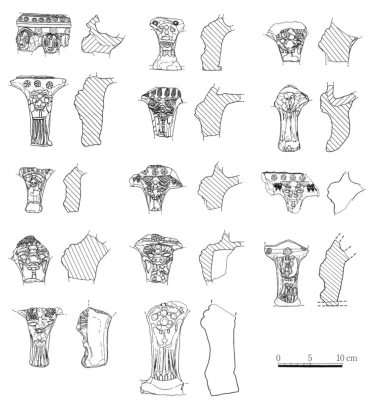

図 58 新羅王京遺跡出土人獣面多足硯

ものや,獣面などを造形したものがあり,副次的な分類基準となる。これらの中でまず考慮すべき明確な分類基準は台脚の形態で,比較的低い高台状の台脚を持つ短脚硯,多くの脚を持つ多足硯,台脚がない無脚硯に大きく分けられる。中国や日本,百済で確認される圏足硯は新羅地域ではまだ確認されていない。上記の中空硯も暫定的に円形系に含めておく。

　短脚硯は新羅地域で比較的多く確認される型式で,新羅独自の形態を持つ器形の一つである。短脚硯は百済や日本にもあるが,新羅のものは百済地域の資料とは異なり蓋を受けるための段が設けられておらず,基本的に無蓋器種であったと思われる。硯縁は台脚より大きく外側に弧を描き,内湾しながら口縁部に至るものが多い。陸の周縁も大きく海の上面に広がるため,海は深く断面が

台形をなす。この海の形態も新羅地域の硯の特徴といえる。また短脚硯には無文のものはほとんどなく，印花文の施文がなくなる時期の個体には台脚部分に波状文を巡らせたものなどがある。台脚は盤の高さとほぼ同じか，それより低いものが一般的であるが（短脚系），台脚が顕著に高い高脚系も一部存在する。短脚系の中には台脚に透孔があるものとないものがある（図57）。

無脚硯は台脚がなく盤部のみの円形硯である。器形が扁平で陸と海の比高差が小さい。一般的に縁の部分にも特別な特徴や文様などはない（図57-10）。

多足硯は百済地域でも多く確認されているが，新羅には水滴形や陽刻蓮弁文の脚はなく，動物の足を写実的に象った獣脚形のものが一般的である。脚数は通常10本以上で，印花文や各種形象文で装飾したものと無文様のものに分けられる。陸と海の形態はおおむね短脚硯と共通する。文様がないものは一般的に脚が短く形態も単純であるのに対し，装飾性が高いものほど脚の文様も複雑で器形自体が大型であるものが多い。多足硯の脚文様には獣脚，擬獣脚，柱状，指頭形，人面・獣面を貼り付けたものなどがあり，獣脚や人面・獣面脚系統の硯（図58）は脚が1本ずつ独立して製作されたもの（独立多足）と脚端部を連結させて環状に作ったもの（輪脚）に分けられる。擬獣脚（図59-1～6）と柱状（図59-7～12）は製作技法の上では類似型として分類することができるが，擬獣脚は相対的に長く，柱状は脚の裏面に深い溝を設けている点が特徴である。

中空硯は大邱旭水洞出土品（図60-7）が現在までに確認されている唯一の例で，硯面にあいた孔と脚上部に設けられた筆挿しが特徴である。中空の用途は，寒季に墨汁の凍結を防ぐため孔から湯を注ぎ墨を磨った，いわゆる温暖硯（保暖硯，耐寒硯）である可能性もあるが[76]，確かではない。中空硯は日本では比較的多く確認されているが，旭水洞の資料のように独立した脚を持つものは未見である。

2　新羅陶硯の系譜と年代

次に，分類した各型式の出現時期などにも関わる系譜問題について検討する。木簡の存在から新羅で7世紀以前に墨書があったことは確実であるが，現

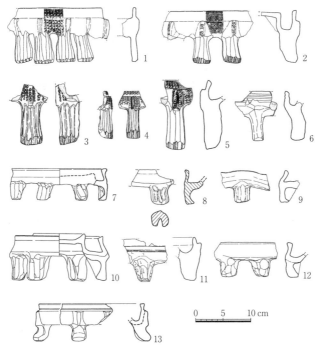

図59 新羅の各種多足硯

1・2：慶州皇吾洞118-6遺跡　3・4：慶州博物館連結通路敷地　5・6：慶州城乾洞342-17遺跡　7・8：慶州皇南洞建物址　9：慶州城東洞386-6遺跡　10：新羅王京（皇龍寺東便）　11：大田月坪洞遺跡　12：新羅王京（北門路）　13：慶州天官寺址

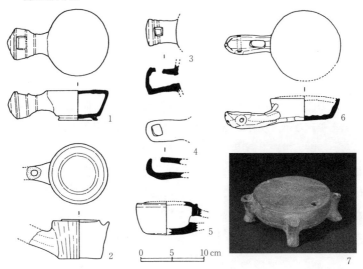

図60 日本と新羅の中空硯

1：長瀬勝負沢遺跡　2：松本4号墳　3：神屋1号窯　4・5：高蔵寺4号窯　6：浦ノ原4号窯　7：大邱旭水洞遺跡

時点で専用器種としての硯の出現を6世紀中葉頃まで遡及させるのは困難である。また，各型式の祖形と推定される資料（年代的に先行する類似資料）を近隣地域，特に中国や百済地域に求めることができる点から，新羅地域内での自生を考える必要はない。以下では系譜と出現年代，存続期間などが比較的明確ないくつかの代表型式について検討する。

(1) 短　脚　硯

円面硯の中の短脚系のもの（以下短脚硯とする。台脚に透孔があるのも含む）は現在まで新羅地域の定形硯の中で最も早い時期に出現した型式といえる。短脚硯は中国や日本では一般的でない形態であるため，前章においてこの型式を百済地域で独自に発達した器形とみた。百済地域での出現を7世紀第2四半期～中葉頃としたが，それに対応する新羅側の資料が金海亀山洞遺跡1号土器窯の灰原2層で出土した透孔がある短脚硯である（沈奉謹・朴廣春1999）。蓋を受けるための段がない点などにおいて百済の一般的な器形とは差があるが，縁の側面が直線的に立ち上がる点などは後代の統一新羅の短脚硯との明確な違いで，百済地域の影響で製作されはじめた類型である可能性がある。年代は共伴出土した短脚高坏などの土器類から7世紀代とみられ，百済地域の資料の年代とも矛盾しない（図57-1）。

以後，短脚硯は統一新羅時代の硯の主要器形として若干の形態変化を経ながら引き続き製作・使用される。現時点の下限を表す資料として保寧真竹里窯址で出土した資料が挙げられる（図57-6）。この硯は雁鴨池出土品など典型的な統一新羅の短脚硯の系譜上にある個体で，器面から印花文などの装飾が消え，台脚に1条の波状文がめぐる。年代は同じ窯で焼かれた他の器種から新羅末高麗初と考えられるが，現在まで高麗時代に属する円面硯は確認されていないため，最後の段階の円形系の硯とみることができる。これらのことから，短脚硯は新羅による韓半島統一直前の7世紀前・中葉から統一新羅の末期まで引き続き製作されていたことが確認できる。雁鴨池や慶州博物館美術館敷地遺跡で出土した高脚硯は，全体的な形態からみて短脚硯が変容した型式といえる。

この他に百済地域の影響を受けて出現したと推測される器形に無脚硯などがある。

(2) 多足硯

　前述のように多足硯は百済地域出土品とは明確な差をみせ，むしろ中国唐代の出土品との類似性を指摘することができる。唐代の中国でも地域的な差があるため，その直接的な関連地域を求める必要があるが，人面・獣面が付いたものや獣脚など新羅地域で多くみられる型式は中国では山東省・山西省・河南省・遼寧省などの北部地方，言い換えると北朝およびその後身である隋唐の本拠地であった地域で多く確認される型式である。百済地域で多く用いられた水滴形や陽刻蓮弁文獣脚を持つ硯が中国南方の四川省・湖南省・広東省・広西省などの地で主に確認されていることとは対照的である。つまり，分裂の時代を経て中国に統一国家（隋唐）が形成された後にも，百済はもともと交流が深かった南朝があった南方地域と引き続きつながりを持ち[77]，新羅は新たに出現した統一国家の中心勢力と主に交流したことを表している[78]。

　人面・獣面および獣脚多足硯が中国で本格的に製作されはじめる年代は明確でないが，総10本以上の脚を持ち，硯面は陸と海の区別が明確である点からみて，新羅地域出土品の直接の源流は隋唐交替期の頃と推測される。新羅では中国製品を比較的忠実に模倣した雁鴨池出土品などが最も古いものに該当すると考え

図61　唐と新羅の獣脚硯
上：中国洛陽，下：慶州雁鴨池

られるため，その上限は7世紀後半を大きく遡らないと推定される。

擬獣脚や柱状脚を持つものは新羅地域内で獣脚硯が簡略化・形骸化した形態とみられる。細部的な相対年代は器面に施文された印花文が参照できる。指頭形の脚は中国では比較的早い時期からみられる器形であるが，脚数や海の形態から，やはり他の器形に先行する型式ではない。

(3) 方 形 硯

方形系の硯は百済時代の扶餘官北里遺跡の出土例から7世紀前半代には韓半島に存在したと推定される。官北里遺跡では風字硯の破片と考えられる資料も出土しているが，硯縁の構造などに新羅地域出土品とは差があり，百済地域からの直接の伝播とみるのは難しい。また，百済地域では円面硯の使用がはるかに高い比重を占めていたため，新羅地域の方形系硯はそれが盛んに使われていた中国に祖形を求めるべきであろう。漢代までの石板硯を除くと方形系の硯は晋代以後，特に北朝での使用例が多く，年代がわかる資料としては長方硯では北斉天保8 (557) 年銘の陶硯[79]，風字硯では東魏の武定7 (549) 年銘陶硯[80]などが知られている。先に触れた馮素弗墓の方形硯は石製であるが5世紀初頭に遡るものである。ただし，これらの器形が最も盛んに用いられた時期は唐代に入ってからで，新羅に直接の影響を与えた方形系の硯は唐代のものと考えられる。唐代硯の流行の傾向として①円面硯→方形系，②陶製→石製という流れがあるが，その背景には優れた硯石材である端渓石の発見があった[81]。端渓硯の出現は初唐の武徳年間 (618～626年) のこととして知られているが，この時期にはまだ陶硯が一般的に使われており，石製品がより優れた素材として普及しはじめる時期は歙州石が発見された盛唐の開元年間 (713～741年) とみられている (北畠・北畠 1980, p.60～62)。

新羅地域で端渓硯や歙州硯が発見された事例はないが，円面硯が多く出土している点や方形系硯に陶製と石製の両者が確認されている点などから，新羅地域の方形系硯の流行も8世紀前半～中葉頃を上限とみて差し支えないと思われる。韓半島において年代の定点となる方形系の硯として，利川雪峰山城で出土したいわゆる「咸通」銘が刻まれた石硯があるが (孫寶基他 1999a, 李姫善 2002)，この唐の咸通6・7 (865・866) 年を硯の使用年代と考えると，9世紀後

図62　利川雪峰山城出土「咸通」銘石硯

半には方形系石硯の使用が地方まで浸透していたことがわかる。この方形系硯は以後高麗・朝鮮時代を経て現在に至るまで使われている。

3　新羅陶硯の使用階層

　では，新羅において当時硯を使用していたのはどのような人々であったのか。他地域の場合と同様に，新羅で文字を使う必要があった階層としては，文書行政の中核であった官人層をはじめとする支配階層，宗教活動に従事した僧侶，経済活動に従事した商人など多様であったと考えられる。このことについては出土遺跡や遺構の種類などに対する綿密な検討を通じてある程度明らかにすることができると考えられる。ここでは硯の形態や装飾性，大きさなどに使用者の差が反映されていたという仮定のもとに，それぞれの使用階層を想定してみたい。

　まず最も装飾性が高く大型に属する人・獣面が施された獣脚多足硯は，出土地がほぼ慶州に限られており，なかでも雁鴨池や王京遺跡など貴族または高級官人階層に関連する遺跡での出土が目立つ。唐の型式を忠実に模倣していることからも，その使用階層が貴族層など当時の政治・文化の中心にあった人々であったことが想起される。

次に上の型式より装飾性が低く，比較的普遍的に出土する人面・獣面や擬獣脚多足硯，短脚硯などであるが，王都内の出土場所や器面に新羅特有の印花文が施文されているなどの特徴を考慮すると，比較的幅広い官位所持者らによって使用されていたことが想像される。地方の拠点的地域でもしばしば確認される器形で，地方官人による使用も想定できる。統一新羅後期の装飾性を喪失した短脚硯などが地方で確認される場合もあり，階層的・地域的に最も普遍化した器形といえるであろう。

　器面に印花文などの装飾がなく，比較的小型に属する柱状・指頭形多足硯は，主に寺院址や地方の山城などで出土する事例が多い。これは僧侶など宗教活動に従事した人々や地方の治所で活動した官人層または軍事行政的な性格の階層が硯の装飾性を重視しなかった事情と関連するとみられる。

　一般的に小型製品が多い方形系硯は特定時期からはほぼすべての階層が用いたと考えられる型式であるが，その定着過程をみると，まず官人層の携帯用品として採用された状況を想定することができる。中国では『旧唐書』や『資治通鑑』などに官人の帯金具に下げた算袋や魚袋，照袋には硯をはじめとする文房具類を入れて佩用していたことが記録されており，そのような場合は円形系より携帯しやすい方形小型の硯であったと考えられる。実際に新羅地域で腰帯具と硯が共伴出土した例はないが，このような記録は官人の持ち物として携帯用の方形硯が使われていたことをうかがわせる。

　どの階層まで硯を使用していたかという問題については，王京遺跡隍城初等学校講堂敷地（黄尚周他2002）で出土した新羅の最高階層を表した「真骨」銘硯や地方の山城，寺院などで出土する資料が参考になる。また方形系硯には紀年や人名が彫られたものもあり，これらが個人の所有物として認識されていたことがわかる。このような階層別の使用型式は，必ずしも固定的であったとはいえないが，出土遺跡や硯自体の位相に対する分析を通じてある程度の傾向性が提示できると思われる。

　三国統一後から本格化する新羅の硯は，出土量に比べて器形の型式差が大きく，現時点では確固たる形態分類と各型式の変遷相を描写するには時期尚早の感がある。ただし，統一新羅時代を通じてみられる①円形系→方形系という形態上の変化と，②土製→石製という材質上の変化は，汎東アジア的な硯の変化

相の中でも整合的に適用できる部分である。個別型式の系譜と変遷については，百済など同じ韓半島内の政体の影響で導入されたもの，中国の影響を受けたもの，それらの影響を受けつつ新羅内部で変遷したものなど多様であったと考えられるが，変化の大勢は上記の枠組みから外れないとみられる。この変化は，器形自体の小型化と併せ，大量生産化への移行としてまとめられる現象でもある。

　定形硯はその出現背景や装飾性からみて，まず支配階層である貴族や高位官人らによって使われはじめ，次第に中・下位階層へと普及したと考えられる。その効率的な普及のための変化が形態と製作工程の単純化および小型化現象である。唐の事例でも確認されるが，新羅でも官人は自身の名を刻んだ硯を携帯していたと推測される。山城などで出土する小型硯の存在がその裏付けとなる。このような状況は，口頭による意思伝達の段階とは異なり，この時期にすべての行政業務を文書で処理する文書行政システムが定着していたことに関連するのであろう。

　これまでみてきたように，官制・地方統治体制などが整備され被支配階層および被支配地域が拡大した当該期に，それらに対する指示・命令などの意思伝達が文字によって行われていたことは自明である。また，各種硯の普遍化から想像できる文字による対内・対外政策も，中国の政治制度をモデルに成立したものであることは疑いない。

　中国歴代王朝が採用した律令の根幹は整備された官制であり，その官制は文書による統治に基礎を置いていた。中国では統治権を総括した皇帝の意志は「王言」として文書化され伝えられたが，皇帝自ら詔書を起案・起草する時もあった（中村1997，p.306～307）。それらを下位階層まで伝える時に活用されたのが文書による伝達網で，その官文書にあたるものが簡牘であったならば，文書作成時に硯・筆・墨などの文房具は必須であり，その増加は文書行政システムの整備を表す物証となる。さらにこの時期の整備された官制の存在は，官位名が記された実際の木簡の出土でも裏付けられており，木簡の内容と考古資料を総合する作業も重要な研究テーマとなる。

補論　文房具からみた文書行政の展開

　ここまで当該時期の社会を表す器物として硯の展開について詳述したが，硯は本来単独で使用される道具ではない。その出現の背景には文字の普及があり，「書写」に際して必ず硯とセットで使用される道具があるため，本来それらの諸用具を合わせた総体としての文房具の検討が望ましい。これらの道具はそれぞれが単独でも検討対象となり得るものであるが，材質的に十分に考古学的研究として成立し得ないものもあるため，本書ではまとめてその意義や観点，前提，方法などについて初歩的・試論的な言及をするにとどめる。

　当該期を含め，文字使用が本格化する頃の遺跡から出土する各種遺物の中には，文房具に関連する資料も稀に確認される。古代の文房具は，考古学的な研究対象としては若干特殊な部類に属するといえる。その特殊性の一つとして，出土遺跡や遺構，そして時期が非常に限定的であるという点が挙げられるが，これはすなわち機能・用途が特殊であったということを示している。古代の文房具は狩猟採集具や農工具，調理・保管・運搬具などのように実生活で用いられる頻度が高いものではない。一方で，儀器や装飾品などのような非実用的な道具でもない。つまり，文房具は生活必需品ではなく，人間が社会の中である特定の活動をする際に備わっているべき道具であるといえる。文房具は決して人間の個人的な行動や行為のために使われたものではなく，社会がある段階に達した時に，複雑な社会構造の中で集団間・個人間の活動や意思伝達，思想普及を円滑に遂行する過程で発達した可能性が最も高い。文房具を対象とした考古学的研究では，この部分に最も注目すべきである。

　このように，「文房具」は特定の一つの道具を指すのではなく，ある目的のために相互補完的に使われる道具の集合体である。古代においては基本的な目的は自明であり，それは書写にほぼ限られ，それを達成するために多様な道具が必要であった。そしてその諸道具は単一の素材のみで製作されておらず，多種多様な素材で多様な形態に作られる。その意味で文房具研究は機能・用途論的視点が先行すべき土器研究・石器研究・鉄器研究などとは概念が異なり，馬

具研究・武器研究・瓦研究などの概念に近く,用途論よりも,その出現や展開が示す社会・文化変化の背景を検討するのに適した対象といえる。言い換えると,大部分の考古資料が用途・機能を正確に把握するまでに労力が注がれることが多い反面,文房具はそのような過程をほぼ省略し,その使用背景にスムーズに取り組むことができる資料の一つであるといえよう。

1　古代文房具の用途と系譜

　このように,古代文房具の基本的な用途は「書写」である[82]。文房具に似た用途で使われたものに,この時期にはすでに描写のための画具,化粧のための化粧道具などがあったと思われるが,これらは書写とは異なる道具組成となるため,区別しておく必要がある[83]。このような各種文房具類は古代の社会で主にどんな場面で使われたのであろうか。繰り返しになるが,人間の歴史にあって文字の発明は日常生活における需要によるものではなく,政治・経済・宗教的活動の必要によるものであった。つまり,複合社会へと移行した人間の社会において,個人の行動や思想に規範を設け社会構成員を統率する目的で文字使用が始まった可能性が高く,それにより文房具も発達したと考えられる。それを初めて使った主体は当然ながら一般民衆ではなく支配階層である。

　このような観点からみると,古代文房具の性格は多様化した集団の行為・行動の規制を容易にするための道具,すなわち何らかの業務用具としての側面を強く備えているといえる。韓半島をはじめとする東アジア各地域での文房具使用の開始と展開は,東アジアにおける文字使用の特徴と文字叙述方式を把握することによって自ずと明らかになるであろう。

　東アジアで最も古く文字が発生し,それを記録するための文房具が発達したのは古代中国であり,周辺地域でもその影響を受けて文字と文房具の使用が始まった。いわゆる「漢字文化圏」に含まれる現在の中国・韓半島・日本・ベトナムなどの地域には本来固有の文字がなく,長い間中国で発明された漢字をそのまま利用していた。文字使用の初期には土器や甲骨,石材や金属などに刻みつけたり鋳出したりする方法がとられていたが,やがて東アジア独自の書法が生まれた。それが墨を利用した墨書である。共通して墨書で漢字を記録した漢

字文化圏の各地域では，それを行うための道具，すなわち文房具も類似の形態が現れたであろう。

また，漢字の伝播は単なる文字文化の伝播に終わるものではない。文字は本来情報・意思伝達媒体としての性格が強いものであるため，文字を媒介に中国の文化，法律・制度，思想・宗教などが各地に広がった。律令などの法制度，儒教・仏教などの宗教，礼制などの祭祀・儀礼制度など共通の文化が東アジアで形成された背景に，同じ文字の共有が果たした役割は大きい。このように同じ文字の使用，同じ文章記録方式の採用，同一形態を持つ道具の使用，ひいては類似の文化圏の形成などからみて，古代東アジア各地通有の文房具の系譜が，中国で形成された文字文化の流れと連動していたことは疑いない。

2　各種文房具の特性

「文房四宝（友）」という言葉は，墨書に必須の紙（書写材料）・筆・墨・硯の4種の文房具を指す。これらはそれぞれ墨書という体系を構成する必要条件であるため，どれか一つでも存在が確認されれば墨書行為があったことを表す間接的な証左となり得る。この4種はそれぞれ遺跡から出土する頻度に大きな差があるが，それが材質の遺存性と深く関係していることは容易に想像できる。有機質の道具は使用期間が比較的短い消耗品として使用されたため，その残存率も低い。石製・土製の硯以外の三つの文房具は出土量が少ないが，実際には消耗品であったため，硯よりはるかに多くの数が存在したであろうことは想像できる。文房四宝の他にも，硯滴や刀子，印章など文房具に類する考古資料が出土しており，やはり周辺資料と総合することで墨書や文書行政の実状を解明する端緒とすべきであろう。

(1) 書写材料

書写材料は文字が記される対象となった媒体を指す。文房四宝では紙のみを指すようであるが，文字が記録される媒体は紙だけではない。古代社会で最も多く使われる代表的な書写材料は紙と簡牘（木簡と竹簡）であるが，実際には紙や木片のみに文字が書かれたわけではない。中国の初期文字文化では骨に刻

んだ甲骨文や，石に刻んだ石文，金属器に鋳出した金文などいわゆる金石文が流行しており，布に書かれた文字もある。また韓半島や日本でも土器に文字を書いたり線刻した墨書土器や刻書土器などもあり，これらも書写材料の範疇に入れることができる。しかしこれらは儀礼・占いや記念碑的なものとして作られた物品に文字を記したもので，それ自体が「文書」としての性格を持っていたり社会活動に利用されたものではないため，文房具ではない。政治活動・経済活動・宗教活動などに用いられた多量の文書作成に使われた道具を文房具と呼ぶならば，やはり竹簡・木簡や紙を文房具としての書写材料とするのが妥当である。

紙が普及する前には一般的に入手・加工が容易な簡牘が利用されたが，中国では簡牘が書籍・帳簿・行政命令文書（檄）・付札（楬）・名刺（謁）・身分証（伝）・証明書（符）など文書の用途により多様な形態と大きさで作られた。現在までに韓半島・日本列島で確認されていない中国簡牘の特徴は竹簡の存在と編綴簡の利用である。編綴簡は複数の簡牘を並べて紐で綴ってつなげた形態のもので（図63），多くの文字を記録する必要がある書籍や帳簿作成などに利用された。中国に竹簡が多い理由は，その南部で竹が多く育つ気候であるという点と，それが編綴簡に適した素材であったという点が指摘できる。韓半島と日本で編綴簡が出土しない理由は，多くの内容を記録しなければならない複雑な社会構造（政治・経済・思想システム）が整う頃には，すでに紙が普及したためではないか。

書写材料としての簡牘の出現は中国で文書行政システムが整いはじめた春秋戦国時代である可能性が高く，法家の活動により広い地域を統治するようになった秦代以降に爆発的に増える。睡虎地・龍崗秦簡，里耶秦簡，敦煌漢簡，居延漢簡，張家山漢簡などのよう

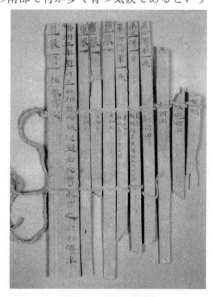

図63　中国の編綴簡

に統一国家を統治・管理するための法律・軍事関係の内容を記録した秦漢代簡牘がその代表である（図64）。

木製品である簡牘は現代まで残存する例が少ない遺物であるため，韓半島で現在までに報告されている資料をもとにその出現年代や当時の普及水準を推し量るのは困難である。これまでの調査例からは，百済と新羅の両地域で6世紀中葉には木簡使用が定着していたことがわかっている（朴仲煥2002a・2002b）。当時の都であった扶餘・慶州などからの出土品が注目されるが，咸安城山山城や羅州伏岩里遺跡などのように，地方の拠点的遺跡から出土する木簡により当時の地方統治の様子がうかがえる資料は貴重である。

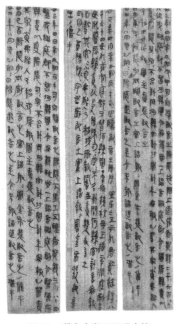

図64　湖南省湘西里耶秦簡

一方，簡牘に比べて軽く，小さくまとめることができる紙は，その製作技術が各地に伝わって簡牘の代わりに徐々に書写材料としての位置を占めるようになったとみられる。しかし古代の遺跡で書写材料としての紙そのものの発見例は少ない。文献によると中国で初めて作られた紙は後漢の蔡倫が発明したいわゆる蔡侯紙であるとされる[84]。しかし元興元（西暦105）年のこととして記録されるこの紙の発明記事は，前漢代のロプノール紙，灞橋紙，金関紙，馬圏湾紙，放馬灘紙，懸泉置紙など，蔡侯紙より時期が遡る紙の出土により再解釈が必要となっている。これらの初期紙資料は文字が書かれていないものが大部分で，実際には書写材料というよりは，特定の品物を包む包装紙として使われた可能性が指摘されている（冨谷2003，p.11〜14）。紙を本格的に書写材料として使いはじめたのはやはり後漢代以降で，そのきっかけとなった人物が蔡倫であったと考えるのがよいかもしれない。ただし，紙の普及によって簡牘の使用が激減ないし停止したわけではなく，用途により簡牘と紙が併用された時期が長かったと思われる。

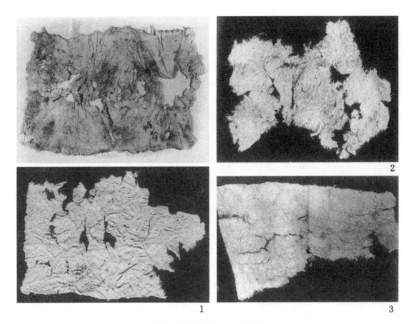

図 65 蔡倫以前の包装用紙
1：懸泉置紙　2：金関紙　3：馬圏湾紙

　紙の素材は，書写材料以前の包装紙の段階には大麻・苧麻・絹などの植物繊維で，布とさほど差がなかった（図 65）。蔡倫が木の皮，布などを利用して製作した紙は，滑らかな表面を持つ書写に適した紙だったのであろう。唐代には竹や藁を利用した紙が流行する。典型的な文房具の組み合わせが周辺地域へと普及した時期および脈絡を考えると，この唐代の紙の動向に注目する必要があろう。

　韓半島の古代の遺跡から確実な書写材料としての紙が出土した例はない。聖武天皇の遺品を中心に当時（8 世紀代）の優れた工芸品が保存された東大寺正倉院には，新羅から日本に渡った文物を包装する目的で，不要となった新羅の行政文書が使用された事例があり，貴重な研究対象となっている。いわゆる正倉院新羅文書である。このような廃文書のリサイクル包装紙の存在から，少なくとも 8 世紀前半頃には紙の使用，特に行政的な書写材料としての紙利用が新羅で一般化していたことがわかる。新羅における木簡との交替や使い分けに関

連して重要な情報である。

一方で，咸安城山山城では木簡とともに題籤軸が一定数発見されている（国立昌原文化財研究所2004）。題籤軸は紙を巻いて巻子本を作る際にその軸となる木製品で，書写材料としての紙の存在を間接的に示す資料である（図66）。城山山城出土品が確実に題籤軸であるとすると，6世紀代には既に木簡とともに紙も文書行政の書写材料として使用されていたことの証左となる。木簡と紙が併用されていたならば，木簡に記録された内容とは異なる文書を記録するために紙が使われていたはずであり，その内容についても検討される必要があろう。

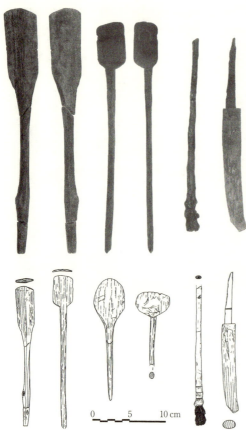

図66 咸安城山山城出土題籤軸・筆・刀子

書写材料が木簡から紙へ本格的に移行した時期は正確にはわからないが，中国では紙の本格的な使用開始とほぼ同じ時期に硯が増加する現象が指摘できるため，韓半島でもいわゆる定形硯の出現を一つの画期として設定できる。書写材料としての紙と硯の普及に密接な関係があると考え，百済および新羅でも定形硯が出現・普及したと推定される7世紀初頭〜前半頃に紙を使用する比率が増えはじめたと推定しておく。同時に，統一新羅時代に入り木簡の出土比率が低くなる点は注目するべきである。このような面からも，木簡と硯，ひいては文房具全体に対する研究は並行して行われる必要がある。

(2) 毛　筆

　筆も遺跡から出土する事例は極めて稀である。墨汁をつけ文字を書く筆毛，柄にあたる筆管ともに有機物で製作されたものが一般的であるためである。中国の記録によると，魏晋南北朝時代に皇帝をはじめとする上流階級では，各種宝石を彫刻して飾った筆管にウサギの毛や嬰児の胎髪を筆毛として利用したという[85]。この他にもシカの毛，タヌキの毛などを利用した筆もあったが，これらはそれぞれ毛の性質が異なるため，種類によって用途が違ったと思われる。

　日本では奈良県竜田御坊山3号墳出土品のように筆管をガラスで製作したものもある（奈良県立橿原考古学研究所1977）。東大寺正倉院には17点の筆が伝わっている。筆管はすべて竹製で，金や象牙などで派手に装飾されたものや，筆毛に羊毛を利用した珍しいものがある。今後遺跡から筆が出土したならば，筆管の材質と筆毛の素材の分析が，筆の系統を解明する上で重要な要素となるであろう。

　韓半島では筆管の両端に筆毛を付けた昌原茶戸里1号墳出土品（李健茂他1989）が最も早い時期（紀元前1世紀頃）の筆にあたる。報告者は筆の形態的特徴を根拠に文字筆記用の筆とみている（李健茂1992）。共伴出土した素環頭刀子も注目される遺物である（図67）。刀子は簡牘に文字を記録する際に，文字が書かれた部分を削って消し，再利用するための文房具として使用されたものであり，この刀子と中国製品との形態的特徴の比較からも，共伴した筆を文字筆記用とみる見方がある（武末2005）。一方で，現在までに確認されている韓国の実際の墨書資料は6世紀代以前まで遡

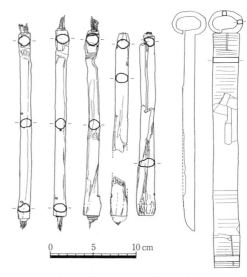

図67　昌原茶戸里1号墳出土の筆と刀子

るものがないため，この筆を文字記録用の筆記具とすることに慎重な立場から，これを漆塗用・絵画用・化粧用などとする見方についても，引き続き検証が必要である。仮に茶戸里1号墳の被葬者が文字を使用していたとしても，それを当時の地域社会において文字使用が浸透していた根拠とするのは難しい。出土したその他の遺物の性格から，特定の階層ないし人物による一時的・独占的使用であったとするのが妥当であろう。

　三国時代の筆の実物資料としては，先にみた咸安城山山城出土品がある（国立昌原文化財研究所2004）。これは木簡や刀子などとともに出土している点において墨書に使用されたことが確実な資料といえる（図66）。

　簡牘や硯などの他の文房具が確認されれば，筆自体が発見されなくても墨書の存在は確実であるため，必ずしも筆の確認が文字使用の存在可否を判断するための必須条件ではない。筆の出土が持つ意味は，どの地域，どの施設で文書の作成が行われたかを明らかにすることができるという点にある。一般的に行政文書として書かれた木簡など簡牘資料の場合，その文書を作成した地域（情報・命令の発信地）とその文書が伝えられた地域（情報・命令の受信地）が異なるため，文書の種類と出土脈絡などを考慮し，様々な可能性を念頭に置きながら内容を解釈する必要がある。一方，墳墓から出土した場合を除き，筆が確認された場所はそこで文字を書いていた可能性が高い。行政情報の伝達網の中で，どの地域（特に地方の拠点）で文書が作成されたのかが筆の出土で確認されたとすれば，当時の地方統治システムの構造を明らかにする一つの観点として利用することもできる。さらに，出土品に対する分析を通じて筆毛の形態・種類・大きさなどが明らかになり，木簡に記された文字の太さや書体の特徴などとの対応関係に光をあてる研究が可能になれば，木簡の内容とともに文書授受の具体像を復元する資料になり得るかもしれない。

　その他に筆に関連する要素として，筆を挿しておく筆挿しを持った硯の存在が挙げられる。中国では唐代の硯資料に筆挿しがあるものがみられ，韓半島では先にみた扶餘官北里遺跡出土品，慶北大学校博物館所蔵品などに筆挿し付の硯があり，時期的にも中国資料と対応するものである。この時期の筆が筆管の両端に筆毛を持つものでなくなっていたことを表すとともに，筆管の太さを復元する糸口ともなる要素である。

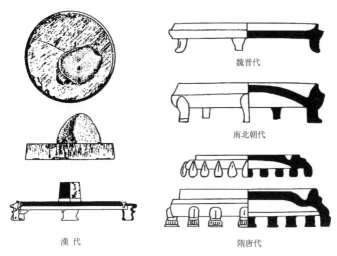

　　　　　図68　中国陶硯の形態変化

（3）　墨

　古代の墨も現代のものと同様に油煙で採取した煤煙と膠を混ぜて作ったことが記録されている[86]。墨の製法は中国の技術書である『天工開物』にもみられる（宋応星／管巧霊・譚属春註釈2002）。中国で墨の原料として木炭や石炭などを用いたり，球形の墨（墨丸）を利用していた漢代以前の段階には，硯にも磨石にあたる石製品が付属していたが（図68），三国・晋代以後にはそれがなくなる。南北朝時代には硯の陸にあたる部分が少しずつ盛り上がる様相がみられ，隋唐代には陸と海に明確な稜による境界ができるが（図68），これは手に持って磨ることができる完全な固形墨を使いはじめた状況に関連するように思われる。韓半島三国時代や日本の古代の硯に磨石にあたるものが確認されないのは，当初から固形化された墨が導入されたためであろう。

　墨はその材質上，遺跡から出土する確率が極めて低い消耗品であるため，上の推定を立証するための十分な資料はまだ蓄積されていない。ただし，日本では胞衣壺と推定される土器から筆・刀子などとともに墨が出土する場合がある。土器に埋納されることによって土と遮断され，長期間残ることになったのであろう。胞衣壺は生まれた子の長寿を願って胎盤などを容器に入れて土に埋

補論　文房具からみた文書行政の展開　　165

める風習で、男子の場合官僚としての出世を象徴する文房具類を一緒に埋納した（北野2005, p.117~121）。日本古代の墨は正倉院伝世品を含め、大部分が船形墨で、8世紀代属するものが多い（図69）。

韓半島の遺跡で出土した墨の事例としては清州明岩洞遺跡1号墓で発見された「丹山烏玉」銘墨（図69-1）と扶餘陵山里25号墳（高麗墓）で発見されたものが知られている。「丹山烏（玉）」の銘文は『東国輿地勝覧』丹陽郡土産条にみられる「墨最良号為丹山烏玉」の記事と一致

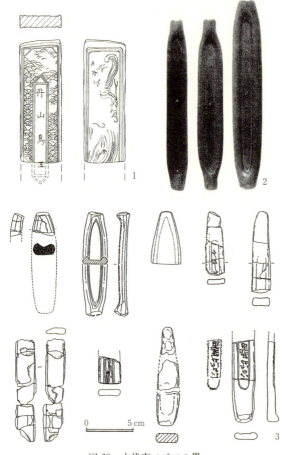

図69　古代東アジアの墨
1：清州明岩洞1号墓　2：東大寺正倉院　3：日本各地の墨

する資料である。墨生産が特定の地域内で専業化されており、その中でも品質に差があったことを物語っている。ただし、これらはすべて高麗時代にあたる資料で、確実な三国・統一新羅時代の遺跡ではまだ確認されていない。

東大寺正倉院に伝わる16点の墨の中には唐と新羅の墨がある（図69-2）。新羅の墨はそれぞれ「新羅武家上墨」、「新羅楊家上墨」の銘がある船形墨である。これらがいつ新羅から日本に渡ったのか、その詳細な時期を知るのは難しいが、一緒に所蔵されている同形の「開元四年（716）」銘唐墨の存在から、新

羅の墨も8世紀前半代から大きく外れない時期の製品とみられる。

　既出のように，日本へ墨や紙の製法を伝えた人物は高句麗僧の曇徴であるとされている。その時期は『日本書紀』によると推古天皇17（609）年である。このことから，7世紀前半には百済や新羅を含む韓半島全体で墨や紙を作る技術が発達していたとみてよいと思われる。実物資料の出土に大きく期待できない限り，墨使用の開始は基本的に墨書資料の年代によるほかない。ただし，それがどのような種類の墨であったのかという問題は，実際の資料や硯の形態に関する分析を通じて行われる必要がある。

（4）硯

　文房具のうち，遺跡からの出土率が最も高いのが前章までで詳論した硯である。硯は他の文房具とは異なり基本的に消耗品でなく半永久的に使用できる道具として生産され，その形態や材質に様々な意味が与えられてきた。唐代中国で端渓硯や歙州硯などに代表される硯製作に適した石材が発見されたことで，韓半島・日本を含む東アジア各地でも石製硯が流行するようになるが，それ以前までは主に陶硯が使用された。韓半島でも三国時代までは主に土製円面硯が使われ，統一新羅時代以降徐々に石製風字硯，長方硯へと移行する。この流れは日本の硯の変遷とも一致する。

　前述のように，一般的に硯は墨を磨るための陸と墨汁が溜まる海が分離しているが，中国漢代の板硯や南北朝代以前の硯はその区別がなく，平坦な硯面を持つ。これは墨の性質，磨石の存在有無に関連すると思われる要素である（図68）。

　硯の一次的な用途は当然ながら墨を磨って墨汁を作る行為である。加えて，従来はあまり注目されてこなかったが，硯の種類によっては作った墨汁をしばらく保管しておく容器としての役割も重要な機能であった。硯のうち蓋が付く有蓋器種は，乾いて固まりやすい墨汁を保管するためのものでもある。新羅硯で特徴的にみられる海が深く陸と縁の海の上に突出した形態の資料も，墨汁がすぐに乾燥しないよう工夫した形態であろう（図70）。

　硯は多様な形態があるため，遺跡から破片で出土した際には器種を推定するのが難しく，用途不明の土器として紹介されるものも多い。硯として使用され

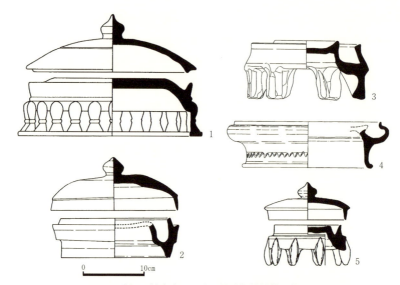

図70　中国・韓半島・日本の墨汁保管機能を持つ硯
1：陝西省長楽公主墓（中国）　2：扶餘亭岩里窯址（百済）　3：王京遺跡（新羅）　4：保寧真竹里窯址（統一新羅）　5：奈良県竜田御坊山3号墳（日本）

たことを判断する根拠として，墨の痕跡が残るもの，陸にあたる部分に研磨痕がみとめられるものなどが挙げられる。このうち，墨の痕跡は長い年月土中に埋もれていることで完全に消えてしまうことがあるが，陸は墨を研磨することによって相当滑らかになっているため，転用硯の判断なども容易である。中国では，副葬用の明器として製作された模造品の硯の中にも，実際に墨を磨った痕跡がある資料があり，墨を磨る行為が儀礼的に行われていた可能性もある。一方で，硯は実際に使用する前，すなわち製作時にあらかじめ研磨しておき，墨を磨るのに適当な状態にしておいた可能性も指摘されている（乾1996）。

　硯の最も重要な部位は墨を磨る陸の部分であるため，これを保護するために陶硯を焼成する際には上下を逆さにして焼く場合が多い。陸の上に灰などが落ちて，自然釉が発生するのを防ぐためである。中国の陶磁硯でも，釉薬がかかると墨を磨ることができないため，陸の部分だけは釉薬をかけていない。

　硯の存在は筆，墨など他の文房具類とともに墨書の存在を確実に物語る物証である。留意しなければならないのは，硯には当初から硯の機能（墨を磨ったり墨汁を保管すること）を担うために製作された定形硯と，土器・瓦片など他

の器物などを硯として代用したいわゆる転用硯があるという点である。定形硯は特殊な形状であるため，残りがいいものは判別は難しくないが，転用硯の場合は，それが硯として使われたか否かを判断するのは難しいことも多い。転用硯という概念自体を念頭に置いておかなければ，単なる土器片・瓦片として処理される可能性が大きい。日本では蓋坏の蓋を用い，その内面で墨を磨ったいわゆる杯蓋硯も多く発見される。韓国では，咸安の城山山城などのように，木簡や筆，刀子など墨書に関連する文房具遺物がセットで確認されているにもかかわらず，硯の出土が報告されていない場合がある。墨書による文書作成が確実であるのに硯が存在しないということは，その時期にまだ専用器種としての定形硯が定着していないことを物語っているようである。このような遺跡では，今後の調査で定形硯が確認される可能性はあるが，転用硯の存在を念頭に置き，意識的にそれを探す努力が必要である。

転用硯を判別する直接的な方法はやはり先にみたような墨汁の痕跡と研磨痕の観察であるが，併せて，何より王宮・官庁・寺院・山城など硯を必要とした施設に関する知識と，調査遺構の性格を把握することが，転用硯発見のために最も必要なことであろう。

日本の多賀城政庁址では定形硯85点，転用硯200点が出土しており，大宰府政庁址でも定形硯約30点と転用硯174点が確認されている。この比率を考慮に入れると，古代社会で使用されていた硯は定形硯よりむしろ転用硯が多かったといえる。

(5) その他

文字の記録に関連する文房具としては，上にみたいわゆる文房四宝の他に，刀子・硯滴・印章などが挙げられる。これらは墨書をはじめとする文字文化の発達に伴って付随的に現れたと考えられるもので，墨書の直接的な必需品ではないため，文字使用の開始や普及状況の画期を示す資料とはいえない。また，墨書ないし文字使用と関連がない場面でも使われ得るものであるため，これらが単独で発見されたとしても，それを文房具として判断するには慎重を期するべきである。硯滴は墨を磨る際に注ぐ水を入れた小型の容器で，その形態には定形性がないため，用途の判別は容易ではない。後代に陶磁器製の硯滴が多く

製作されるようになってから美術品としても愛好されたが、古代においては他の容器で代用される場合が多かったと思われる。統一新羅時代末期、いわゆる羅末麗初土器に多くみえる襞文様のある小瓶が硯滴であった可能性も指摘されるが、遺跡から出土する数は硯よりはるかに多く、文房具としての必需性の面からも、これを硯滴とするのは難しい。

　刀子は多様な用途に使用できる道具であるため、単独で発見される場合には出土状況によって用途を推定する他ない。刀子が筆や硯、簡牘など他の文房具類とともに出土した場合には、刀子も文房具として使用された可能性が高いと考えられる。前述のように、木簡・竹簡などの簡牘が紙に比べて便利なのは、間違って記録した文字や不必要になったものは、文字が書かれた部分を削って消し、再び書くことができるという点である。その消しゴムにあたるものが切削道具である刀子である。従って、刀子は木簡で文書を作成するようになった人物・階層にとっては必須の携帯品であった。実際に木簡の不要な文章を削った際の削り屑が木簡とともに出土している。刀子本体は鉄製のものが一般的で、柄にあたる部分は鹿角を用いたり、東大寺正倉院に伝わるもののように犀の角に装飾を加えた壮麗なものもあるが、通常は木製であるため、遺跡からは鉄製の刀子の身の部分だけが出土する場合が多い。刀子は墳墓の副葬品として出土する場合も多いが、単なる副葬品というよりは、被葬者が佩用していたものとしての解釈も必要であろう（第3部図81）。

　古代の印章は必ずしも文房具であったとはいえない。中国を中心とする冊封体制の中で、皇帝は諸侯・臣下・周辺勢力の王たちにそれぞれの身分を表す印綬を下賜し、その地位を認めて該当地域の統治を許可・依託した。すなわち、周辺地域にあって、印章はそれを所持する人物の地位を高めたり身分を証明する象徴物としての役割を果たした。ただし、本来中国では、文書を作成・伝達する際に印章を用いることにより、文書の授受を確実に遂行して内容を証明するなど重要な機能を担っていた。伝達文の封泥などに利用された印章は一種の文房具といってもいいであろう。

　韓国高敞の五湖里遺跡にある百済古墳で「□義将軍之印」と判読できる印章が出土した（安ヒョソン2009）。これがどのような用途で使用されたのかはわからないが、本来は文書行政に用いられた文房具的な役割の道具であった可能

性もあろう。

3 古代文房具の使用場所と階層

　文書作成に関連する文房具類の生産開始および普及は，文字使用の拡大と深く関連する。初期の文房具の分布が都城に集中しているのは，文字を使う必要があった政治的・経済的・宗教的活動に従事していた人物ないし集団が都市部に集住していたためであるといえる。地方でも拠点的な地域や軍事的要衝地などで文房具が発見されるが，これは中央への行政的意思伝達を文書で行ったためであろう。

　中国湖北省雲夢睡虎地秦墓で出土した竹簡（いわゆる睡虎地秦律）には秦の法令が記録されているが，その内史雑律部分には「有事請殹必以書毋口請毋羈請」，すなわち「報告する事項は必ず文書で行い，口頭，伝言は禁じる」という内容がみられる。文書行政の徹底した施行ということができよう。文字文化が早くから発達した中国では，戦国時代・秦代に法治主義が台頭して文書の作成が本格化しており，この時に各種文房具も発展した。時期は下るが，同じ脈絡から韓半島や日本でも文房具類の本格的な製作・使用時期を文書行政本格化の時期とみなすことができるであろう。

　経済活動で文房具が使用される状況を考えると，まず中央勢力による租税の徴収に関連する業務が挙げられる。この場合，経済活動といっても実際には財源獲得という国家財政の一環としての経済的側面である。付札木簡の内容とともに，文房具類の分布を確認することにより，国家が運営した物資の集積・流通状況を明らかにすることも可能であろう。一方，経済活動には国家が介在しない一般的な商品経済活動もある。体系的な商品経済社会以降には，商人らが帳簿を記録する必要により文房具を使ったと思われる。この場合も物資が集積される首都や地方都市，なかでも市場などで使われたことが想像できる。

　もう一つの特殊な事例として，文房具が宗教活動にも使われたことを想定することができる。古代東アジアは仏教文化が隆盛した地域である。東アジアの仏教は一般庶民の精神的・思想的需要により各地域に導入され普及したというより，その初期段階には各国の中央勢力の意図が介在していた場合が多い。い

わゆる国家仏教・護国仏教の側面である。すなわち，社会構成員を統治するための共通した思想的基盤を形成させる目的で宗教が利用された。このような目的の仏教の普及に寄与したのが経典の流通であり，それを可能にしたのが国家が運営する寺院・官庁などで行われた写経活動である。しかも写経所では経典だけでなく行政文書，経済活動に関連する帳簿なども記録されていた。正倉院に伝わるいわゆる正倉院文書の主体をなすのが写経所で記録された写経所文書で，その中には文房具の出納に関する内容も含まれている（北野2005）。公用で使用する文房具の製作・保管・供給を官庁で管理するように法で規定している点[87]は，文房具使用の実態を把握する上で重要な端緒となるであろう。

「刀筆之吏」「刀筆史」という言葉は本来文書を作成する記録官を指す語であ

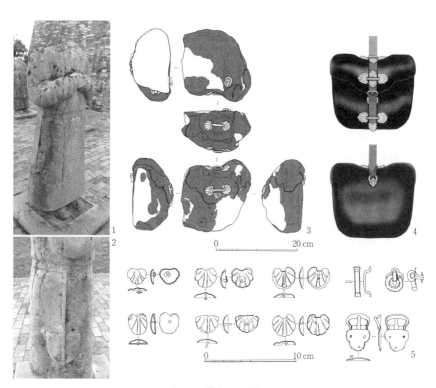

図71　帯金具と腰佩

1：西安乾陵の六十一蕃臣像　2：蕃臣像の帯金具と鞶嚢　3：奈良県三ッ塚古墳群木櫃改葬墓出土鞶嚢　4：鞶嚢復元図　5：鞶嚢付属金具

るが，官人全体を表すこともある。「刀筆」は刀子と筆を意味し，筆で文書を作成し刀子で簡牘を作ったり文字を消したりした文房具使用の代表階層が官人階層だったことを示している。政治活動・経済活動・宗教活動など多様な活動を含め官人階層が国家の施策に幅広く動いていた時代状況を反映する言葉といえよう。

　古代の官人は腰帯に取り付けた銙に各種腰佩（佩用物）を吊り下げていたが，そのうち算袋（魚袋）・照袋・臂袋・鞶嚢などと呼ばれる袋には筆・硯・墨・紙・刀子などの文房具類を入れていたとされる（図71）。奈良県三ッ塚古墳群ではこれにあたると考えられる漆塗り革袋が出土している（奈良県立橿原考古学研究所2002）。官人の身分を象徴するもう一つの要素である帯金具については，次の第3部で詳論したい。

　古代日本において，一般集落で文房具が出土しない点を指摘し，当時の中央権力と文書行政の道具としての文房具が密接に関係していたとみる見解がある（宮瀧 2001）。文房具の存在によって示される文字使用は，当時の支配階層や官僚機構など限定された階層の占有物だったのである。

　古代文房具は考古学的にその実態を把握するのが困難な資料といえる。筆・墨・紙・簡牘などは有機物であるため現代まで残存するものが非常に稀である。硯も転用硯が多かったと推定されるため，使用実態を正確に把握するのは容易ではない。従って，まず体系的な文房具類の組成が中国・韓半島・日本列島の各地域でいつ頃から本格的に出現したのかについて解明することが必要である。それが文字を使用した統治システムの開始，ひいては官僚機構に基盤を置く発達した国家体制の成立を考える上で一つの基準になると思われる。

　また，国家ないし高位階層の占有物であった文字と文房具が一般の下位階層まで浸透する時期も，重要な社会的画期として考古学的に明らかにし得る文化の一側面であるといえる。これを考慮して「古代文房具」の時期的範囲を設定するならば，上にみた体系的な文房具組成の出現が示す支配階層による文字使用の開始時期から，文房具と文字使用が一般庶民まで拡大する社会的・文化的成熟期までと規定できるであろう。

　東アジア各地域の文房具資料に対する考古学的検討と，文房具を利用した具

体的な社会像の叙述は今後推進されるべき課題であるが，当時の社会像を復元する目的で文房具資料を利用しようとするならば，個別の文房具に対する検討だけでは限界がある。文字を記録するため，ひいては文字を利用した各種活動を遂行するために体系的に使用された文房具類を総合的に研究する観点が要求される。

第3部　帯金具と服飾の画一化と身分表象

　第3部では，官制が整備され官位ごとに服飾の色や材質が規定されていた時期の状況を中心にみていく。古代社会において，ある個人の社会的地位や身分を表す最も明確な要素が服飾[88]であった。服飾は本来それを着用した人物の性別・所属・理念・財力・人格など様々な要素を顕著に反映する自己表現の一手段としての機能を果たすもので，当時の支配階層は装飾性が高く稀少な素材で作られた衣服・装飾品を着用することによって下位階層とは区別される権力の所在を明示していた。そのような状況は三国時代の古墳から出土する金・銀・金銅など各種金属で製作された冠帽・冠飾・耳飾・腕輪・指環・腰帯・飾履などの威信財や，各種玉類で製作された冠帽装飾・耳飾・頸飾など装身具の存在からもうかがい知ることができる。これらの壮麗な装身具が出土する古墳は一般的に規模や構造面で他の古墳に比べ優位性がみとめられ，服飾の荘厳さによって権力を視覚的に表現していた時期の産物であった。

　本書の対象時代は，上のように権力を可視的に表現していた時期を過ぎ，成文化された政治制度により身分秩序が確保されていた段階をイメージしているため，古墳から壮麗な装身具類は出土しない。にもかかわらず，文献史料には政治的な地位に応じて着用できる服飾の色や素材が決められていたことが記録されており，この時期にも変わらず身分表現に服飾の視覚的な効果が利用されていたことがわかる。ただし，この時期の服飾は法制度によって官位を識別できる最低限の機能が与えられていたのみであり，そこには前時代のような個人の理念や財力・権力，社会的性格などが反映される余地はない。その意味で，本書で扱う時期の服飾は，当時の官人が国家に所属していることを示す制服としての役割を担っていたと考えられ，色や素材以外の形状やデザイン面には大差がなかった。

　百済と新羅の官制では，固有の官等名を用いつつ，その段階的区別に服飾の色や素材を利用する方法をとっていたが，そのような服飾制度は中国式統治制度を導入した結果とみられ，その背景に汎東アジア的な共通点が明確にみとめ

られる。この服飾制度は律令を構成する重要な要素である官品令と衣服令という2種類の編目に関連する部分で，韓半島の律令継受を検討する上で最も適したテーマの一つと評価される。以下では，まず百済において威信財的装身具が制服的服飾に転換する状況を，環帯と呼ばれる帯金具を中心に検討する。また，新羅の遺跡から出土する服飾関連遺物および唐の影響で導入された腰帯具について考察することで，法制度受容状況を復元する基礎作業としたい。

第1章　百済の帯金具と官制の整備

　本章では，主に百済泗沘期の遺跡で確認される帯金具を対象に，中国帯金具との比較を通じてそれが百済社会において担った役割についてみていきたい。「環帯」は泗沘期を中心に用いられた帯金具で，ここでは逆心葉形の銙板に小型の円環が付いたものに対してこの名称を用いることにする[89]。この用語の使用には，後述の中国の環帯との関連性を念頭に置いている。また，高句麗・新羅地域でも同形の環帯を使用した時期があり，新羅ではそれが「楼岩里型帯金具」の一類型として設定されている（李漢祥1996）。百済のものとほぼ同じ時期に現れる新羅の環帯も同じ脈絡で出現したと考えられるが，本章では百済の遺物に絞って大まかな変遷の流れと実例を提示し，中国環帯との比較を通じてその出現背景や歴史的意義などについて検討する。

1　百済の帯金具と環帯

　百済の帯金具についてはいくつかの論考があり，時期による変化相がある程度把握されている。各時期の帯金具が対外交流，特に中国との深い関係の中で導入されたとみることには特に異論がなく，中国の遺物にその起源を求める傾向がある。前時代の馬形帯鉤などを除き，中国の影響の下に百済地域で帯金具が使用されはじめるのは漢城期からであるが，なかでもソウルの夢村土城から出土したいわゆる「有文金具」については朴淳發によって検討されている（朴

図72　百済の環帯

第1章　百済の帯金具と官制の整備　　177

淳發1997・1999・2004)。それによると，夢村土城出土有文金具は東晋の金銅製圭形銙で，類似した中国での出土品をもとにした大まかな年代と，その所有者がかなり高位の人物であったことが指摘されており，百済初期の中国との通交がうかがえる資料として評価されている。

この他に，漢城期の百済ではいわゆる晋式帯金具も使用されており，周辺地域の事例を含めた研究が行われている（尹善姫1987，李漢祥1997b・1999a，藤井2003，權五榮2004，鄭大寧2006)。晋式帯金具は百済よりむしろ中国・三燕(鮮卑)・高句麗・新羅などで多くみられる型式で，金・銀・銅など各種金属に龍文や虎文，鳳凰文，草葉文などが透彫された装飾性が高い帯金具であり，日本の古墳からも出土する。やはり中国ないしその周辺地域との関連で韓半島に流入したと考えられるが，百済より新羅で流行したことから，その波及には北方経路に注目する必要がある。本章の内容に関連して注目したいのは，晋式帯金具の銙に付いた心葉形ないし馬蹄形垂飾である。晋式帯金具の垂飾には完全な環形のものはみられないが，新羅の資料の中には逆心葉形銙板に晋式帯金具の心葉形垂飾が付く事例もあり，晋式帯金具から環帯への連続性を示す資料と評価することができる。百済地域では，型式上，晋式帯金具または武寧王陵出土品のような装飾性の高い帯金具から環帯へ移行する過程は明確でない。ただし，武寧王陵でも環帯が出土していることから，両者の漸移的な交替がみとめられる。

熊津期以降の帯金具の変遷については，李漢祥によって的確にまとめられている（李漢祥1997a・1999a)。それによると，百済の帯金具は多様な種類が製作された段階から，徐々に定型化しはじめ，やがて製作技術の面でも同質なものになるという。この定型化段階の帯金具が本章で扱う環帯であるが，李漢祥も指摘するように，「定型化」とは帯金具の「簡略化過程」（李漢祥1997a, p.142）であり，つまり装飾性の喪失に他ならない。この段階に至って帯金具は王や王族，有力勢力の象徴的な占有物としての性格を失い，高・中級官人や地方の有力階層にも浸透することになるが，これは官制整備と関連する現象である。

李漢祥は，帯金具の変遷・定型化過程をⅠ期（5世紀末〜6世紀初頭），Ⅱ期（6世紀中葉），Ⅲ期（6世紀末〜7世紀）の3時期に分けて説明している。要約すると，Ⅰ期は多様性の時期で熊津期に，Ⅱ期は定型化の時期で泗沘期前半

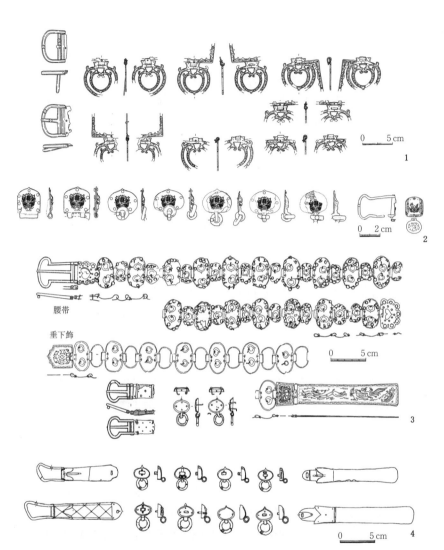

図73　百済地域の帯金具
1：燕岐羅城里KM004号墳　2：公州水村里1・4号墳　3：武寧王陵　4：扶餘陵山里ヌンアンゴル36号墳

に，Ⅲ期は技術的定着の時期で泗沘期後半にあたっている。熊津期までの帯金具は形態が多様であることに加え，装飾性が高いものが一般的であった。鉸具は外枠がキノコ形を呈し，着用時に革帯の部分にかける刺金がある。最もバラ

第1章　百済の帯金具と官制の整備　179

エティに富む部位が銙板で，逆心葉形の他に透彫を施したもの，楕円形金属を連結させたもの，いわゆる獅嚙文を持つものなどがある[90]。また腰佩装飾も鬼面・四神などを表現した装飾性が高いものであった。これは冠帽や飾履，耳飾など他の金属製装身具とセットになって用いられていた段階の状況である。それに対して6世紀中葉頃からは帯金具の装飾性が急激に失われる方向へと移行する。鉸具には刺金がなくなり，外枠は上下の長さが異なる形態になる。帯端部も装飾性が消えて腰帯として最小限の機能だけを残したものになる[91]。前段階まで多様性をみせた銙は逆心葉形の一種類に統一され，銙に下がる垂飾が消え，一つの小環が付くのみとなる。これが環帯の成立であり，この段階になると装飾性の高いその他の装身具はほぼ姿を消す。

　形態面をみると，李漢祥が設定したⅠ期からⅡ期への変化が大きな画期であり，Ⅱ期からⅢ期への変遷は定着後の型式内変化であるといえる。このことから，Ⅱ期として設定された6世紀中葉頃に帯金具が装飾品としての性格を失い，身分を表現するための機能的な象徴物へと変化した状況を示している（図73）。

　ここで触れておく必要があるのは，7世紀以降の韓半島で流行した，巡方と丸鞆からなる腰帯具（唐式銙帯）が百済に導入されたかどうかという問題である。唐式銙帯については新羅遺跡出土資料を対象に第3章で検討するが，筆者は百済に唐式銙帯が導入された可能性については否定的である。現在までに百済の資料である可能性について触れられたものとして，扶餘扶蘇山寺址（西腹寺址）の木塔址心礎出土品と扶餘佳谷里出土品がある。扶蘇山寺址で出土したものは鎮壇具のような性格を持っており，大きさ・形態・製作技法の面で他の韓半島出土品とは明らかな差をみせるため，中国製である可能性が高い（山本2003a）。出土状況などの詳細がわからない佳谷里出土品は，唐式銙帯と環帯の二種の帯金具が知られているが，それぞれに対応する鉸具と帯端金具（鉈尾）があるため，唐式銙帯と環帯の銙が一つの腰帯に同時に着装されていたものでないことは明らかである。規格や型式からみて，佳谷里出土品として紹介されている帯金具のうち環帯は百済の遺物，唐式銙帯は百済滅亡後に流入した新羅遺物とみるのが妥当であろう。このような例外的な資料を除くと，数多く調査されている百済泗沘期の古墳で唐式銙帯の確実な出土が報告されていないこと

から，現時点では百済で唐式銙帯を体系的に受容したと判断するのは難しい。

2　百済の環帯の実例

次に，百済で実際に確認された環帯のうち，出土状況がわかっている資料について，材質・大きさ・出土遺構などに焦点をあてて概観する。百済の環帯は大部分が墳墓遺跡からの出土であるが，寺院の塔址や山城の貯蔵穴から出土した例もある。おそらく上にみた扶蘇山寺址木塔址出土の唐式銙帯のように，鎮壇具ないし舎利荘厳の役割が持たされたものとみられる。素材面をみると，出土数の少なさに比べると比較的多様であるといえる。これまで確認された環帯の材質は金・銀・青銅・白銅の4種類があり，これらは遺構や共伴遺物などから推定される被葬者の地位との対応関係を示している。反面，素材が異なっても銙の大きさには差がない。

武寧王陵出土品（図73-3）

現在，百済で最も早い時期にあたる環帯である。武寧王陵では環帯の他にも装飾性が高く壮麗な腰佩が下がった帯金具が共伴出土しているため，前時代的な帯金具と新しいタイプの帯金具が共存する段階と規定することができる。つまり，装飾性が高い帯金具から簡素で定型化した帯金具へと移り変わる一つの定点を6世紀前半頃として捉えることができる。これは新羅地域でも同様である。最古段階の環帯と推定される資料が武寧王陵から出土したことには大きな意義がある。環帯という新しい型式の帯金具が最上位階層でまず導入され，それが次の段階に身分秩序を再編する一つの手段として利用されたという点に，国家が本格的な中央集権化を実現しようとしていた意志がうかがえる。環帯の銙は装飾性が高い垂飾付帯金具の下から2点が出土した。材質は金製で大きさは逆心葉形部分の幅が2.1 cm，小環の直径1.8 cmである。

扶餘陵山里ヌンアンゴル古墳群出土品（図74）

泗沘都城が造営された扶餘市街地の東側には，当時の王陵をはじめとする都城居住民の墓域が形成された。その中でも都城に比較的近く，古墳群としての位相が高いと判断されるのが第1部でも触れた陵山里ヌンアンゴル古墳群である。国立扶餘文化財研究所による調査で36・44・50号墳の横穴式石室内から

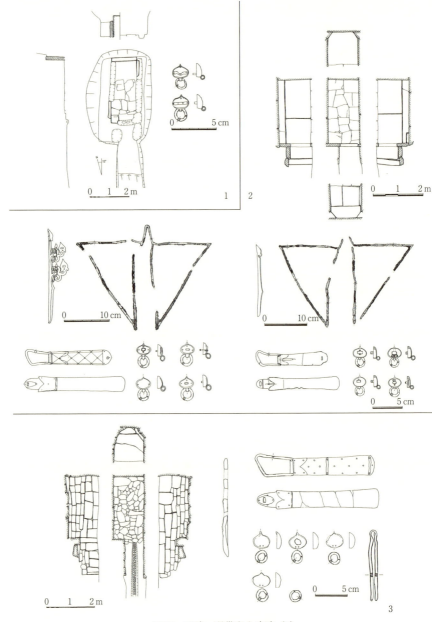

図74　百済の環帯出土遺跡（1）
1：扶餘陵山里ヌンアンゴル50号墳　2：同36号墳　3：同44号墳

182　第3部　帯金具と服飾の画一化と身分表象

環帯が出土している（国立扶餘文化財研究所 1998）。

　36号墳は古墳群中で遺物が最もよく残っていた古墳で，並列埋葬されていた2人の被葬者それぞれの位置で銀花冠飾，環帯などの装身具類が発見された。出土状況は埋葬時の原位置を保っており，各被葬者に帰される持ち物が正確にわかる良好な資料である。まず36号墳石室内の東側で確認された環帯の銙は4点で，材質は銀製，逆心葉形部分の幅2cm，小環直径1.75cmを測る。同被葬者が着用した銀花冠飾は第1部でⅢa式と設定したもので，現在までに百済地域で確認されている銀花冠飾の中では装飾性が最も高いものである。一方，石室内西側で確認された4点の銙は白銅製とされる点で東側出土品と違いがある。大きさは逆心葉形部分の幅が2cm，小環直径1.45～1.56cmで，東側出土品に比べて環が小さい。この西側被葬者が着装していた銀花冠飾はⅠ式とした最も簡略な形態の冠飾である。遺構は精巧に加工した大型板石を利用して構築した玄室の断面が六角形を呈する石室で，構造面の精巧さとともに規模の面でもいわゆる「陵山里規格」に正確に合致する石室である。

　44号墳で出土した環帯銙は合わせて5個体分であるが，追葬時に乱されている可能性もあり，本来はさらに多かったかもしれない。材質は銀製で，逆心葉形部分の幅が約1.8cm，小環の直径が1.2～1.3cmである。腐蝕が激しいため詳細な型式はわからないが，44号墳でも銀花冠飾と推定される遺物が出土している。遺構は36号墳とは異なり，整えられた塊石を積んで構築された石室であるが，規模は正確な陵山里規格によっている。

　50号墳では合計2点の環帯の銙が収拾された。ただし，50号墳は石室石材がほとんど残っていないほど破壊が激しいため，本来はより多くの銙があったと思われる。材質は銀製で，大きさは逆心葉形部分の幅2cm，小環直径1.2～1.4cmである。遺構は奥壁と側壁の一部，底面だけが残る状態であったため，構造の詳細はわからないが，残存する石材から，大型板石を利用した精巧な断面六角形石室であったことが想像できる。残存石材および底面から石室規模を復元すると，やはり陵山里規格で築造された石室であることがわかる。

扶餘塩倉里古墳群出土品（図75-1）

　上の陵山里ヌンアンゴル古墳群の南側にある山塊の南斜面に形成された大規模古墳群で，夥しい数の石室墳が発掘調査された。300基を超える古墳のう

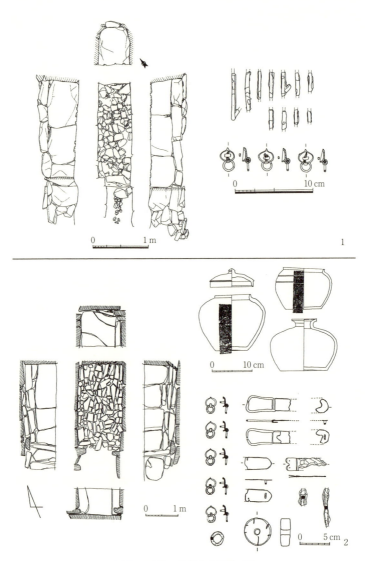

図75 百済の環帯出土遺跡(2)
1:扶餘塩倉里V-55号墳 2:長城鶴星里A-6号墳

ち，盗掘を免れて環帯が出土した遺構はV-55号墳の1基のみで，出土した3点の鉸はすべて青銅製である。鉸の逆心葉形部分の幅は約2cm，小環の直径は1.4cmである。本古墳では環帯とともに冠帽の芯の破片が出土しており，被葬者が冠帽を着用していたことがわかるが，一方で銀花冠飾が確認されなかった点も注目される。石室は大型板石を利用して奥壁・側壁を構築しているが，加工はさほど精美でない。石室の規模は報告書によると長さ231cm，幅89cmで，先に触れた陵山里ヌンアンゴル古墳群の環帯出土遺構と比較するとやや小振りである。銀花冠飾がない点や環帯の材質などとの相関関係がうかがえる。

長城鶴星里古墳群出土品（図75-2）

鶴星里古墳群のA地区6号墳では，環帯鉸5点が鉸具・帯端金具などとともに出土した。材質は青銅製で，逆心葉形部分の幅1.6cm，小環の直径1.4cmである。冠飾や冠に関連する遺物は残っておらず，土器類が共伴出土した。遺構はやはり泗沘期の典型的な横穴式石室で，大型板石を利用して構築されているが，加工水準はさほど高くない。玄室長さ260cm，幅135cmで大型に属するが，後壁の幅は127cmであるため，石材による制約を考慮すると陵山里規格が意識された石室とみて差し支えないと思われる。

羅州伏岩里3号墳出土品（図76-1）

伏岩里3号墳の中の6号横穴式石室の玄室で環帯鉸1点が出土した。材質は銀製で，大きさは逆心葉形部分の幅1.7cm，小環の直径1.1cmである。共伴出土した遺物の中に冠帽芯と推定される鉄器片がある。石室は塊石積で，玄室規模は長さ275cm，幅155cmである。

伏岩里3号墳では6号石室以外にも，鉸は出土していないものの，環帯とセットになる鉸具および帯端金具が出土した遺構がある。5号横穴式石室では環帯の鉸具（銀製）が発見され，銀花冠飾（Ⅲb式）と冠帽芯2点も共伴出土した。玄室規模は6号石室とほぼ同じ270×155〜160cmである。

7号石室でも環帯の鉸具（青銅製）と帯端金具（白銅製）が出土している。銀花冠飾は出土していないが，冠帽芯2個体分と，報告書で冠飾と推定された金板破片が確認されている。玄室規模は250×130cmで陵山里規格としてよい。

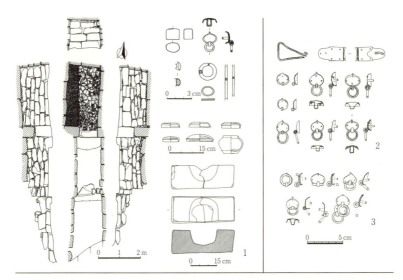

図76　百済の環帯出土遺跡（3）・扶餘外里出土文様塼
1：羅州伏岩里3号墳6号石室　2：扶餘陵寺出土品　3：扶餘王興寺址出土品　4：扶餘外里出土文様塼

扶餘陵山里寺址出土品（図76-2）

　陵山里寺（陵寺）址では第4次調査時に木塔址周辺で7個体分以上の環帯銙が集中的に出土し、第5次調査でも銙1点が出土した。材質はすべて銀製で、大きさは逆心葉形部分の幅1.6〜2.2 cm、小環の直径1.6〜1.7 cmである。出土状況からみて鎮壇具的な用途で用いられた可能性が高い。銀製鉸具・帯端金具

とともに出土したことから，鎮壇具であったとしても，金具だけでなく革帯を含む腰帯全体が埋納されていた可能性がある。

大田月坪洞遺跡出土品

E11号貯蔵穴から器台・甕・円筒形土器などの土器類とともに環帯銙1点が出土したが，小環の部分は欠損している。材質は青銅製で，大きさは逆心葉形部分の幅が2.3 cmである。共伴出土した土器類の器種・型式から帯金具も泗沘期の遺物であることがわかるが，軍事遺跡の貯蔵穴と推定される遺構に環帯が埋納されていた脈絡は不明である。

扶餘王興寺址出土品（図76-3）

王興寺の木塔址心礎の舎利孔およびその周囲から金銀銅三重の舎利容器はじめ各種舎利荘厳具が出土し，その中に環帯銙6点が含まれていた。材質はすべて銀製で，大きさは逆心葉形部分の幅が1.5～1.65 cmと小型で，小環の直径は1.5～1.7 cmである。出土状況からみて陵山里寺址のものと同様，鎮壇具的な用途で使われた可能性が高い。鉸具や帯端金具は確認されていないため，腰帯全体ではなく，銙のみが納められていたようである。金花雲母冠飾が共伴出土しており，セットで埋納されていた可能性を指摘しておく。

益山弥勒寺址西塔出土品

弥勒寺西石塔の解体修復工事の過程で舎利龕が発見され，その内部から金製舎利容器，舎利奉安記，金鋌など舎利荘厳具とともに環帯銙1点が発見された。材質は銀製で，鉸具や帯端金具は確認されていない。舎利龕からはⅢc式とⅡ式の2点の銀花冠飾が出土しており，環帯とセットになるものと考えられる。

扶餘外里出土文様塼（図76-4）

実物資料ではないが，1936年に発見された扶餘外里文様塼の中には，環帯を着用した獣文が表現された鬼形文塼2点がある。この2点の塼は背景の図案が異なるが，同一の型を使用して作られ，一部改変されたものであることが指摘されている（清水2004）。従って獣文が着用している帯金具の表現も同一である。銙は全部で8個が表現されているが，正面を向いた姿であるため，実際に腰帯にいくつの銙が装着されていたかは不明である。小環が付いた銙の形態は上にみた遺跡から一般的に出土する逆心葉形ではなく方形である。このよう

表12 環帯出土遺跡一覧

	出土遺構名	数	材質	大きさ（cm）（銙板/小環）	鉸具/帯端	時期	遺構類型	共伴装身具
1	武寧王陵	2	金	2.1/1.8	?/?	熊津	塼築墳	冠飾他
2	陵山里ヌンアンゴル36東	4	銀	2.0/1.75	○/○	泗沘	陵山里規格Ⅰ	冠飾Ⅲ，冠帽芯
3	陵山里ヌンアンゴル36西	4	白銅	2.0/1.45～1.56	○/○	泗沘	陵山里規格Ⅰ	冠飾Ⅰ，冠帽芯
4	陵山里ヌンアンゴル44	5	銀	1.8/1.2～1.3	○/○	泗沘	陵山里規格Ⅱ	冠飾
5	陵山里ヌンアンゴル50	2	銀	2.0/1.2～1.4	×/×	泗沘	陵山里規格Ⅰ	
6	塩倉里Ⅴ—55	3	青銅	2.0/1.4	×/×	泗沘	板石Ⅲ	冠帽芯
7	鶴星里A—6	5	青銅	1.6/1.4	○/○	泗沘	陵山里規格Ⅱ	
8	伏岩里3号墳6	1	銀	1.7/1.1	×/×	泗沘	陵山里規格?	冠帽芯
9	陵山里寺址	8	銀	1.6～2.2/1.6～1.7	○/○	泗沘	木塔心礎	
10	月坪洞遺跡E11	1	青銅	2.3/?	×/×	泗沘	貯蔵孔	
11	永洞里1号墳4		青銅		○/○	泗沘		
12	王興寺址	6	銀	1.5～1.65/1.5～1.7	×/×	泗沘	木塔心礎	金花雲母冠飾
13	弥勒寺址	1	銀			泗沘	石塔心礎	冠飾Ⅱ・Ⅲ

な方形銙の環帯は現在までに百済地域で発見されておらず[92]，むしろ中国のものに近い。小環には別の佩飾は提がっておらず，小環の機能が実際に何かを吊り下げるためのものではない可能性を思わせる[93]。このことは，実際の出土品や中国の壁画などとも一致する。中国資料との対比において興味深い表現である。方形銙が表現されている点から，文様塼自体が中国の遺物をモデルにして作られた可能性が高い。

　この環帯が泗沘期を代表する帯金具であることは疑いないが，上でみたように現在までに確認されている数はきわめて限定的である。主に古墳から出土する傾向があるが，銀花冠飾などと同様に，調査された泗沘期の古墳の数に比べると出土した帯金具の総数は顕著に少ない。既出のように，これは泗沘期の百済で被葬者の埋葬服として官服を用いるケースが極めて少なかったことを表す現象で，装身具の副葬が一般的であった熊津期以前の状況とは対照的である。この点に関連して，百済の埋葬服が実際にはどのようなものであったのか，環

帯を含む官服を被葬者に着用させた背景とその意味は何であったのかについて，中国の服飾制との対比から後述したい。

3　百済社会における環帯の意義

　ここでは，上で概観した百済地域出土環帯の意義を明確にするための基礎作業として，まず文献史料にみえる衣服制関連記事を調べ，服飾に反映された身分秩序に関連する内容を考察してみたい。

(1)　百済の服飾関連記事にみえる帯金具

　百済の服飾関連記事は，『三国史記』に中国正史の内容を引用する形で記録されている[94]。関連記事の分量は新羅の服飾関連記事に比べて顕著に少なく，比較的短い時期の状況を簡潔に記録したようにみえる。

　　北史云　百済衣服与高麗略同　若朝拝祭祀　其冠両廂加翅　戎事則不　奈率已下　冠飾銀花　将徳紫帯　施徳皂帯　固徳赤帯　季徳青帯　対徳・文督皆黄帯　自武督至剋虞皆白帯

　　隋書云　百済自佐平至将徳　服紫帯　施徳皂帯　固徳赤帯　季徳青帯　対徳以下皆黄帯　自文督至剋虞皆白帯　冠制並同　唯奈率以上　飾以銀花

　　唐書云　百済其王服大袖紫袍・青錦袴・烏羅冠　金花為飾　素皮帯　烏革履　官人尽緋為衣　銀花飾冠　庶人不得衣緋紫

　　通典云　百済其衣服　男子略同於高麗　婦人衣似袍而袖微大

　ここに引用された『北史』『隋書』『唐書』の内容を，それぞれの史書が書かれた時期の状況を示すと理解してよければ，『北史』の内容は4世紀後半から7世紀初め頃まで[95]，『隋書』の内容は6世紀末から7世紀初め頃まで，『唐書』の内容は7世紀前半から百済が滅亡する頃までの状況を表しているとみられる。実際には『北史』（659年完成）は『隋書』（656年完成）より遅れて完成したため，その内容の差に前後関係がみとめられるかどうかについては慎重を期すべきであるが，『北史』に記された対象時期が長い点を考慮すると，相対的に『隋書』に先行する時期の内容を含んでいるとみてよいように思われる。

　『北史』と『隋書』の内容に時間的な前後関係があると仮定してその相違を

比較してみると,『北史』には百済の衣服が高句麗のそれと似ているという点,そして朝拝祭祀時には冠の両側に羽毛のような装飾を挿した点など,『隋書』引用文にはない内容がある。『三国史記』に引用されたこの文章は実際に『北史』に出てくる内容で[96],その引用の正確さがみとめられるが,それによると高句麗をはじめとする韓半島の在来的な風習である羽毛装飾に変化がおきた過程を表す内容とみることもできる。つまり『北史』に記録された内容の時期(泗沘期前半頃と仮定する)には,百済にはまだ在来的な服飾制が残っており,『隋書』に記録された内容の時期(7世紀以降と仮定する)にはすでに中国制の導入で旧来の風習が姿を消していたと推定することができる。

別の内容をみると,『北史』と『隋書』には百済の官位ごとにどのような色の腰帯を着用したかに関する内容や銀花冠飾に関する記述があり,『唐書』には百済王の服飾と官人の服飾がどのようなものであったのかについて簡潔に述べられているのみである。以上のように,百済の服飾関連記事は主に泗沘期の内容を反映すると考えられるが,服飾制変化の具体的な様相を解明するのは困難である。

本章のテーマに関連する部分をみると,冠飾や服飾の色とともに腰帯の色に関する内容がかなり多くの分量を占めており,官位の差が腰帯に明示されていたことが明確にわかる。ただし,中国や新羅,日本の場合に比べて特徴的なのは「帯」,すなわち腰帯の色に関する内容はみられるが,「銙」に関する記述がないという点である。上の記録で紫帯・皂(黒色のこと)帯・赤帯・青帯・黄帯・白帯は腰帯の色を表す言葉であるが,これは革帯自体の色を規定したもので,銙の色を表現したものではないと考えられる。なぜなら,中国や新羅,日本の事例をみると,銙板に関する記事にはその材質を明記しているのみで,色に関する内容はみいだせないためである(表13)。また,銙の数に関する規制の内容がないという点も,百済の帯金具関連記事の特徴である[97]。従って,百済に関する文献の内容をみる限り出土遺物との対比は容易でなく,その内容をもとに遺跡から出土する帯金具に意味を与え,当時の社会状況と結び付けることには限界があるといえる。ただし,他地域の記録にみえるように,中国・日本を含む当時の東アジア諸国では,身分を表象する方法に装身具を含む服飾の色や素材を規定する傾向があったため,周辺地域の状況を参照することによ

表13　唐・新羅・日本・百済の腰帯関連記事対比表

唐			新羅			日本			百済	
官品	材質	数	官等	骨品	材質	官位	材質	数	官等	色
正一品	金玉	13	伊伐湌	真骨	研文白玉禁止	正一位	金銀装	12	佐平	紫帯
従一品			伊尺湌			従一位			達率	
正二品			迊湌			正二位		10	恩率	
従二品			波珍湌			従二位			徳率	
正三品			大阿湌			正三位			扞率	
従三品			阿湌			従三位			奈率	
正四品	金	11	一吉湌	六頭品	烏犀鍮鉄銅	正四位	—		将徳	皂帯
従四品			沙湌			従四位			施徳	
正五品		10	級伐湌			正五位			固徳	赤帯
従五品			大奈麻	五頭品	鉄	従五位			季徳	青帯
正六品	銀	9	奈麻			正六位	烏油	12	対徳	黄帯
従六品			大舎			従六位			文督	
正七品			小舎			正七位		11	武督	白帯
従七品			吉士	四頭品	鉄銅	従七位			佐軍	
正八品	鍮石	8	大烏			正八位		10	振武	
従八品			小烏			従八位			克虞	
正九品			造位以下	平人	銅鉄	正九位			庶人	—
従九品						従九位		—		
庶人	銅鉄	7				無位				

り，かなり多くの部分を復元できると思われる。そこで，以下では文献の内容をもとに，実際に泗沘期の遺跡から出土する鐶帯について考察してみたい。

(2) 帯金具に内在する意義

　前述のように百済泗沘期の遺跡から帯金具が出土する事例は少ない。しかし上の『三国史記』などの記録をみると，腰帯がそれを着用した人物の官位を表現する装身具として用いられていたことは確実であるため，出土事例が少ない状況を根拠に百済で銙帯が一般化していなかったとみることはできない。ここでは百済地域出土帯金具の定型性と出土遺構の構造的特徴，共伴遺物などを参考にしつつ，他の属性と総合することによって帯金具と被葬者の階層を結び付

ける作業を試みたい。

　まず考察の前提となる内容を整理すると次の通りである。百済の環帯は, 寺院や貯蔵穴などの一部例外を除くと古墳から出土する傾向がある。出土位置からみて, 被葬者は環帯を含む官服を着用した状態で埋葬されていたことがわかる[98]。それを裏付ける別の要素が, 環帯とともに出土する銀花冠飾および冠帽芯である。環帯が出土する遺構では銀花冠飾や冠帽芯などが出土する確率が高く, 当時の官服のセットがうかがえる。同時に, 冠飾の存在や出土した石室の型式・規模から, 環帯が出土した古墳の被葬者が当時の百済社会でかなり高い地位にあった人物であったことがわかる。

　環帯の銙の大きさと素材の関係をみると, 素材が金・銀・銅（白銅・青銅）など多様であるのに対し, 銙の大きさは1.6～2.3 cmの範囲にとどまり, 特に2 cm前後に集中する比較的一律的な状況を示している。この大きさの微細な差に視覚的な効果が内包されていたとはみなし難い。何よりも, 材質ごとに大きさの傾向性をみいだせない点において, 銙の大きさに意味が与えられていなかったことがわかる。この点に, 視覚的な権力表現の必要が消失した当時の社会状況がうかがえる。むしろ武寧王陵で唯一出土した金製銙を頂点に[99], 材質による帯金具の位相の差を想定することができるが, これは銀花冠飾の型式差や石室の類型差に表れた階層構造ともよく対応している。

　次に一遺構で出土した銙の数を見ると, 実際に着用したかどうか不確かな陵山里寺址・王興寺址出土品を除くと, 出土した銙の数は1～5点と比較的少ないことが指摘できる。中には後代に散逸したものも含まれているであろうが, 残存状態が良好な古墳出土品をみても, 被葬者一人あたり平均4個程度の銙が腰帯に着装されていたに過ぎない。これは扶餘外里出土文様塼に表現された環帯の銙の数や, 上の表13でみた唐および日本で規定されていた銙の数と比較しても顕著に少なく, また, 新羅の遺跡で出土する唐式銙帯の平均出土数と比べても少ない（本書第3部第3章）。環帯が出土した古墳が百済では高位の墓であるという点を考慮すると, 百済では他の地域とは異なり, 銙の数で身分（官位）の高低を規定していなかった可能性が想定できる。文献に銙の数に関する記録がないのも, あるいはそのような実状を反映しているのかもしれない。

　帯金具の材質とその出土古墳の類型との相関性には次のような意味があると

思われる。まず，現在発見されている唯一の金製の銙は，王陵であることが確実な武寧王陵から出土している。つまり，熊津期の資料ではあるが，百済社会の最高階層である王または王族が金製環帯を持つことができたことがわかる。次に，銀製の銙が出土した遺構をみると，大部分が本書第1部で貴族階層または高位官僚が埋葬されたことを明らかにした，いわゆる「陵山里規格」のⅠ群ないしⅡ群石室であることを指摘することができる。被葬者の地位については，銀製銙が出土した古墳から銀花冠飾や冠帽芯が共伴出土することからも裏付けられる。帯金具関連記録ではないが，上で触れた『三国史記』の百済の服飾記事に，王は「金花為飾」，官人は「銀花飾冠」とみえる点からも，金と銀の序列が証明される。また，銀製帯金具と白銅製帯金具の関係をよく表しているのが陵山里ヌンアンゴル36号墳である。同じ石室内に埋葬された2人の被葬者がそれぞれ銀製と白銅製の帯金具を着用していたが，銀製帯金具を着用した人物は装飾性が高いⅢ式銀花冠飾を，白銅製帯金具を着用した人物は装飾性に劣るⅠ式銀花冠飾を持っていた。このことから，帯金具についても白銅製より銀製の方が上位であったことが推定できる。最後に青銅製帯金具が出土した遺構をみると，石室の規模は「陵山里規格」より小型で，使用石材の面でも整っていないものを使用している。共伴装身具として冠帽芯のみがあるものと，何も伴わないものがある。このような状況から，帯金具の材質に被葬者の地位が反映されていることは一目瞭然であり，材質は金製→銀製→白銅製→青銅製の順に階層化されていたことがわかる（第1部図15）。百済の関連文献にはこのような材質の規定に関しては触れられていないが，唐の服飾制にみえる銙帯の記事とよく符号する状況である。文献に記録されなかった制度的側面を，考古資料を通じて復元できる好例といえよう。

　最後に，分布相からみた環帯の拡散について触れておきたい。環帯の分布が百済後期型石室の普及の結果と一致していることは容易に想像できる。それを示すのが，6世紀中葉頃まで独自の文化を保っていた羅州地域をはじめとする栄山江流域に百済後期型石室や銀花冠飾，環帯などが同時に流入する現象である。百済の中心地域を起点とする定型化・規格化という観点からみると，これらの遺構や遺物は高い政治性を持った資料ということができる。それが従来の百済の旧領域だけでなく，独自の勢力・文化を維持していた集団の影響圏まで

浸透する現象は，百済の直接支配を論じ得る十分な根拠資料となる。特に文献にも記載されたこの段階の帯金具は，着用した人物が国家の官人であったことを如実に示す最も直接的な資料である。すなわち，このタイプの帯金具が出土する地域は，中央からの派遣か在地勢力の任用かを問わず百済の官人が関与した可能性が高く，国家の政治制度の浸透の度合いを量ることができるのである。今後さらに環帯出土遺跡の調査資料が蓄積されれば，百済による地方統治の一側面に具体的に光をあてることができるであろう。

　このように，百済後期型石室の採用と同時におきたと考えられる帯金具の定型化は，当時の社会構造の変化を示す資料であると位置付けることができる。熊津期までは装飾性の高い銙帯の他にも冠・耳飾・装飾環頭大刀など壮麗な装身具および威信財が副葬された古墳が多く，それらは当然高い地位を持つ被葬者に帰属するものであった。これに対し，泗沘遷都前後の時点からいわゆる威信財の副葬習慣が衰退するとともに帯金具も装飾性を失い，機能面を重視した形態に均一化する。可視的な権力誇示の必要性が消え，制度化された統治方式の時代に本格的に突入したことを示す現象である。第3章で触れる新羅の場合と同様，百済でも定型化した帯金具の拡散は，そのような社会変化の一端を表す要素の一つとして評価できる。

4　中国の環帯と百済資料の系譜

　次に，中国の資料を概観することで，百済の環帯の系譜や出現背景に中国の制度がどのように関わっていたのかについて検討する。ここでは特に埋葬服と官服の関係，すなわち官服を埋葬服として一般的に利用していた可能性があったのかという問題を念頭に置きつつ，中国で環帯がどのような場面で使われた服装であったのか，そしてその内容を百済資料に代入させて解釈できるのかについて考察したい。

(1)　中国の環帯の実態と性格

　中国の環帯については毛利光俊彦によってまとめられており（毛利光2003)[100]，中国の研究者による先行研究もある（盧玉和1994，孫機2001a，韓偉

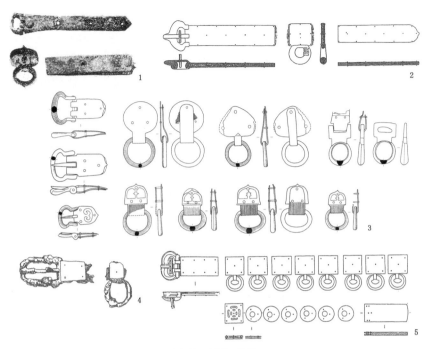

図77 中国の環帯
1：青海省互助土族自治県 2：固原北魏墓 3：北燕馮素弗墓 4：朝陽前燕墓 5：北周若干雲墓

1982)。以下ではその内容を参照・補完しながら，中国環帯の概要と服飾制度の中での位置付けについてみていく。

中国でも墳墓出土資料や壁画を通じて環帯の着用がみとめられる事例はさほど多くない。実物の発見例だけでなく，墳墓の壁画などに表現された人物図をみても，多くの人物の中で環帯を着用している例は極めて一部に限定されている。環帯でない他の型式の腰帯を着用している人物も多く，なかには長い垂飾が下がるものもみられる。

中国の環帯は銙の形態により方形と宝珠形の二種類に分けられる（毛利光 2003，p.398）。このうち，形態的に百済地域の逆心葉形の銙に関連すると考えられるのが宝珠形銙の環帯であるが，この二種に明確な時期差や地域差が内在しているとはいえない。二者の材質の差から階層差も指摘されている（毛利光 2003，p.400）。

第1章 百済の帯金具と官制の整備　195

現在中国で最も古い時期にあたる環帯は，後漢代の青海省互助士族自治県の東帝帯金具（図77-1）で，匈奴に関連する資料であることが指摘されている（許新国1981）。晋式帯金具との時期的な前後関係など検討課題もあるが，実際にはこの後漢代の帯金具が韓半島で発見される三国時代の環帯と最も類似した形態を持っており，今後類例の増加が期待される。その他の資料は三燕・北魏・北周・北斉・隋の墳墓出土品（図77）や壁画人物像にみられる。注目すべき二つのことは，現在まで中国の環帯資料はすべて北朝系王朝のみで確認されているという点と，唐代に入ると激減するという点である。今後の調査により南朝や唐代資料が発見される可能性もあるが，次のような理由から出土状況の傾向は変わらないと思われる。

　第一に，帯金具自体が騎馬文化を持つ北方民族（胡族）の服飾に起源を求めることができると考えられており，なかでも環帯は特に北方的特徴を持つ帯金具であるといえる。環帯の使用が確認できる事例をみると，北燕馮素弗墓，寧夏自治区固原北魏墓，北魏定県塔埋納石函，北周若干雲墓など中原地域郊外の異民族が割拠した地域に分布しており，北斉東安王婁叡墓，太原隋虞弘墓のように壁画や浮彫，人物俑などにも異民族による着用が表現されている事例が多い。特に北斉婁叡墓や隋虞弘墓の壁画および人物俑には，多くの人物のうち，容貌や駱駝に乗っている点からみて漢民族でない異民族と思われる人物が環帯を着用しており（図78〜80），環帯所持者の出自や性格をうかがわせる。北朝では北魏孝文帝の時に鮮卑系服飾を漢民族風に変えるいわゆる漢化政策を実施した。これがある程度効力を持って浸透していたとすると，後の北朝社会に生きた人物（特に官人階層）の服装は統一性が図られていたと考えられる。そのような中で，壁画にみられるように，出自・容貌の上で特に異民族であることが強調された人物だけが環帯を着用している点は興味深い。扶餘外里出土の文様塼で，人間でない獣人が環帯を着用しているのも同様の脈絡かもしれない。

　筆者は，環帯が中国では鮮卑をはじめとする北方系異民族の腰帯から派生し，以後継続的に主に異民族によって使用されていたとみている。従って中原地域以南にいた漢民族の服装とは異なるものだったのであろう。なお，晋式帯金具と環帯は形態上ある程度関連性があるとみられるが，両者の関係に関しては今後詳細な検討が必要である。百済だけでなく，高句麗や新羅地域でも環帯

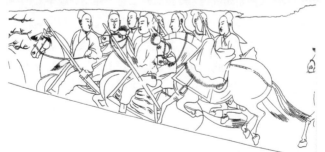

図78 北斉東安王婁睿墓壁画(墓道西壁鞍馬遊騎図)の環帯

が使われていることから，韓半島流入の背景を理解する上でも晋式帯金具の系統や起源の問題は重要なテーマである。

第二に，同じ北朝系王朝であるにもかかわらず，唐代に入ると銙帯が急激に減少する状況がみられる。西安何家村唐代窖蔵で出土した九環蹀躞帯などの確実な唐代資料もあるが，形態的には北周若干雲墓出土品など前代資料に類似しており，共伴出土した銙がすべ

図79　北斉東安王妻睿墓陶戴鮮卑帽武士俑の銙帯

て唐式銙帯であることを考慮すると，むしろ特別な伝世品とみることもできる。この時期に流行する唐式銙帯は，その数的増加だけでなく，空間的にも唐王朝の影響力が及んだきわめて広い地域に浸透する。銙帯が減少した背景にこのような唐式銙帯の流行が作用したことは想像に難くないが，そのような中で唯一百済でのみ唐式銙帯が流行しなかったことは注意を要する。

では，銙帯は中国では一般的にどのような服飾として利用されたのか。中国の史書では皇帝を含む官人層の服飾制度を大きく祭服・朝服・公服・常服に区別している（四等之制）。時期や官位により着用した場所や行事に差があるため，一律に論じることはできないが，官人階層に限定すると，おおむね祭服は大祭祀（天神地祇・明堂・宗廟に対する祭祀）時などに着た服，朝服は大祭社に次ぐ祭祀や上奏，正月・冬至の入朝時に着た服，公服は低位官僚の朝服に該当する服，常服は祭服や朝服に対する日常的な服とすることができる[101]。このうち，銙帯の着用を文献を通じて推察できるのが常服である[102]。古墳壁画などに描写された人物図の銙帯をみると，その場面や周辺人物の服装からして，特別な祭祀や受朝・入朝とは異なる場面に表現されていることが大部分である

図80　太原隋虞弘墓レリーフ（槨壁第3幅・部分）の環帯

ため，少なくとも環帯が祭服や朝服とは区別される日常的な場面で着用された服飾であったことが想像できる。

　このようにみると，環帯を着用した状態で埋葬された人物は自ずと埋葬服として常服を使用していたということになる。壁画に描かれた環帯着用人物図の内容から，環帯が特別な埋葬用の服装に付属したものではないことは確かであるが，『続漢書』以来の記録にみられるいわゆる「朝服葬」とは距離がある。王朝内の官位や出自の差が埋葬服の規定にも影響を与えていた可能性を考える必要があろう。

　毛利光俊彦は環帯と唐式銙帯を交替関係にあるものとみて，その移行期を建徳年間（572〜579年）としている（毛利光2003, p.402）。唐代でも，上述の何家村窖蔵の資料や益州多宝寺石碑（663年）の胡人が着用した環帯の表現などから，出身や官位により後代まで引き続き環帯が用いられた場合があったとみられるが，唐式銙帯の流行にともなう数の減少は疑いない。唐代に入り，外来文化の接収・編成が進む中で，不要な異民族文化や統治に適さない部分が順次切り捨てられたのかもしれない。このような中国における環帯と唐式銙帯の関

第1章　百済の帯金具と官制の整備　199

係は,韓半島で受容された同遺物の出現・消滅ないし交替の背景を考える上で重要な意味を持っている。

(2) 百済環帯の系譜と表象

本章の最後に,上にみてきた中国の環帯に関する内容を百済の環帯の実状と対比することで,百済社会に環帯が導入された経緯,服飾としての意義などについて触れたい。

まず百済の環帯と中国の環帯の関連性有無についてである。筆者は,泗沘期になって流行する百済の環帯は,中国の帯金具の展開と無関係ではないと考える。形態的類似性だけでなく,変則的ではあるが晋式帯金具─環帯─唐式銙帯とつながる中国の帯金具の変遷が韓半島でも適用できるためである。前述のように百済では唐式銙帯が体系的に受容されなかった可能性が高いが,それは百済の選択的排除であるとともに,周辺地域に中国の服飾制度が強い影響力を持って波及する頃にはすでに百済が滅亡していたという事情もあったであろう。一方で,高句麗や新羅でも同じ型式の帯金具が比較的多く出土するため,中国と百済の直接的な影響関係の他に,周辺地域との関連も常に念頭に置いておく必要がある(図81)。特に新羅では形態的に晋式帯金具と環帯の中間的な帯金具があり(図81-10),韓半島内部での変化相と相互作用も考慮しなければならないが,とりあえず中国と百済の直接的な関連について次のように考えておく。

百済で環帯を初めて受容した時期はある程度絞られる。装飾付帯金具と環帯が共伴出土した武寧王陵の時期,すなわち6世紀前半であるが,この頃北朝は北魏が六鎮の乱を経て東西に分裂する直前の時期であった。姓氏や服飾をはじめとする漢民族との同化政策がある程度浸透した状態であったため,王朝中央の官人や貴族層では環帯の使用は限られていたのではないか。

武寧王陵が築造された時期の百済は,その出土品や文献などを通じて南朝との交流が大きく注目されてきた。しかし,北朝勢力との関係を決して無視することができない理由は,環帯の中国内での分布に偏重性がみられ,南朝との交流が低調であった新羅地域に同型式の環帯がほぼ同時期に取り入れられているためである。実際に『北史』列伝にみえる北魏・北周・隋など北朝系王朝への使節派遣記事[103],北朝の王室仏教の受容(徐程錫2002)と仏教彫刻の類似

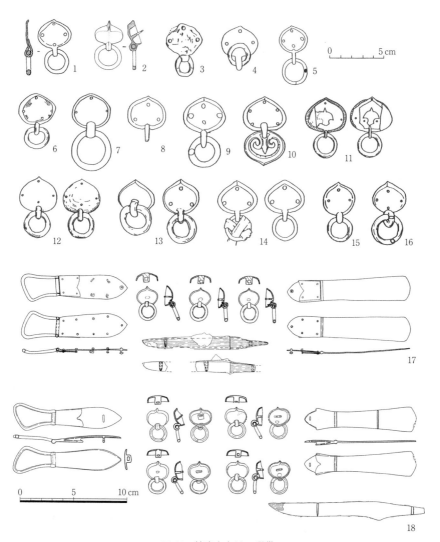

図81　韓半島各地の環帯
1：洞溝禹山墓区JYM3305号墳　2：五女山城　3：集安山城下墓区332号墳　4：平安南道高山里9号墳　5：集安七星山96号墳　6：慶州皇南洞109号墳　7：慶州皇南洞110号　8：慶州飾履塚　9・10：慶州金冠塚　11・12：慶州天馬塚　13：慶州普門里古墳　14：梁山夫婦塚　15：昌寧校洞11号墳　16：昌寧桂城A-1号墳　17：忠州下九岩里31号墳　18：達城舌化里5号墳

性，印刻瓦の伝播（沈相六2005，p.58～59），鐶座金具の使用（山本2016）など，当時の北朝と百済との交流を物語る要素は多い。様々な状況からみて，帯金具を含む冠や飾履などの服飾は，南朝よりむしろ北朝の影響を伝統的に受けていた可能性を考えておく必要がある。

　ところで注目すべきは，この時期の中国では環帯が異民族の服装として認識されていた可能性が高いという点である。百済をはじめとする韓半島諸国に中国式の帯金具が流入した背景については能動・受動の両側面から検討する必要があるが，漢城期の事例から指摘されているように（朴淳發2004，p.13）帯金具の授受を朝貢・冊封の一断片として評価できるならば，中国でこの時期の百済を「夷」，すなわち異と認識していた傍証となる。

　逆に百済側ではこの環帯をどのように認識していたのであろうか。前述のように韓半島諸国では，それぞれ中国の影響を受けて帯金具の型式が変化する傾向がある。晋式帯金具をはじめとする装飾性が高い帯金具が流行した段階までは，それ自体が権力を可視的に表現する威信財の役割を十分に果たしていたが，環帯が普及する段階には，それを所有しているだけでは権威の所在を明示することはできない。にもかかわらず，わざわざ中国的な文物を受け入れていた意味はどこにあったのか。それがまさに帯金具をはじめとする服飾の背後にある制度化された身分秩序である。言い換えれば，国内統治方法としての中国式官人機構を導入した際に，それを表現するための付属品として環帯をはじめとする服飾制が一緒に入ってきたといえる。この時期になり，帯金具は百済の支配階層によって編成された官人組織の制服のような機能を果たすに至ったということができる。

　このように環帯の受容には，それを伝えた主体（中国）と受け入れた側（百済など周辺国）で互いに若干の認識の差があったが，韓半島で身分を表象する道具へと体系的に発展して定着したという点において，単なる文物の授受を超えた外来文物に対する柔軟な吸収と改変活用という能動的な側面がうかがえるのである。

　本章の内容を要約すると次のようになる。環帯という名称に最も適合した形態を持つ帯金具は韓半島南部地域で6世紀代までに出現し，百済・新羅地域全

域に普及する。新羅では唐の影響で唐式銙帯が出現・流行して以後，順次衰退するが，百済では国の滅亡時まで高位階層を中心に使用されていたとみられる。百済の環帯はそれを着用した人物の身分（官位）により材質が規定されていたと考えられるが，これは文献に記録された腰帯の色の規定ともある程度対応すると考えられる。ただし，中国や日本では銙の数と官位の対応が文献に明示されているのに対し，百済では文献と出土資料の両者において銙の数に関する明確な意味や傾向を確認するのは難しい。後述する唐式銙帯との大きな違いである。

　百済の環帯は中国の環帯の直接・間接の影響によって出現したと考えられる。中国の環帯は本来北方系異民族（胡族）から始まる服飾で，各時期を通じて異民族の服装として理解されていたようである。その要素が百済に流入した背景には，中国による韓半島諸国に対する認識と，百済による中国文物の積極的活用という二つの側面が内在していると考えられる。環帯が百済内で身分秩序を再編する手段として利用されたことは明らかであるが，中国で漢代以降に制定された四等之制が百済地域にも存在したかどうかを，現在の資料から復元するのは難しい。

　百済の環帯をより深く理解するためには，中国の他に高句麗や新羅の資料との対比が必須であり，それを通じて東アジアにおける環帯の位置付けと，それを採用した地域・集団の性格がさらに明確になるはずである。

第2章　新羅の服飾関連遺物と官制

　本章では，7世紀代の新羅の遺跡から出土する服飾関連資料をもとに，当時の服飾制と官位制について考察してみたい。当時の上流階層の服飾は単純な「衣」としての機能以上の意味を備えていたことから，服飾に関する検討は当時の社会の特色を解明するにあたって有効である。特に服飾に示される身分秩序の痕跡は，官人社会へと発展した新羅の制度的側面を解き明かす糸口を提供する資料として評価できる。よってここでは新羅の遺跡において確認される断片的な服飾関連資料を概観し，文献記録に残る当時の服飾・官位制の記事との対比を試みたい。文献によると，当時新羅の服飾は中国唐の服飾制の影響を一定程度受けていたことが記録されており，唐の資料との比較からも新羅側資料の実態を把握することができると思われる。以下では，このような時代的特徴を持つ官服の実態把握と実際の社会制度との対比作業を行い，東アジアにおける当時の新羅社会の政治史的位置付けについて論じてみたい。

1　新羅の服飾関連資料

　一般的に服飾に関連する遺物は墳墓から出土する場合が多い。言い換えれば，墳墓以外に服飾関連文物を廃棄したり保管しておいたような場所が考古学的に確認された例はなく，出土遺跡は自ずと限られてくるといえる。ところで，墳墓遺跡においても服飾が個別の副葬品として埋納されることは少なく，出土状況からみても大部分は埋葬当時に被葬者が着用していたものである場合が多い。その意味では墳墓から出土する服飾は厳密な意味の「副葬品」であるとはいえない。

　当該期の新羅の服飾に関しては，いわゆる「唐式銙帯」についても次章で取り上げている。腰帯は当時の身分制度を反映する代表的な遺物であり，金属製品が多いことから遺跡から出土する頻度が比較的高い良好な分析対象であるといえる。

三国時代の王陵級（首長級）古墳から往々にして出土する金・銀・金銅など
の各種金属製装身具を見ると，実際に生前の被葬者が常時着用していたとは考
え難いものがある。これらを埋葬用装身具とみる見解もあるが，冠帽や飾履を
実際に着用したまま埋葬された事例[104]がある反面，逆に純粋な副葬品として
他の遺物とともに埋葬施設の隅にまとめて置かれていた例[105]などもあり，多
様な副葬形態を想定する必要がある。ところが薄葬化が進む段階には，金属製
装身具や威信財などは姿を消すため，被葬者が埋葬時にどのような服装であっ
たのかについて把握するのはさらに困難になる。本書のように服装をもとに被
葬者の生前の社会的・政治的地位を推定しようとする場合，埋葬服と官服の関
係，つまり官服を埋葬服として利用した比率はどれほどであったのかという問
題を常に念頭に置いておく必要がある。

　前章でも指摘した通り，現在までに発掘された当該期の墳墓における官服関
連遺物の出土率をみると，当時死者を埋葬する際に必ず官服を着せていたとは
いえない。専用の埋葬服の存在有無については文献にも記録がなく実物も確認
されていないため詳細は不明であるが，官服に関連する付属装飾品が全く出土
しないことが多い点を考慮すると，被葬者には平常時の服や専用の埋葬服を着
せる場合も多かったものと推定される。

　一方で，新羅では断片的な実物資料よりも当時の服飾が詳細に表現された遺
物がいくつかの墳墓から出土しており，上記のような資料の短所を補うことが
できる。それが当時の人物の姿，特に官人層の姿を模した人物形土製品（陶俑
または土俑）である。この人物俑は現在までに慶州の隍城洞古墳や龍江洞古墳
などで出土しており（李康承・李熙濬 1993，文化財研究所・慶州古蹟発掘調査団
1990，李殷昌・姜裕信 1992），当時の服飾に関する研究を大きく進展させる契機
となった（文化財研究所・慶州古蹟発掘調査団 1990）。人物俑を墳墓に副葬する
風習はもともと中国において盛行したもので，特に唐代の上位階層の墓にはほ
ぼ例外なく埋納された。これらは墓室内に描かれた人物画を含む壁画とともに
当時の服飾研究の貴重な資料となっている。新羅において確認される土俑埋納
風習も，土俑の形態や服飾などからして唐の影響を受けて導入されたことは疑
いなく，服飾制や官位制のみならず喪葬制から両地域の交流の様子を検証し得
るきわめて重要な資料である。以下では各報告書に記載された内容をもとに新

羅の土俑についての検討を試みたい。なお，上の二墳墓以外に慶州西岳洞の土偶塚からも当該期以降のものと思われる人物像が出土しているが，服飾の描写がないため本書の検討対象からは省くことにする。

(1)　人物像にみる表現の変化

　韓半島三国において，人の姿を表現した考古資料は，高句麗の古墳壁画に描かれた人物図を除くと新羅において多く確認されている。そのうち大部分は5〜6世紀の土器に装飾された小像（土偶と呼称されている）や騎馬人物像などが占め，当時の習俗や思想，軍備などを知る手がかりとして注目されている。しかしこれらの小像は人物そのものに焦点を当てて製作されたというよりは，狩猟や性交，歌舞演奏など，人形を利用してある種の行為や象徴性を表すために作られた側面が強いため，人物の描写は概して稚拙である。従って表情や髪形なども表現されないものが多く，服装に至っては全く描写されないか省略されたものがほとんどで，当時の一般的な服飾を明らかにするのは難しい。

　むしろこのような新羅の人物表現が，ある時期以降に以下にみるような人物俑のセットとして確立することに注目したい。上記の伝統的な新羅の小像と後述する隍城洞・龍江洞古墳出土の土俑との違いは，人物の表現において格段に写実的になっているという点である。人体各部位の比率や顔の作りなどはもちろん，服や髪型の特徴などがほぼ忠実に表現されており，人物の特徴を重視した作りとなっている。服飾や個々の大きさ，表情，姿勢，髭の有無などが個体ごとに区別されており，製作にあたってそのモデルとなった人物がいたことさえ想起させる。

　両者の間には非写実的な人物像から徐々に発展したとは考えられない格差があり，また時期的にその間を埋める資料も発見されていないことから，外部からの影響により一定の時期に導入された要素であることは疑いの余地がなく，服装や人物の表現などからその源流が中国，特に唐代の土俑副葬の慣習にあったことは確実である。以下において行う新羅側資料の叙述では，個々の服飾はもちろん，出土土俑の構成にも注目し，唐制との関連の深さについて論じてみたい。

(2) 慶州隍城洞古墳出土土俑の服飾

慶州隍城洞石室墳からは破片を含めて6個体分の人物土俑と馬・牛・馬車（牛車？）などの土俑が出土した（図82）。人物俑のうち3個体は男子文官，1個体は武人，2個体は女人像と推定されている。顔がわかる3体の男子像はすべて顔の形や表情が異なり，髭の有無などによっても区別できる。特に，後述のように胡人とする見方もある男人像の存在は注目されるが，これは唐墓に副葬された人物俑群に胡人を模したものが含まれる確率が高いため，その構成を手本にしたものかもしれない。また，人物像の他に馬や牛，馬車などが含まれる点も興味深い。人物の服飾だけでなく，このような俑の構成にも唐の影響がうかがえる。以下では報告書の内容のうち服飾に関連する部分を抜粋・一部修正して考察を行う。

男人像（図82-1）

幞頭を被り，ややかがんだ姿勢で両手を胸の下で合わせた文官像である。笏のようなものを持っていたようであるが，現在は両腕の袖の上に横長の長方形孔だけが残っている。おそらく有機質のものが挿し込まれていたのであろう。比較的細い袖（窄袖）に丈の長い上衣（長袍）を着用し，上半身には団領や右衽などが表現されておらず，皺の表現もない。ただし，腰の前方には二重の沈線で帯を表現し，その下左右3ヵ所に太い斜線と細線で皺を表している。袍の左右側面の膝上からは深い沈線で服の切れ込みが表現されており，その上端は鋭い逆三角形状になっている。底部は平坦に作られているが面積は狭く，立てると不安定な感がある。両足の靴は大部分が服の裾に覆われており，端だけが簡略に丸く表現されている。幞頭の上部（巾子）は前方45度ほどに傾いており，先端は丸く処理されている。巾子は本来傾いているものではないため，上体を前に倒した姿勢を強調しているようである。巾子自体の高さは頭部を覆う部分の高さとほぼ同じである。幞頭の周縁は額に横方向の深い沈線を刻んで表現しており，後部には左右2ヵ所に脚があった痕跡が残っている（幞頭に関しては後述。図86）。高さは18.2 cmである。

男人像（図82-2）

上体を立てたまま首だけを左に傾け，その方向を注視するような姿勢の男子

像である。やはり袍を着用しているが，袖は上の文官像よりも細くて短く，腹の上に置いた両手は袖の外に露出している。袍の下半身前面には太く長い斜線を刻んで皺を表しているが，細かい表現はない。腰の前には2条の沈線で帯を表している。後面の下半身は中央を長い三角形状に窪ませて服が体に密着している様子を表現すると同時に，大きく開かれた両足を際立たせている。腰の部分とその下2cmほどの地点の2ヵ所に支え用の孔があいている。袍の裾からは三角形の靴のつま先がのぞいているが，左足のつま先は欠けている。像の底部は平坦であるが面積が狭く不安定である。右手の上に左手を重ねるように表現されているが，下に置いた右手は表現が稚拙である。左手には斜めに腰帯まで貫通する円孔があいている。有機質のもので別作りした笏を体の前でやや斜めに立てて持っていたようであるが，現在は残っていない。頭部には独特な帽子を被っている。前面は額の上から頭頂まで浅く覆い，後面は頭に触れる部分から直接斜めに立ち上がる。上方に伸びる部分は三角形であるが，先端は丸く処理されている。帽子の後部にはちょうど幞頭の脚のように帯の結び目が表現されているが，左右の端は欠けている。この帽子はいわゆる胡帽と呼ばれるものに近く，唐代の陶俑のものに類似するが，細部においては差がみられる。また，これが胡帽であるとすればこの人物が胡人である可能性も出てくるが，鼻の表現はむしろ前述の文官像のものよりもはるかに小さく，胡人の特徴はみられない。また，当古墳から出土した人物俑の服飾は上衣部分の表現において当時の胡人の袍の特徴である左右に折られた襟が表現されていない。従って帽子も必ずしも胡帽であるとはいいきれない。高さは17.9cmである。

女人像（図82-3）

服には上衣の腕の部分と裙（スカート）の前面にのみ太線と細線で大まかに皺が表現されている。長い裙側面の腰から下は深い沈線で三角形の切れ込みを表している。地面に触れる裙の先からは尖った靴のつま先部分がのぞいている。身体の後面は何の表現もないが，脇の下には2条の沈線で帯が描かれている。後述する龍江洞古墳の女人像とは異なり，体の前面に垂れる帯は表現されていない。頭髪は分け目を付けており，耳を完全に隠したまま後頭部の下で結び，右側に結い上げている。高さは16.1cmである。

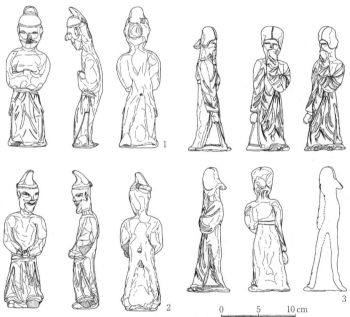

図 82 慶州隍城洞古墳出土土俑
1・2:男人像 3:女人像

第 2 章 新羅の服飾関連遺物と官制

(3) 慶州龍江洞古墳出土土俑の服飾

慶州市街地の北東に位置する龍江洞古墳では平面方形の横穴式石室の玄室内から男人像15点，女人像13点，計28点の人物土俑（図83），馬形俑，青銅製十二支神像などが出土した。人物俑はそれぞれ大きさや服装，姿勢などが異なり，複数階層の人物を表現したことがわかる。特に男人像は服の種類と姿勢で

図83 慶州龍江洞古墳出土土俑（1）

210 第3部 帯金具と服飾の画一化と身分表象

いくつかの類型に分類できるが，高官位とみられる人物以外に，上衣の丈が短く両手を袖から出して何かを引っ張るような姿勢で立っている像が数点あるのが注目される。共伴出土した馬形俑の存在から，これらが馬を引く従者を表していることは間違いない。馬を引く従者の土俑は中国の唐墓出土品においても一般的にみられる要素であり，中国の葬制を反映していることがわかる。また，高位の人物とみられる男人像の中に髭を蓄えた異国風の人物が存在する点も唐墓の資料と比較できる要素である。以下では考察の便宜上，代表的な土俑何点かに関する具体的な内容を報告書から抜粋・参照して概観する。

男人像①（図84-1）

文官像である。広い袖の中から両手で笏を持ち，笏の一部が胸の前にみえるようにしている。両足は肩幅ほどに広げており，長衣の下には靴のつま先がみえる。頭には幞頭を被り，後ろには幞頭から伸びる2条の帯が八の字形に首の下まで垂れている。幞頭は頂部中央がややくぼみ，唐代の襯尖巾子形幞頭のような形になっている。上衣は折り込まれた状態で腰の下まで下がり，長衣の下部は横方向に線が入る。全体的にやや恰幅がよい姿で謹厳な表情である。白地に顔から下を朱色に塗っているが，後部は退色している。下部は焼成前に円錐形に掘り込んでいる。高さは18.5 cmである。

男人像②（図84-2）

文官像である。出土した人物俑の中で最も背が高い。広い袖の中の両手は何かを摑んで胸の位置に上げているようにみえるが，袖の外側には表現されていない。両足は肩幅程度に開き，長衣の下には靴のつま先がのぞいている。裾の後ろは地面に接する。頭には幞頭を被り，後ろには幞頭から下がる2条の帯が長く直線状に背の位置まで伸びている。左腰には結び目のある腰佩があり，そこから別の長い装飾が提がっている。上衣は腰の部分で折り込んであり，裾の前部分には重ね着の状態が表現されている。下地に白土を塗り，その上に朱を塗っている。現在朱は背面において退色しているものの，全体的によく残っている。顔は白色で，唇のみ朱を施している。幞頭は黄褐色を帯びる。下部は焼成前に円錐形に掘り込まれている。高さは20.5 cmである。

男人像③（図84-3）

文官像である。広い袖の外に露出した手は左手を下に，右手を上に重ねて笏

図84　慶州龍江洞古墳出土土俑（2）
1～4：男人像　5・6：女人像

を持っている。腰には帯から垂れた腰佩のようにみえるV字形装飾が表現されており，先端には別の装飾が表されている。両足は肩幅程度に開いているようであり，長衣の下には微かにつま先が表現されている。頭には幞頭を被っているが，やや破損している。幞頭の後部は2条の帯を垂らさずに結んだように表現されている。笏を持つ両手の指の表現は明瞭で非常に写実的である。広が

った裾の皺がはっきりと表現されており，長衣の裾の側面に表現された線は重ね着の様子を示している。地に白土を塗っているが朱はほとんどみられず，顔と足にのみ若干痕跡が残る。この男人像は髭を蓄えた全体的な顔の表現が西域人を連想させる。内下部は焼成前に円錐形に掘り込んでいる。高さは17.1 cmである。

男人像④（図84-4）

広めの袖の外に出した手は左手を下に，右手を上に重ねて両手で何かを持つような格好であるが，持つものは不明である。両足を肩幅より広げて立ち，袍には線刻で裾と皺を表現している。長衣の裾は他の像より短い。頭には幞頭を被り，後部をV字形にまとめているが，帯は表現されていない。全体的に肩が開き，顎を上げ堂々とした姿の文人像を表現している。白土を塗っているが剝離がひどく，後面の一部にのみ残っている。高さは18.1 cmである。

女人像①（図84-5）

上衣の比較的広い袖の中で両手を合わせ胸の下に構えている。袖の皺は明瞭に表現されている。上着の上に羽織る裳は両肩にかかるように肩紐があるが，これは胸の上方に横方向につながっており，胸部は方形に開いている。裳の後ろにはV字の肩紐と横方向の帯が付く。V字部分は背が露出した状態である。裳の前部分は横方向の帯から2条の紐が膝下まで垂れている。長い裳は裾に向かって広がり，裾は足を完全に覆っている。頭部は丸く結い上げ，ちょうど仏像の大きな肉髻のようにみえるが，特別な装飾はみられない。地に白土を塗り朱を施しているが，脱色が激しく部分的に残っているだけである。高さは14.3 cmである。

女人像②（図84-6）

出土した女人像の中で最も大きく朱が比較的よく残っている。裳の前裾の外に両足の靴のつま先がのぞいており，全体の姿は豊満で堂々としている。背側に表現されたショールは脇から下方に垂れて裳の端まで至る。両手を上衣の袖の中に入れ胸の前に置いている。広い袖は膝に掛かるほどに垂れる。頭部の形は高い肉髻形に表現されている。高さは17.2 cmである。

2 文献にみられる新羅の服飾制と官位制

　次に，服飾による身分秩序に対する理解と上記資料の持つ意味を把握するために，文献史料にみられる服飾制関連記事の推移を確認し，その内容について考察を行う。新羅の服飾制関連記事は比較的多い方である。中国の官制および服飾制受容に関連する記録の中でまず注目すべきなのが『三国史記』にある法興王代の律令頒布および百官公服制の施行に関する以下の記事（520年）である[106]。

　　七年 春正月 頒示律令 始制百官公服 朱紫之秩

　　　　　　　　　　　　　　　　　　　　（『三国史記』巻4法興王7年条）

この内容は新羅の官制整備を表しているものとみられるが，「律令」と表現されている部分には注目する必要があり，そこに中国制の影響があったことを想像させる。ここではその序列が「朱紫之秩」と表現されているのみであり，官位ごとの具体的な服色については言及していないが，「朱」「紫」という官人の服飾の代表的な色でそれを表現しており，実際にはより細分化されていたことが下の『三国史記』の記事からもわかる。

　　法興王制 自太大角干至大阿湌紫衣 阿湌至級湌緋衣 並牙笏 大奈麻・奈麻
　　青衣 大舎至先沮知黄衣 伊湌・迊湌錦冠 波珍湌・大阿湌・衿荷緋冠 上堂
　　大奈麻・赤位大舎組纓　　　　　　（『三国史記』巻33雑志2色服条）

これは金春秋が唐長安において太宗に唐の衣服制の導入を進言した際の記事にみえる「新羅初期の衣服制には色の別がなかった」という表現からしても画期的な変革であったことがわかる。

　　<u>新羅之初 衣服之制 不可考色</u> 至第二十三葉法興王 始定六部人服色尊卑之
　　制 <u>猶是夷俗</u> 至真徳在位二年 金春秋入唐 請襲唐儀 太宗皇帝詔可之 兼賜
　　衣帯 遂還来施行 以夷易華 文武王在位四年 又革婦人之服 自此已後 衣冠
　　同於中国　　　　　　　　　　　　（『三国史記』巻33雑志2色服条）

　ところで，この法興王7（520）年の頃にあたる中国（北朝北魏または南朝梁）の服飾制をみると，官品ごとに色が規定されていたという事実を示す内容はみあたらず，新羅との実質的な対比は困難である。今後中国服飾制に関するより

綿密な分析を通じてこの「法興王制」服色規定の実像について検証する必要があろう。

　以上の法興王代の服飾制に満足できる効果がなかったか，あるいは時間の経過とともにその有効性が失われていたであろうことは，先の「猶是夷俗」という表現や，その後金春秋が唐制の導入を望んだという以下の記事からも想像される。

　　　春秋又請改其章服 以従中華制　　　　　（『三国史記』巻5真徳王2年条）

　また新羅の使者が隋に朝貢した際に，隋の民部尚書である李子雄がその服飾（冠制）について問いただしたという以下のような記事があることから，この頃（6世紀末～7世紀初）にもまだ新羅社会に完全な中国式の服飾が浸透していなかったことがわかる[107]。

　　　新羅嘗遣使朝貢　子雄至朝堂与語　因問其冠制所由　其使者曰　皮弁遺象　安
　　　有大国君子而不識皮弁也　子雄曰　中国無礼　求諸四夷　使者曰　自至已来　此
　　　言之外　未見無礼　憲司以子雄失詞　奏劾其事　意坐免
　　　　　　　　　　　　　　　　　　　　　（『隋書』巻70列伝李子雄条）

　このような状況を打開するため，中国の服飾制を本格的に受容した時期が真徳王3（649）年である。このとき新羅が唐から導入した服飾制がどのようなものであったのか，その詳しい内容は記録に伝わらないため明らかでない。しかし唐と新羅では伝統的な官制自体に差があったため，各官品ごとの服色の規定などをそのまま受容したとみるのは難しいであろう。ここでも新羅の在来的な官位制に唐服飾制の外面的・視覚的な効果が適用された可能性を念頭に置いておくべきである。

　唐制との比較を通じて当時の新羅が受容した衣服制の実態を解明しようとする際に参考となるのが，当時唐において施行されていた武徳4（621）年公布の衣服令である。この武徳衣服令は以後何度かにわたって部分的な改正を経るが，金春秋が唐制を導入した年に最も近い時期の改正として注目されるのが太宗の貞観4（630）年のものである。このときに朝服および公服の色について三品以上を紫，四・五品を緋，六・七品を緑，八・九品を青と規定しているが（『唐会要』巻31），これが新羅にいくらかの影響を与えたであろうことが想像できる。

以後、以下のように衣服以外の服飾付属品も中国式を受容したり、最高支配階層や官人層だけでなく宮廷婦人などにも中国式服飾の着用を浸透させるなど、唐制への傾倒が進む。しかしその詳細はわかっておらず、新羅服飾制の具体的な内容は興徳王代の服飾禁令の発布時期まで明らかでない。

　　夏四月　下教　以真骨在位者　執牙笏　　　　（『三国史記』巻5真徳王4年条）
　　是王代始服中国衣冠牙笏　　　　　　　　　　（『三国遺事』紀異　太宗春秋公条）
　　下教婦人　亦服中朝衣裳　　　　　　　　　　（『三国史記』巻6文武王4年条）
　　文武王在位四年　又革婦人之服　自此已後　衣冠同中国
　　　　　　　　　　　　　　　　　　　　　　（『三国史記』巻33雑志2 色服条）

　興徳王9（834）年の服飾に関する禁令は性別と骨品制の各等級別に仔細に規定されており、『三国史記』色服条の記録の大部分はこの禁令の内容が占めている。少々長くなるがその全文を記すと次の通りである。

　　興徳王即位九年　太和八年　下教曰　人有上下　位有尊卑　名例不同　衣服亦異　俗漸澆薄　民競奢華　只尚異物之珍寄　却嫌土産之鄙野　礼数失於逼僭　風俗至於陵夷　敢率旧章　以申明命　苟或故犯　国有常刑
　　真骨大等　幞頭任意　表衣・半臂・袴並禁罽繡錦羅　腰帯禁研文白玉　靴禁紫皮　靴帯禁隠文白玉襪任用綾已下　履任用皮絲麻　布用二十六升已下
　　真骨女　表衣禁罽繡錦羅　内衣・半臂・袴・襪・履並禁罽繡錦羅　裱禁罽及繡用金銀絲・孔雀尾・翡翠毛者　梳禁瑟瑟鈿・玳瑁　釵禁刻鏤及綴珠　冠禁瑟瑟鈿　布用二十八升已下　九色禁赭黄
　　六頭品　幞頭用繐羅・絁絹布　表衣只用綿紬絁布　内衣只用小文綾絁絹布　袴只用絁絹綿紬布　帯只用烏犀鍮鉄銅　襪只用絁綿紬布　靴禁烏麖皺文紫皮　靴帯用烏犀鍮鉄銅　履只用皮麻　布用十八升已下
　　六頭品女　表衣只用中小文綾絁絹　内衣禁罽繡錦野草羅　半臂禁罽繡羅繐羅　袴禁罽繡錦羅繐羅金泥　裱禁罽繡錦羅金泥　褙・襠・短衣並禁罽繡錦羅布紡羅野草羅金銀泥　表裳禁罽繡錦羅繐羅野草羅金銀泥□纈　□襻禁罽繡　内裳禁罽繡錦羅野草羅　帯禁以金銀糸・孔雀尾・翡翠毛為組　襪袎禁罽羅繐羅　襪禁罽繡錦羅繐羅野草羅　履錦罽繡錦羅繐羅　梳禁瑟瑟鈿　釵禁純金以銀刻鏤及綴珠　冠禁繐羅紗絹　布用二十五升已下　色禁赭黄紫紫粉金屑紅
　　五頭品　幞頭用羅絁絹布　表衣只用布　内衣・半臂只用小文綾絁絹布　袴只用

綿紬布 腰帯只用鉄 襪只用綿紬 靴禁烏麞皺文紫皮 靴帯只用鍮鉄銅 履用皮麻 布用十五升已下

五頭品女 表衣只用無文独織 内衣只用小文綾 半臂禁罽繡錦野草羅繐羅 袴禁罽繡錦羅繐羅野草羅金泥 裱用綾絹已下 褙・襠禁罽繡錦綿野草羅布紡羅金銀泥□纐 短衣禁罽繡錦野草羅布紡羅繐羅金銀泥□纐 表裳禁罽繡錦野草羅繐羅金銀泥□纐 □襈禁罽繡錦羅 内裳禁罽繡綿野草羅金銀泥□纐 帯禁以金銀糸・孔雀尾・翡翠毛為組 襪袎禁罽繡錦羅繐羅 襪禁罽繡錦羅繐羅野草羅 履但用皮已下 梳用素玳瑁已下 釵用白銀已下 無冠 布用二十升已下 色禁赭黄紫紫粉黄屑紅緋

四頭品 幞頭只用紗絁絹布 表衣・袴只用布 内衣・半臂只用絁絹綿紬布 腰帯只用鉄銅 靴禁烏麞皺文紫皮 靴帯只用鉄銅 履用牛皮麻已下 布用十三升已下

四頭品女 表衣只用綿紬已下 内衣只用小文綾已下 半臂・袴只用小文綾絁絹已下 裱短衣只用絹已下 褙・襠只用綾已下 表裳只用絁絹已下 □与裳同 襈用越羅 無内裳 帯禁繡組及野草羅乗天羅越羅 只用綿紬已下 襪袎只用小文綾已下 襪只用小文綾絁綿紬布 履用皮已下 梳用素牙角木 釵禁刻鏤綴珠及純金 無冠 布用十八升 色禁赭黄紫紫粉黄屑緋紅滅紫

平人 幞頭只用絹布 表衣・袴只用布 内衣只用絹布 帯只用銅鉄 靴禁烏麞皺文紫皮 靴帯只用鉄銅 履用麻已下 布用十二升已下

平人女 表衣只用綿紬布 内衣只用絁絹綿紬布 袴用絁已下 表裳用絹已下 襈只用綾已下 帯只用綾絹已下 襪袎用無文 襪用絁綿紬已下 梳用素牙角已下 釵用鍮石已下 布用十五升已下色与四頭品女同

(『三国史記』巻33雑志2 色服条)

　ここで注目されるのは服飾に対する規制が官等ごとに定められているのではなく，血統・家系による身分秩序である骨品が基準となっている点である。これは法興王代の内容を記録した記事にみられる官等を基準とした服飾規制とはやや異なる部分であり興味深い。しかし，これは新羅の官制が官等を基礎にしていたことを否定するものではない。官位と骨品は相互に関連するものでもあり，無関係に運営されていたとは考えられない。新羅社会においては個別官位間の位の差は顕著に表出しておらず，骨品ごとの区別がより重視され，それが

服飾制にも反映されたものと解釈すべきであろう。つまり表14（興徳王代の服飾禁令発布以前の状況）にみられるように，新羅では各官等間の格差よりもそれを包括する上位概念である各骨品間の差異の方が克服し難い身分の壁として作用していたということである。この点は唐式銙帯の諸型式や材質などにみられる数量比率にも表れている。

先にみた興徳王代の禁令では服飾の色に関する細かい記述がないため，表14にみられる色の対比がどのように変化したのかを詳しく知ることはできないが，唐や日本の事例との比較から色とその順序には大きな差がなかったものと思われる。つまり，服飾の基礎的な色は唐・新羅・日本において基本的に類似した状況にあり，服飾制の観念は東アジア全域において共通した身分秩序の視覚的表現方法であったことが指摘できる。これは唐式銙帯が中国だけでなく周辺各国において普遍的に出土する状況とも軌を一にする現象であるといえる。

一方，文献記録をもとに新羅の官服を唐風と国風が同時に採択された二重制であったと指摘する見解がある（杉本1984，p.325）。つまり，唐に関係する行事の際には唐式の服装を着用し，新羅の伝統的な行事の際には新羅様式の服装を使用したであろうとする見解である。官制にみられる新羅の伝統性を考慮に入れるとこのような見解も首肯できるが，先述の新羅の古墳から出土する土俑や銙帯などには新羅固有の要素といえる資料はほとんどみあたらない。伝統性・保守性が強いとされる葬制にも唐の服飾の影響がみられることから，唐風と新羅風という二種の服飾要素が同時進行的に用いられていたという主張を立証するには考古資料

表14　新羅の官等・骨品と色服の対比表
　　　（興徳王代の服飾禁令発布以前）

官等	官位名	骨品	色服	その他
1	伊伐湌／角干	真骨大等	紫	錦冠
2	伊尺湌／伊湌			
3	迊湌／蘇判			
4	波珍湌／海干			緋冠
5	大阿湌			
6	阿湌	六頭品	緋	牙笏
7	一吉湌			
8	沙湌			
9	級伐湌／級湌			
10	大奈麻	五頭品	青	纓組
11	奈麻／奈末			
12	大舎	四頭品	黄	
13	小舎			
14	吉士			
15	大烏			
16	小烏			
17	造位	平人	白衣	

の面からは十分でないといわざるを得ない。

　新羅が唐式の服装を本格的に導入した背景に新羅側の要求もあったことが記されているが（『三国史記』巻5真徳王2年条)、一方で唐からもその後新羅に何度かにわたって各種服飾を贈っている（表15)。贈った対象は王や王族、高位官人に限られているが、唐としては上位階層に自国の服飾制を半強制的に依託することだけでもその影響力を行使できる契機となったのであろう。また新羅の立場においては、必ずしも導入に積極的であったとはいえないであろうが、唐から贈られた服飾を着用し、その位相を利用することで自国内における権威と身分秩序を維持した面もあったと思われる。

　一方、唐・新羅・日本それぞれの官位と服飾制を比較すると新羅の特殊性がみとめられるが（表16)、その理由は日本が唐の律令を体系的に受容したのに対し、新羅は従来の官位制に基礎を置いて唐制を部分的に導入したためであるように思われる。当時唐の官制は九品を正と従に分けた十八階制であり、日本でも同じく九位を正従に分けた十八階制を用いていた。新羅には一つの官位を2段階に細分する原理は初めから備わっておらず、十七官等が奇数である点からも中国の影響によって定められた官等制であるとはみなしがたい。ただし、

表15　唐から新羅に贈られた服飾一覧

年　代	対象	内　　容
文武 5年（665）	王	紫衣一襲，腰帯一条，彩羅，綾，生絹 他
聖徳 23年（724）	王族	錦袍，金帯，綵・素 各二千匹
聖徳 30年（731）	大使	綾・綵 各五百匹，帛 二千五百匹
聖徳 32年（733）	王	紫羅繡袍，瑞文錦・五彩羅 三百余反
聖徳 33年（734）	大臣	緋襴袍，平漫銀帯，絹 六十匹
孝成 2年（738）	王弟	緑袍，銀帯
元聖 2年（786）	王 王妃 大宰相 小宰相	羅・錦・綾・綵 三十匹，衣服一副 錦・綾・綵・羅 二十匹，押金線繡羅裙衣一副 衣服一副 衣服一副
景文 5年（865）	王 王妃 王太子 大宰相 小宰相	錦・綵 五百匹，衣服二襲，金銀器 錦・綵 五十匹，衣服一襲，銀器 錦・綵 四十匹，衣服一襲，銀器 錦・綵 三十匹，衣服一襲，銀器 錦・綵 二十匹，衣服一襲，銀器

表16　唐・新羅・日本の官位および服色の対比表

	唐		新羅			日本	
1	正一品	紫	伊伐湌	真骨	紫	正一位	深紫
2	従一品		伊尺湌			従一位	
3	正二品		迊湌			正二位	浅紫
4	従二品		波珍湌			従二位	
5	正三品		大阿湌			正三位	
6	従三品		阿湌			従三位	
7	正四品	緋	一吉湌	六頭品	緋	正四位	深緋
8	従四品		沙湌			従四位	
9	正五品		級伐湌			正五位	浅緋
10	従五品		大奈麻	五頭品	青	従五位	
11	正六品	緑	奈麻			正六位	深緑
12	従六品		大舎			従六位	
13	正七品		小舎	四頭品	黄	正七位	浅緑
14	従七品		吉士			従七位	
15	正八品	青	大烏			正八位	深縹
16	従八品		小烏			従八位	
17	正九品		造位以下	平人	白	正九位	浅縹
18	従九品					従九位	
	庶人	白				無位	黄

結果的にみると新羅の官制も唐・日本など当時の東アジア各国においてみられる流れから大きく逸脱しない体系を構成していたといえる。当時の中国と新羅の関係からして，唐の正一品と新羅の一等を対等な位階とみることはできないが，服飾の色などを比較するとほぼ同質の体系を備えており，新羅の身分秩序が決して唐体制に編入されたものではなく，新羅国内において完結する独自の官等体系であったことがわかる[108]。

3　出土資料の服飾的特徴と身分表象

では，このような状況をどのように考古資料に代入できるであろうか。本節では上にみた文献の服飾関連記事および中国の土俑・壁画と対比しながら，各

古墳から出土した新羅の土俑と被葬者の身分を推定する。

(1) 龍江洞古墳の土俑とその身分表象

龍江洞古墳出土土俑の服飾に関しては報告書の中で詳細な検討がなされている（文化財研究所・慶州古蹟発掘調査団 1990）。以下，その内容を含めて若干の考察を加えたい。

まず頭に被った男子の幞頭であるが（図85），これは中国の官僚制に関連する最も顕著な服装の一つで，官人が普遍的に着用した代表的な服飾であるといえる（孫機 2001b）。その浸透の程度は中国はもちろん，韓半島，日本など当該期の周辺諸国の土俑や壁画に描かれた人物像の大部分が各種幞頭を被っている事実からも推測できる。唐の服飾制を導入する以前の新羅の頭飾として特徴的であったのは烏帽子形の冠帽と鳥の羽を挿した冠[109]であり，この伝統的な衣裳が唐の服飾導入後にもある程度維持されていたことは，唐李賢墓（章懐太子墓／706年）の壁画の中の賓客図に描かれた新羅の使者とされる人物の服装からも推測できる（図86）。龍江洞古墳から出土した土俑にこのような伝統的な冠帽の表現が全くない点は注目に値する。これは当時の墓制と官制，服飾制に唐の影響が及んでいたことを示すものである。特に龍江洞古墳の築造年代は唐服飾制の受容期から大きく遅れない時期とみられ，すべての面において唐式の影響が最も色濃く現れた頃の産物であるといえる。

先にみた興徳王代の服飾禁令によると，すべての官人層が幞頭を使用できることになっているため，当然それ以前の時期にも幞頭は官人の一般的な頭飾として採用されていたであろう。しかし，そこには身分（官位）によって真骨は任意，六頭品は繐羅・絁絹布，五頭品は羅絁絹布，四頭品は紗絁絹布，平人は絹布を使用するなど，材質の差が規定されている。土俑の服飾から幞頭の材質まで判断することはできないが，後頭部に表現された2条の帯や脚などは，当時の中国の服飾を正確に把握して受け入れていたことをうかがわせる。報告書によると幞頭の形態は唐の則天武后代に流行した高頭様巾子の長脚幞頭形を模したもので，盛唐初期の様式を反映しているという（文化財研究所・慶州古蹟発掘調査団 1990，p.110）。

一方，女人像の頭部には特別な装飾や冠のような表現はみられない。これは

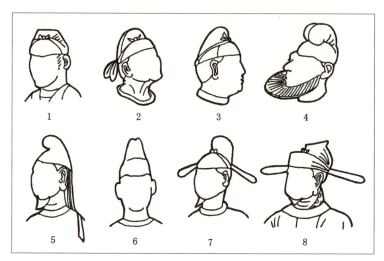

図85　中国の幞頭
1：平頭幞頭（唐貞観16年独孤開遠墓出土俑）　2：硬脚幞頭（唐神龍2年李賢墓石槨線刻）　3：前踏式幞頭（唐開元2年戴令言墓出土俑）　4：円頭幞頭（唐天宝3年豆盧建墓出土俑）　5：長脚羅幞頭（莫高窟130窟盛唐壁画）　6：襯尖巾子的幞頭（唐建中3年曹景林墓出土俑）　7：翹脚幞頭（敦煌蔵経洞唐咸通5年絹本仏画）　8：直脚幞頭（莫高窟144窟五代壁画）

　前段階に金属製の冠や耳飾などを着用していた状況とは異なる大きな変化で，やはり唐の服飾制の影響とみられる（孫機2001c）。頭髪も新羅の伝統的な髪形とされる隍城洞古墳出土土俑の女人像の頭部とは異なり，肉髻形に結い上げたスタイルが唐の土俑や壁画において確認される髪形の影響を思わせる。ところが新羅興徳王代の服飾禁令をみると，女性も真骨および六頭品は冠帽を使用したことが記録されている。禁令以前にはさらに低位まで冠帽の使用がみとめられていたとも考えられるが，これについては女性が常時冠帽を着用していたのかという問題が検討されなければ出土土俑と位階の対比は不可能である。実際に服の色などをみると，龍江洞土俑の女性が比較的高い位を所持していたことが想像されるのである。
　土俑が着る服（袍）もまた唐式によっている。袍は幞頭および笏の有無と対比することで身分による形態差をみとめることができる。これを参考にすると，笏を持つ高位の人物ほど袍の丈が長くなり，靴を覆うほどになる。中国唐代の古墳壁画や土俑をみると，袍の丈が地面に付くほど長い人物は少なく，や

はり笏を持ち大きく描かれた貴族や高官の描写において多くみられる（図87）。袍もまた位によって材質が規定されていたことが記録に残っている。

　女人像では個体ごとに服の明確な差は観察できない。材質に位ごとの規制があったことは男性の場合と同様であるが，その他に形態上大きく異なる部分はないようである。ただし，裳のみを着用した土俑と上半身にショール（披帛）を纏った土俑の2種があり，土俑自体の大きさもこれに対応することから，後者が前者より高い位を

図86　章懐太子墓賓客図の新羅遣使（右）

有した人物であったことが想像できる。龍江洞古墳出土女人像の服装の特徴は胸部が「凵」形に開いている点であるが，この女人像の服の形に類似した事例を唐の資料に求めると，唐李寿墓（630年）の壁画にある演奏する女人図，唐段簡璧墓（651年）第5天井西壁壁画の侍女図，唐呉守忠墓出土土俑などにみることができる（図88）。これらは貴族に仕えた侍女的な性格を持つものであるが，披帛の有無などに位の差を読み取ることができよう。

　龍江洞古墳出土土俑の特徴のうち最も注目されるのは服の色である。剥落したり退色した部分が多いため全体は把握できないが，彩色が確認できる個体は共通して白地に朱で着色している。一部顔に朱が施されたものがあるが，大部分は幞頭および服に彩色を施しているため，服の色をそのまま表現したものとみて差し支えないであろう。この彩色は位が高い人物を模したと思われる大型土俑において特によく残っており，小型に属する土俑では微かである。このような状況から，位を表象する服の色を土俑にも反映させていた可能性が高く，それをもとに土俑および被葬者の位もある程度推測できると思われる。文献にみられる服飾制には朱色に関する記述はないが，それに該当すると思われる色

図87　唐墓の土偶および壁画の官人図
左上：恵庄太子墓　左下：芝田孝北食品公司唐墓　右上下：節愍太子墓

に「緋」色がある。緋色は新羅の服飾制関連記事だけでなく唐や日本でも官服の色として採用されていた普遍的な要素の一つで、その該当官位もかなり上位であったことがわかる。唐と日本の場合、緋色の官服を着用できた階級は四品および五品であり、新羅では六頭品にあたる人物のみが着用できたという（表16）。従って龍江洞古墳出土土偶のうち高位にあたる資料は六頭品程度の人物を表現したものであると仮定できる[110]。このことから被葬者も六頭品程度の人物と推定できるが、一般的に墳墓に描かれた壁画や副葬された土偶には被葬者より位が高い人物を表現することはなく、低い階級の従者などが描写される

図88 龍江洞古墳出土女人俑（左）と唐李寿墓演奏図（右）の女人図

ことが多いと考えられるため，龍江洞古墳の被葬者も真骨貴族以上の人物であった可能性は十分に考えられよう。墳墓の立地が一般的な墓域である慶州盆地外郭の山際でなく市街地（京域）近郊である点も被葬者の位相を表しているといえる。

　このことは土俑が持つ笏の存在からも推測できる。前述のように，笏については文献の650年の記事に真骨階層に牙笏を持たせたことが記載されている[111]。これは真骨のみが笏を持つことを許されたのではなく，真骨が持つ笏の材質を指定したものと考えられるため，笏の存在を根拠にこの土俑を真骨階層とすることはできない。唐では武徳令に五品以上には象牙笏を，六品以下には木笏を持たせたことが記載されており，新羅の場合と対応する。ただし，本古墳から出土した土俑のうち笏の携帯を推定できる個体は3点であり，持っていない人物が多い点からして，笏の使用階層がある程度限られていたことが想像できる。

　もう一つ注目される点は，上に見た男人像②・③の左腰部分にみられる佩飾のような装飾である。次章で詳論するように，唐服飾制の代表的な要素である唐式銙帯にはもともと様々な品物を吊るしておく慣習があった。新羅ではこのような垂飾の慣習がさほど浸透しなかったと考えられるが，この男人像にみられる表現や新羅王京遺跡において出土した垂飾と推定される金具片の存在（国

第2章　新羅の服飾関連遺物と官制　　225

図89 龍江洞古墳出土男人俑（左）と唐段簡璧墓壁画（右）の腰佩

立慶州文化財研究所 2001）から，一定の時期に特定階層によって垂下物が採用されていた可能性もある。この男人像②・③にみられる佩飾に類似したものは，唐段簡璧墓第2通路東壁画に描かれた侍男像や唐永泰公主墓の壁画などをはじめ例が多い（図89）。

上記以外に靴の形なども位によって差があったことが記録されているが，当古墳の土俑においてその微細な差は判別できない。

(2) 隍城洞古墳の土俑とその身分表象

隍城洞古墳出土品は龍江洞古墳出土土俑に比べ服飾の表現が省略的で彩色も施されていないため，詳細な検討は困難である。ただし，男人像は幞頭，袍の形，笏を持っていたと思われる手の形などから，唐の服飾制の影響を受けたものであることは明らかである。団領や右衽が表現されていない理由として，報告者は唐の服飾制導入の初期にあたる服飾であるため土俑に正確に描写されるほどに一般化していなかった可能性を指摘するが（李康承・李熙濬 1993, p.93），筆者は単純な表現の問題であると考える。

女人像にはショール（披帛）や長裙，高髻に結い上げた髪形など唐代の女人像の典型的な姿がみられない。よってこれは新羅の伝統的な服飾である可能性が高く，婦人服が唐の服飾制の影響[112]を受ける前の様子を表したものと思われる。この状況をもとに当古墳の年代を唐服飾制導入（649年）以後，女性の服装が唐式に変わる時期（664年）までに該当するものと考えることもできる

（李康承・李熙濬1993）。

　当古墳の被葬者および土俑に表現された人物の身分を推測するには，前述の龍江洞古墳に比べ端緒が少ない。ただし，墳墓の立地自体が龍江洞古墳と同様に他の古墳群とは離れた王都近郊に位置しているため，特別な階層の墓とみて差し支えあるまい。また，土俑として製作された人物像や馬・牛・馬車（牛車）の存在から，被葬者が貴族的な性格を有していたことが連想される。報告者は土俑男人像が笏を持っていたとみられる点を根拠に『三国史記』真徳王4年条の記事と結び付けて土俑の人物を真骨階層としている（李康承・李熙濬1993, p. 98）。しかし，先述のように必ずしも真骨のみが笏を所有できたわけではないと思われる。墳墓の被葬者より身分が低い人物を表現することが多い墳墓出土土俑や古墳壁画の性質上，この土俑の人物を真骨階層と断定する説には容易には首肯できず，ましてや墳墓の被葬者の位と結び付けるのは無理がある。

　ここで墳墓の埋葬施設の大きさの面から被葬者の相対的な身分を推測すると，隍城洞古墳の石室の規模（玄室260×230 cm）は龍江洞古墳の石室規模（玄室260×260 cm）に近く，出土遺物など諸般要素からみても両古墳の性格に大きな差がないことは明らかである。龍江洞古墳の被葬者が真骨以上の階層であった可能性を指摘した本書の観点からは，隍城洞古墳も同様に王族を含めた最高階層の墓と推定しておくのが最も妥当なようである。その後発掘・報告された隍城洞906-5番地石室墳（国立慶州文化財研究所2005）をはじめ，周辺に位置する古墳も同様の観点から解釈する必要があろう。

　墳墓に土俑を副葬する中国式の葬制は新羅では中央である慶州において，それも最上位にあたる人物の墓において特徴的にみられる風習である。慶州地域の別の古墳群やその他の地方の新羅・統一新羅時代の古墳ではいまだ確認されておらず，極めて限定的な風習であったことは間違いない。このような限定的・例外的な事例を新羅社会全体の姿としてとらえることには慎重を期すべきであり，服飾制に主に表現された新たな官制が中央の官人を中心に展開していたことは事実であろう。以後新羅では墳墓の周囲をめぐる外護列石のレリーフや副葬品に用いられる十二支神像などにも唐の服飾が極自然に描写されるようになるが（図90），やはり中央である慶州周辺に限定された現象である。しか

図90　唐と新羅の十二支神像
1：長沙唐墓　2：慶州伝閔哀王陵　3：慶州花谷里　4：国立中央博物館蔵　5：慶州下邱里

し，唐式銙帯の普及にみられるように，慶州から遠く離れた地方にも衣服による身分表象の概念が浸透していたことは否定できない。その総体的な状況に東アジア各地において共通して採用された統治理念と，新羅のみにみられる独自性という対極的な要素がうかがえるのである。

　本章では，新羅において官制が整備され，同じデザインでありながらも官位ごとに服飾の色や素材が規定される時期の様相を中心に論を進めた。服飾制は律令を構成する重要な要素である官品令と衣服令という二つの編目に関連する部分で，韓半島の律令継受を検討する上で最も有効な主題の一つであるといえ

る。その意味では遺跡から出土する服飾関連遺物に関する分析は，当時岐路に立たされていた新羅社会の実態を把握する上で必須の課題であるといっても過言ではない。

ただし，新羅をはじめとする韓半島三国の官制においては，服飾の色や材料をもとに位階を表現する中国式身分表象方式を受容しながらも，固有の官等名や血統に基礎を置いた身分秩序を引き続き使用していた。つまり，従来から存在した身分秩序が，中国式統治制度の一部である服飾制というハードウェアを借りて可視的に表現されたと考えられるのである。そこには汎東アジア的な明確な共通項がみとめられる反面，身分表象としての服飾制は独自の身分秩序を表現するために便宜的に中国からもたらされた表面的な制度に過ぎなかったとみることもできる。このように伝統性への固執がみられる部分からも，唐制の受容が決して新羅側にとって歓迎されたものではなかったことがうかがえるようである。

本章で扱った資料は断片的ではあるが当時の実際の服飾を比較的正確に表現した貴重なものである。これらの資料は中国の陶俑の形態自体を模倣した可能性もあるが，文献の内容などから推して，ある程度新羅内部の実情を反映しているとみて差し支えなかろう。今後より多くの資料を対象に総合的考察を行う要件が整うならば，新羅を含めた韓半島三国の社会に関する豊富な情報が得られることと期待される。次章では，上にみた唐の衣服制に関連して，最も明瞭かつ実質的な物証である唐式銙帯について検討することで，新羅社会に唐制がどの程度浸透していたのか検証してみたい。

第3章　腰帯具の導入からみた官制の伝統と変革

　いわゆる「唐式銙帯[113]」は，7世紀代以降の資料を中心に韓半島でも出土例が増加する。中国の影響で導入され，官人の服飾制度との関連が想起されるこの遺物は，墳墓をはじめ，王宮址・建物址・城砦遺跡などから出土し，佩用していた人物の政治的な位相や当時の社会状況をうかがわせる資料として注目される。

　この唐式銙帯は，従来より新羅または統一新羅の古墳から出土する遺物としてその存在が知られていたが，韓国内の活発な発掘調査により資料の蓄積がなされ，体系的な分析が可能になっている。本章では，現在までに韓国において報告されている唐式銙帯を分析することで，その普遍性と特殊性を明確にし，そこに含まれる歴史的な意義を考えてみたい。唐式銙帯は，新羅地域以外にも唐代の中心地域はもちろん，その周辺地域である西域やモンゴル・渤海・日本などでも出土しているため，各地域の出土資料と比較することで，断片的ではあるが，古代東アジアにおける新羅の位置付けを明確にできる資料である。

　また，考古学的な分析とともに，文献史料にみられる衣服制（衣冠制）との対比を通じて新羅の官位制の一端に光をあて，各墳墓の被葬者の身分を想定する上での基礎作業とする。一方，従来から暗黙のうちに律令制官人組織の物証とみなされてきた唐式銙帯の多様な存在様態を提示することで，唐では身分表象として使用された銙帯金具が，新羅においてどの程度その本来の意味を維持していたのかを検証したい。

1　唐式銙帯の概要

　腰帯を各種金属で装飾する風習は，中国における胡服の流入との関わりで始まり，それが魏晋南北朝時代までには定着したものとされている（町田1970，尹善姫1987）。第1章でも触れたように，韓半島でも百済や新羅など三国時代諸政体の上位階層の古墳から晋代のものと共通する華麗な銙板や垂飾が付いた

金・銀・金銅など各種金属製の腰帯が出土しており,その影響がうかがえる。

　三国時代の前半が華麗な装身具や各種文物で権力を可視的に表現した時代ならば,その次の時代は権力の所在が制度的に明確化した時期と規定でき,整備された法律などで個人の地位の序列化がなされた段階とみることができよう。このいわゆる官僚制度が整備された時期を象徴するのが本章で扱う唐式銙帯であるといえるが,そこにはやはり前段階のように権力を視覚的に表現できるような華麗さはみられない。以下,唐式銙帯に関する一般的な理解を確認することで,分析の基礎作業とする。

(1) 唐式銙帯の構成要素と名称

　遺跡から出土する唐式銙帯は一般的に鉸具・銙板(銙)・帯端(先)金具などで構成され,銙板はさらに方形銙板(巡方)と半円形(蒲銙形)系銙板(丸鞆)に大きく分けられる。ここではこのうちの一部またはすべての要素を備え

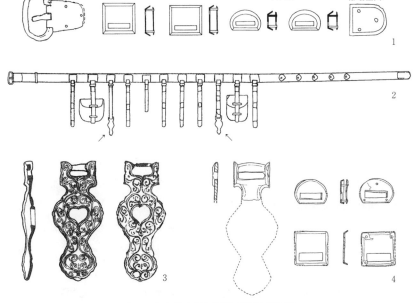

図91　唐式帯金具と腰佩(葫蘆形帯飾)
1:唐式金具各部位　2:遼陳国公主駙馬合葬墓腰帯復元図　3:彰武朝陽遼代墓出土葫蘆形帯飾
4:新羅王京遺跡出土帯金具

第3章　腰帯具の導入からみた官制の伝統と変革　　231

図92 将島清海鎮出土の葫蘆形帯飾（馬具の可能性もあり）

た個体を唐式銙帯と規定する。もちろん腰帯として使用されていた当時にはこれら各金具を装着した革帯があったが，遺跡から帯の部分が完全に残存して出土した例はない[114]。ただし，東大寺正倉院などに伝わる実物資料をみると牛革などを革帯として利用していたことがわかる。

鉸具　鉸具を構成するC字形の弓金具とその中間に設置された刺金の存在から，使用方法は今日の一般的なベルトと同様，帯端を鉸具に通して革帯に数個開けられた小孔に刺金を差し込んで装着していたことがわかる。これは正倉院に残る資料からも明らかである。鉸具と革帯をつなぐ方形（長方形）ないし半楕円形の鉸板は革帯を挟んで固定できるように裏表2枚で構成されている。

銙板　方形と半円形系のものに大きく分けられる銙板には，通常その正面下段に横方向の細長い孔（垂孔）[115]が開けられている。この孔にはもともと装飾性の高い腰佩や，それが簡略化した環状金具などの垂飾を提げていたものと推定されるが，韓半島では垂飾に該当する遺物が唐式銙帯とともに出土した事例は報告されていない。慶州の王京遺跡などからは葫蘆形帯飾と考えられる金具片が確認されており（図91・92），一部で垂飾にあたると思われるものも存在する。既出のように，銙帯と共伴出土する刀子は銙板に提げていた可能性もある。有機質の物質を付けていた可能性もあるが，現在のところ唐式銙帯が導入された当初から痕跡器官化していた要素とみるのが妥当なようである。銙板を革帯に装着する方式は後述のように様々であるが，基本的に革帯を表裏両面から挟んで固定させるため，銙板も表金具と裏金具の2枚が1セットである場合が多い。

銙板は一般的に方形のものを「巡方」，半円形のものを「丸鞆[116]」とも呼ぶ。これは日本で普遍化した考古学用語で，『倭名類聚抄』腰帯類項などにみられる単語を出土品に適用させたものであるが，韓半島のものは文献史料から

それぞれの名称は確認されておらず，当時どのように呼ばれていたのかは不明である。ただし，中国では西安南郊何家村で出土した唐代遺物のうち，銙板が納められた容器に「白玉純方（巡方）胯……」と書かれた事例などがあり，これが当時東アジアにおいて普遍的な名称であった可能性もある。従って本書でもこの名称を用いることにする。先にみた中国の環帯では，小環を提げる銙の部分が方形のものと円形ないし上部が尖った宝珠形・逆心葉形に近いものがあり（図77），巡方と丸鞆の起源はそれぞれ環帯の銙に求められるかもしれない。

　帯端金具　帯端金具は鉸具とは反対側の革帯の端に装着する金具で，一般的に半楕円形を呈する。今日の一般的なベルトでは省略されていることが多いが，古代の腰帯では必須の部品の一つである。長さは比較的多様であるが，幅は鉸具の鉸板や巡方の縦の長さとほぼ一致する。鉸具・銙板などと同様，革帯を間に挟み込めるよう2枚の板金具で構成されているか，あるいは1枚を折り曲げて作ったものが多い。「鉈尾」と呼ばれることもあるが，厳密には帯端金具の先に付く鉈尾とは区別されるもので，唐式銙帯には鉈尾はない。

　次に，一つの腰帯に何個ずつの銙を着装したのかという点であるが，これは各遺跡から出土する金具の数量に差があり，一律でなかったことがわかる。鉸具と帯端金具が腰帯一点につき各々一つずつであったことは間違いないが，銙板はその数量が一定でない。ただし，中国や渤海，日本など，他地域で確認されている完形品をみると，方形と半円形を合わせて，腰帯一点あたりおおよそ11～17個程度の銙板を装着しており，特に11～13個付いたものが多いようである。銙板の種類に関しては巡方のみを付けたものと巡方と丸鞆を混ぜて付けたものに区分されるが[117]，後者では各銙板の数と配列順序にも一定の規則性がみられる。すなわち，銙板の全体数を問わず，巡方は基本的に4個である場合が多く，配列は鉸具-丸-方-方-丸-丸-丸-丸-丸-丸-方-方-丸-帯端（銙板13個の場合）となる例が多い。銙板数が少ない事例では，中間に配列された丸鞆から割愛されていく。このことから，実際に腰帯を締めた際には，巡方がおおよそ体の側面（腰の横）に位置するように配列されていたことがわかる。このことは人物俑や石刻などの腰帯表現からも裏付けられる。

(2) 唐式銙帯の大きさと素材

　前述のように，唐式銙帯は外形の華麗さで権力や財力を誇示するという用途で使用されたものでなかったため，形態や大きさには大きな差がない。革帯の幅，すなわち腰帯自体の幅が鉸具や帯端金具の幅と一致するという点はすでに指摘されており（阿部 1976），革帯の幅が官人の身分や位相をある程度反映しているとも考えられるが，実際に遺跡から出土する銙帯金具のサイズには大きな差がみられない。このことについては，製品の規格化問題に関連して後述することにする。

　素材面をみると，金属製品では青銅製と鉄製，そして少数の金銅製・銀製に限られる。中国ではこの他に玉で製作したいわゆる玉帯が比較的多く確認されており，日本では時期が下ると石で作った石帯（石銙）が流行する。また，日本では青銅製品に黒漆を塗った例が比較的多く確認されており，これを文献にみえる「烏油腰帯」にあたるものとみているが（伊藤 1968），同類のものが新羅地域でも確認されている。韓半島出土品は青銅製と鉄製が大部分を占め，石製および玉製は益山弥勒寺址など一部の遺跡で出土しているのみである。

(3) 唐式銙帯の分布範囲と出土遺構

　次に，以上のような特徴を持つ唐式銙帯の地理的分布とおおよその時期をみていく。中国に由来する唐式銙帯は，中国式統治方式の拡散・流行とともに，その影響圏内にあった周辺諸国に導入された。現在までに唐式銙帯の出土および伝世が確認されている地域としては，中国各地や新疆などの西域地方，モンゴルなどの北方地域，そして渤海・高句麗・新羅・日本など，東アジア各地にわたっている。先に触れたように，早くから中国的な文化と制度を積極的に受容していたと考えられる百済においてはいまだ確実な唐式銙帯が確認されていない。高句麗でも山城などで少数が確認されているが，完全なセットで確認された例はまだ報告されていないようである。

　唐式銙帯が使用されていた時期は地域ごとに差があるが，その盛行期は大体において唐代に併行する時期とみてよい。現在のところ，中国でも唐代以前に遡る確実な資料は多くないが，後述の新羅の例からみて，その定着が唐代以前

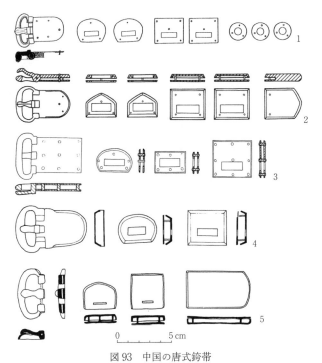

図93 中国の唐式銙帯
1：隋史射勿墓　2：鞏義芝田唐墓　3・4：邢台糧庫遺址唐墓　5：隴県原子頭唐墓

まで遡る可能性もあると思われる。一方，宋代以後にも変形しながら引き続き使用されるが，典型例の盛行はやはり唐代に収まるとみて差し支えない。新疆など中国周辺地域でも唐墓からの出土が確認されており（王炳華1973），莫高窟などの壁画に描かれた銙帯を帯びた人物像もまた唐代のものと推定される。

　高句麗地域の出土遺跡には山城や古墳などがあるが，韓半島内部の高句麗遺跡では報告されておらず，当時の辺境にあたる中国東北地方において主に確認されている（徐家国・孫力1987，王増新1964，鄭永振2003）。これらがすべて高句麗の遺物であるのかについては検討の余地があるが，仮にそれをみとめるならば，中央勢力より中国との接触が頻繁であった周辺部において部分的に導入されていたものと考えられる。その場合，銙帯が持つ意味を高句麗内部の身分制整備と関連させることは困難であろう。出土量が少なく，中央に浸透しなかった点に鑑みて，高句麗滅亡の直前に一部辺境に流入したという状況が想定さ

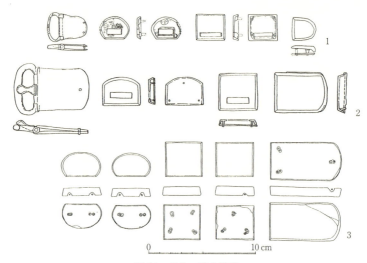

図94　日本の唐式銙帯
1：石川県寺家遺跡　2：大阪府伽山古墓　3：奈良県久安寺モッテン墓地

れる。

　渤海では墳墓および都城遺跡などから比較的多くの資料が出土している（文化財管理局文化財研究所1991，鄭永振1991・2003）。唐式銙帯のすべての要素が一つの遺構から出土することもあり，官人の身分表象として腰帯を含む体系的な服飾制度が唐から導入されていた可能性が高いといえる。渤海の建国は699年であるが，唐が渤海を独立政体とみとめ，唐制が本格的に導入されはじめる時期は，高王（大祚榮）が渤海郡王を称するようになった年（712年），または武王（大武芸）が元号「仁安」を採用した年（719年）以降と考えられるため，唐の服飾制の導入もこの頃と推定される。渤海の唐式銙帯の下限は明らかでないが，唐代以後の宋代にも同じ類型の銙帯を使用していることから，渤海の滅亡までは使用されていたものと推測される。

　日本でも九州から東北地方に至るまで唐式銙帯の出土が多く報告されており，他地域に比べて関連研究も活発に進められている（阿部1976，伊藤1968・1983，亀田1983，井上1987，田中1990・1991・2003，奈良文化財研究所2002b）。日本の銙帯はおおよそ8世紀代以降に盛行したものとされており，素材は青銅製と石製が主流をなす。使用時期は文献史料にみられる律令制衣服令の記録を

もとに具体的に707〜796年とする見解があるが（伊藤1968），これについては中央政権の規制外にあった地方勢力の存在を想定した反論も提起されている（田中2003）。石製銙帯が青銅製品に劣らず多く出土している点などが新羅地域との違いであるが，構成や形態・サイズ面では大きく異ならない。都城や墳墓遺跡以外に一般的な竪穴式住居址などから比較的多く出土している点も特徴的である。また，都城周辺部より中央から遠く離れた地域においてむしろ多く出土する現象が指摘されており，中央政権の直接支配圏内では銙帯の授与・回収システムが作用していたとも推測されている（阿部1976）。

　以上，概略的にみた周辺地域の出土事例と研究動向を参考にしながら，次に韓半島の新羅地域において出土する唐式銙帯について分析する。

2　韓半島出土品の分析

　身分表象の一要素として使用された唐式銙帯が韓半島を含む諸地域でほぼ同時期に導入されたのは，その時期に中国の政治的・文化的影響が拡散したという事情と無関係ではない。ただし，それを受け入れた諸地域において，その後も引き続き銙帯本来の機能と意味が維持されていたのかという点については検討が必要であろう。本節では，新羅地域出土の唐式銙帯に対する総合的な分析を行い，その機能上の共通性と独自性について検討してみたい。

　新羅地域出土の唐式銙帯については，いくつかの論考において専門的研究がなされているが（臼杵1987，朴普鉉2004），それ以外は主に発掘報告書や個別論文の中で部分的に言及されているに過ぎない（朴普鉉1995・2003，李漢祥1996・1999a，洪潽植1995）。従って，ここではまず基礎的な作業として（1）系譜，（2）分類，（3）年代，（4）生産と流通などの問題について検討してみることにする。

（1）系　　譜

　韓半島の唐式銙帯の系譜と発生時期については，すでに李漢祥や朴普鉉など諸先学によって言及されているため（李漢祥1999b，朴普鉉2004），ここではそれらを簡単に整理することで一般的理解を確認しておく。

韓半島三国時代の古墳から出土する帯金具は，時代ごとにそれぞれ異なる形を持っており，相互の継起的な発展様相を捉えることは困難である（李漢祥 1999b, p.32）。新羅では，主に厚葬が流行した積石木槨墳の段階に確認される華麗な透彫や垂飾が伴う金・銀・金銅製草葉文帯金具から，いわゆる「楼岩里型帯金具」（李漢祥 1996）を経て，「皇龍寺型帯金具」へと移行すると理解されている。その次の段階に本章で扱っている唐式銙帯が主流となるが，このような変遷には，その画期ごとに中国からの影響があったものと考えられる。韓半島内で継起的な変遷相が求められない限り，外部，特に強い影響力を持っていた中国からの受容を考慮するべきであるという点については異論がないと思われるが，ここで問題となるのは中国内における銙帯の発生とその系譜である。

唐式銙帯が唐代に最も流行した帯金具であることは前述の通りであるが，李漢祥も指摘しているように，それが発生した時期の状況は明らかでない部分が多い（李漢祥 1999b, p.28）。多くの壮麗な垂飾で飾られた百済や新羅の帯金具の源流は晋代および南北朝期に求められるが，帯金具が簡略化の方向に向かうのは南北朝〜隋代にかけての時期と考えられる。南北朝後期〜隋代になると銙板から長く下がる金属製の腰佩は徐々に姿を消し，小型の環状金具や魚符・魚袋などに代わる。この時期の魚符などは革帯で腰帯と結び付けられたため，それを通すために銙板に垂孔が設けられたのである。このように垂孔があけられた銙板については，陝西省西安の隋姫威墓（610年）などで年代のわかるものが確認されているが（陝西省文物管理委員会 1959，李漢祥 1999b, p.30），この時期にはすでに銙板に方形系と半円形系（五角形）の区別ができていたようである。さらに遡って，同様の事例は北周安伽墓出土品にもあり，銙に確実に二つの形態がみとめられる（図95）。

ところで，中国では唐代以降にも巡方のみで構成されている帯金具があり，方形系＋半円形系という組み合わせが必須条件ではなかったことがわかる。ただし，もともと中国において方形＋円形という銙板の組み合わせがあり，その影響が韓半島の慶州皇龍寺址，金海礼安里49号墳，南原斗洛里3号墳，尚州青里古墳群などから出土したいわゆる皇龍寺型帯金具にもみられる点から，方形＋円形という銙板の組み合わせはかなり普遍的であったものと思われる。垂孔のある巡方・丸鞆で構成された典型的な唐式銙帯が中国においていつ出現し

図 95　中国西安北周安伽墓出土帯金具

たのかという問題は，前述のように現時点では明らかでないが，隋代の墓からも出土している点などから，ここでは隋唐の前身である北朝の風習が統一国家の制度として導入された可能性を想定しておく。後述のように，その出現の下限については，韓半島出土資料からいくらかの糸口が求められるかもしれない。

上限に関連し，現時点で時期が最も遡る可能性がある資料として，湖北省清江流域の州衙坪 M1 六朝中期墓出土品を挙げておく（王善才主編 2004，p.403～430）。ここでは六朝中期と推定される塼築墳から銅（青銅？）製巡方1点と丸鞆3点が出土した（図 96）。これらは後代に流行する典型的な唐式銙帯と同形態で，鉸具や帯端金具は確認されていないものの，表金具と裏金具の存在からも帯金具として使われた可能性が高い。共伴出土した青磁や五銖銭，そして同じ墓域中にある M12 墓で出土した興寧3年（東晋／365 年）銘塼の存在から，

第3章　腰帯具の導入からみた官制の伝統と変革　　239

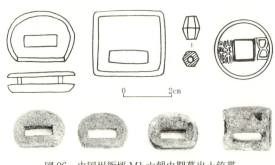

図96　中国州衙坪M1六朝中期墓出土銙帯

墳墓群の形成時期も大きく異ならないと考えられるが，問題となるのはこの銙帯の追葬時埋納の可能性と，その後に続く資料が欠如しているという点である。形態的に定型化が進んでいるため，本資料を東晋代の資料とするのは不自然であり，また前後の時期につながる資料もない。一方で，数百年にわたって追葬が行われたと考えるのも難しい。様々な視点から唐式銙帯の起源の検討が必要である。

(2) 分　類

次に具体的な分析の基礎となる型式分類について検討してみたい。基本的な構成要素には大きな差がない唐式銙帯であるが，素材・サイズ・製作技法・構成数などには各々若干の差がある。ここでは，これらの差異が時間性（年代）・空間性（分布範囲）・階層性（所持者の身分）などのうち，どの側面を表しているのかという部分に留意して分類してみたい。

① 素材

各遺跡から出土する唐式銙帯間の最も明確な相違点は素材の違いである。韓半島の唐式銙帯の素材には (1)青銅製，(2)鉄製，(3)石製，(4)玉製があり，青銅製には金銅・黒漆などが含まれる。銙帯の素材の差は視覚的にも容易に判別できるため，中国と同様，佩用者の身分（官位）を区別する要素として規定されていたことが文献史料に記録されている[118]。また韓半島出土品の場合，銙帯の素材は相対的な年代を表す要素でもある。のみならず，素材の差はそれを製作する技術体系の違いをも示すため，時期差と結び付けることで銙帯の生産と流通という側面を知るための属性としても評価できる。

② サイズ

次に銙帯の大きさ，特に銙板のサイズに注目したい。これには銙板全体の大

きさや垂孔の大きさ，銙板の厚さなどが含まれるが，日本ではこのうち銙板自体の大きさの違いを佩用者の官位の差を表す要素とみる見解（伊藤1968，奈良国立文化財研究所1975，阿部1976）が提示されている。このような仮説が成り立つためには，同地域で出土する同時期の銙板のサイズに段階的な相違が認められる必要があると考えるが，新羅の資料ではそのような状況はみられない。仮にサイズの差がみとめられたとしても，その間隔はわずか1～3mm程度であり，この微細な差に可視的な効果を期待するには無理があると思われる。中国でも銙板のサイズによる身分の区別はさほど重視されていなかったようであり，銙板の大きさ，言い換えれば腰帯自体の幅に意味が付加されるのは後代のことと思われる。ただし，銙板に若干の大小差があるのは事実であるため，そこに階層的な意味が内包しているのかについて検討してみる必要はあろう。

　図97はそれぞれ青銅製と鉄製巡方の縦×横サイズの分布を表したものである。青銅製品は一部を除いて数値が集中する範囲があり，高い規格性の存在を感じさせるのに対し，鉄製品は集中分布する部分もあるが，全体的に数値が散らばっている印象を受ける。集中分布する範囲は青銅製品と鉄製品の間で共通しており，この範囲内に入る個体を一定の時期に集中的に製作された規格品として把握するべきであろう。このことは，共伴出土する遺物相が大体において印花文土器（列点文などの線状施文土器を含む）段階に属するものが多いという点でも裏付けられる。図98は銙板（巡方）の縦横の長さにみられる定型化の度合いを示したもので，縦は2.7～2.9cmの間，横は3.0～3.2cmの間で頻度が頂点に達しており，この範囲内に入る個体が極めて多いことがわかる[119]。巡方の縦：横の比率はおおよそ一定であるため，縦2.7～2.9cm，横3.0～3.2cmの範囲に収まる確率が最も高いということになる。

　次に垂孔の大きさが時期によって変化するという指摘（田中1990）について検討してみる。中国において垂孔は唐代を過ぎて宋・遼代に到るまで魚符や魚袋などの腰佩類を提げるための機能を維持しているが（雲希正・徐春苓2002），韓半島では銙帯に下げた垂下飾は発見されておらず，垂孔はほぼ痕跡器官として残っているだけであるといえる[120]。垂孔の大きさの変容状況を把握するために銙板（巡方基準）自体のサイズ（平面積）との比率を青銅製品と鉄製品にわけて図示すると図99のようになる。

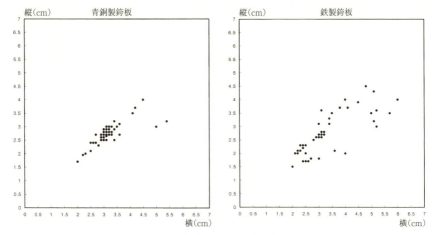

図 97　銙板のサイズ分布
左：青銅製銙板　右：鉄製銙板

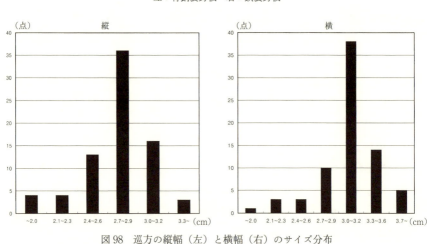

図 98　巡方の縦幅（左）と横幅（右）のサイズ分布

　日本の研究では垂孔を大孔・小孔・細長孔などに分類しているが（田中1990），図 99 でみるように，垂孔の大きさの分布は漸移的であり，明確な区分は困難である。図 99 の左図には，垂孔の大きさの変差を明示するために，定型化の度合いが高い製品を対象に提示している。銙板の平面積が 7～10 cm^2 に限られる中，垂孔の大きさは 0.6～2.2 cm^2 と多様である。日本の資料に関する研究では，銙板全体に対する垂孔の大きさ（幅）が小さければ小さいほど時期

242　第 3 部　帯金具と服飾の画一化と身分表象

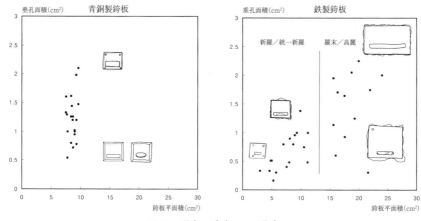

図 99　巡方の垂孔サイズ分布
左：青銅製銙板　右：鉄製銙板

的に新しいものと理解されているが，土器など他の遺物との共伴関係からみて，新羅地域の青銅製品は必ずしも垂孔の大きさと年代が一致しないようである。一方で，後述のように，高麗時代などのやや新しい時期の遺跡から出土する大型鉄製品の場合，銙板自体の大きさに比べて垂孔が小さくなる傾向が顕著であり，ある程度の時期性を反映しているとみられる。

銙帯の厚さは材質や製作技法，経済的な側面などと関連する属性であり，これをある程度の編年材料として評価する見解は注目される（田中1990）。ただし，定型化した新羅地域出土品では，厚さは銙板のサイズと一定の関連性を保っており，厚さの差に意味を与えるのは難しい状況である。一方，高麗時代の鉄製銙帯は厚さが非常に多様であり，製作時に特別意識されていなかったように思われる。

③　製作技法（革帯への装着方法）

製作技法は素材ごとに異なる。一般に青銅製品は鋳造，鉄製品は鍛造で作られたものが多いが，これは銙を革帯に装着する方式とも関連する[121]。韓半島出土の銙帯（特に銙板）の革帯への装着方法にはおおよそ次のようなものがある。ここでは便宜上，青銅製品をⅠ型，鉄製品をⅡ型，装着方式が同一な石製品と玉製品をⅢ型とする（図100）。

　Ⅰ A 式—表金具と裏金具で革帯を挟んで装着するもので，巡方では表金具の

第3章　腰帯具の導入からみた官制の伝統と変革　　243

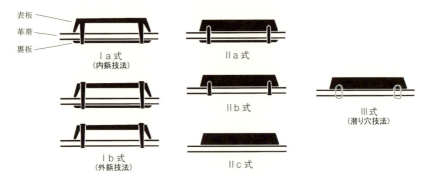

図100　銙板の革帯への装着方法

　裏面に4~6個の突起を鋳出し（丸鞆は3個），革帯と裏金具を刺し通してから突起の端を敲いて固定させる方式である（内鋲方式）。韓半島出土の青銅製銙帯は大部分がこの方式で革帯に留められている。裏金具が失われているものも多いが，一般に表金具と裏金具が一対で使用されたと考えられる。

　ⅠB式—直接突起を鋳出さず，小型の鋲を別途製作して表金具の表面から打ち込んで銙帯を固定させる方式で（外鋲方式），裏金具を用いずに表金具だけを革帯に装着したものと，表裏2枚で革帯を挟んで固定させたものがある。ⅠA式とは異なり，表金具にも鋲を打ち込むための小孔が穿けられている。鋲は鉄製のものが多い。事例は少ないが，後述のように一定の地域で集中的に確認される傾向があるようである。

　ⅡA式—鍛造で銙帯の表裏金具を作り，革帯を挟んで別途製作した鋲を裏金具の方向から打ち込む方式で，鋲は表金具の表面までは貫通しない。

　ⅡB式—基本的な方式はⅡAと同じであるが，裏金具にあたるものがなく，革帯の裏から表金具の方へ鋲を打ち込んだものである。鉄製銙帯の大部分はこの方式をとっている。銙板の断面は直線状のものと「コ」の字形に折り曲げられたものがある。

　ⅡC式—裏金具にあたるものがなく，鋲または鋲を打ち込んだ孔も確認されないもので，革帯に留めた方式が明確でないものである。紐や糸で革帯に縛り付けたか銙板を熱しておいて革帯に焼着させた可能性もあるが，現時点では確認できない。

　ⅠⅡ式—青銅製の表金具と鉄製の裏金具で革帯を挟む方式で，装着方法はⅠ

A式と同一である。河南徳豊洞2号墳からの出土例がある。文献史料に「銅鉄」「鉄銅」などと記録されている材質である可能性を想定しておく。

　Ⅲ式—石製および玉製に限られる方式で，銙板裏面（巡方は4ヵ所，丸鞆は3ヵ所）に断面U字形をなす孔を掘り込み，糸で革帯に留めるものである。裏板はなく，銙板表面には装着に伴う痕跡が見えない。いわゆる「潜り穴」技法である。

　生産体制に関係する製作技法の差は，一部において地域的または時期的な特色を示している。青銅製品のうち，ⅠA式は中央である慶州地域をはじめ全国において普遍的にみられる方式である。製作技法が同一であるということは，生産体系の均一化を意味するものと評価でき，唐式銙帯は官人組織に関係する物品であるため，その生産を主導した地域は中央政権が存在した慶州地域である可能性が高い。ここに中央からの銙帯金具供給における一定の管理・統制をうかがうことができる。このような点は，先にみた形態上の規格性からも裏付けられる。

　ⅠA式の普遍性に反し，ⅠB式は龍仁水枝宝亭里，陰城文村里，原州法泉里，清州龍潭洞など，比較的限られた地域で出土する傾向がある。このような現象は，中央政権との関連性の他に，該当地域において自主的な銙帯生産が行われていた可能性を示唆するものである。その意味で，当該地域に設置された中原京・西原京・北原京などの小京の存在が注目される。すなわち，上のような状況から考えて，当時の銙帯には中央から供給されたもの以外に，地方の行政区域，特に第二の拠点としての小京において自主的に製作され流通していたものもあったことが考えられるのである。陰城文村里タ-1号墳からはⅠA式とⅠB式の両者が出土しているが，これが追葬による複数埋納とみとめられるならば，少なくともこの古墳では両型式の間に若干の時間差が存在することになる。出土状況から先後関係を明らかにするのは難しいが，銙帯が中央の一定の管理下において流通していたもので，その典型的な型式がⅠA式であるとすれば，ⅠB式はその変容形態とみることができよう。従って，ここでは暫定的にⅠB式を地方，特に「小京型」とし，該当地域における出現がⅠA式より後行するものととらえておく。もちろんこの地域においてもⅠA式の出土が確認されているため，中央の技術の基盤の上に補完的に在地で採用された方式

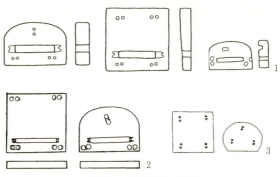

図 101　Ⅲ式銙帯の類例
1：益山弥勒寺址　2：中国西安西郊熱電廠基建工地宋墓　3：兵庫県打出親王塚古墳

であるといえる。

　規格的な青銅製品に比べ，鉄製品はサイズと技法の両面において均一化されていない印象を受ける。サイズと製作技法の間に相関性がみとめられず，特に大型品は製作の粗雑化が際立っている。後に詳述するように，鉄製品には時間の経過に伴う大型化・簡略化・製作地多様化の傾向が顕著に反映されているようである。

　石製と玉製に限られるⅢ式は，益山弥勒寺址で出土した一括遺物において唯一確認されているのみである。中国や日本で流行した石・玉製銙帯が韓半島でさほど採用されなかった理由は明らかでないが，革帯に装着する方式は中国・日本の出土品と共通しており（潜り穴技法），その技法が韓半島内で独自に開発されたかどうかは疑問である。同じ技術が日本の石製銙帯において普遍化した時期があり，日本の中で開発された可能性を示唆する見解があるが[122]，中国宋代の墳墓出土品などでも同じ類例が確認されており（西安市文物管理處1992），やはり中国の影響を考慮するべきであろう（図101）。現時点では，弥勒寺址出土品も中国の技術を導入したものか，あるいは中国製品の搬入と考えておく。

　④　銙帯の構成と銙板の数
　新羅の遺跡から出土する銙帯の構成要素と数は多様である。建物址や山城からの出土では腰帯を構成する各部位を遺失しているものが多く，もとより本来

の状態を復元するのは難しいが，一括遺物として出土する墳墓資料でさえも，その組成は一定でない。特に，一つの腰帯に銙板をいくつ留めるのかという問題は，中国でも身分の高低を表す要素として作用していたため（盧玉和1994），注目する必要がある。ここでは，まず実際に腰帯として使用されていたのかという根本的な問題の判断根拠となる鉸具の存在を基準に大きくA類（鉸具あり）とB類（鉸具なし）に分け，残りの構成要素の組み合わせを分類してみる[123]。

A類—鉸具を伴うA類は，とりあえず実際に腰帯として使用された可能性が高いといえる。扶餘扶蘇山寺址（西腹寺址）出土品（図102）のように塔の心礎に埋納されたものなど，A類の中にも特別な使用法もみられるが，後述の

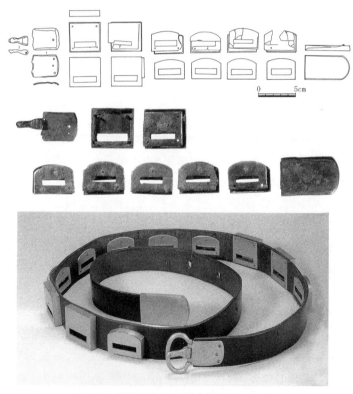

図102　扶餘扶蘇山寺址出土帯金具と復元品

第3章　腰帯具の導入からみた官制の伝統と変革

ようにこれは腰帯を再利用したものと考えられる。墳墓から出土するA類銙帯は，大部分が実際に腰帯として使用されたとみてもよいと思われる。出土状況も被葬者の腰の位置からであることが多い。帯端金具のみを欠いている事例もあるが，鉸具とは異なり，帯端金具は腰帯の機能上必ずしも必要な要素ではないため，ここでは挙論しない。言い換えれば，鉸具だけでも確認されれば被葬者が腰帯を着用していた可能性はかなり高くなるということになる。

　A類を細分すると巡方が4個揃っているもの（AⅠ）とそうでないもの（AⅡ）に分けられる。中国・日本・渤海・モンゴルなどの地域でも，丸鞆の数は一定でない場合が多いが，巡方は4個が基本であったと考えられるためである。この点は東アジア全体に共通する唐式銙帯本来の意味が新羅でも維持されていたかという問題とも関連する基準である。前述したように，巡方は腰の側面に位置するように配された金具で，左右対称をなす必要があった。その点では，2個のみが出土する事例も多く，これは本来の意味が簡素化したものかもしれない。

　B類—B類は鉸具がなく銙板のみが確認される例で，腰帯としての機能が疑問視される類型である。ただし，後代に鉸具のみが失われた可能性もあるため，鉸具がなくとも典型的な銙板の構成を保っていたり，銙板と帯端金具の典型的な組み合わせがみられるものは除外されるべきであろう。この類型は寺院や都城（建物址），山城などにおいて確認される場合が多く，腰帯としての機能よりは地鎮的な役割を果たした事例が含まれていると判断される。墳墓から出土するものの中には，腰帯の一部というよりは権威の象徴として認識され，被葬者とともに銙板の一部のみを埋納したものがあったかもしれない。巡方または丸鞆が1〜3点程度出土する場合に上のような可能性を想定できるが，その際，銙板の数や種類に特別な意味が付加されていたのかについては明らかでない。

　これ以外に，銙板が腰帯から脱落・遺失した事例もあったものと推定される。山城などで1〜2点ずつ発見されるものの中には，実際に腰帯として使用されている際に遺失したり廃棄されたりしたものも含まれているであろう。

　以上の分類を通じて統一新羅時代の典型的な唐式銙帯[124]を設定するとおおよそ次のように規定できよう。巡方はサイズが縦2.7〜2.9 cm，横3.0〜3.2 cm

ほどの範囲に収まり，内鋲を鋳出した表金具とそれに対応する位置に穿孔した裏金具で革帯を挟むＩＡ方式で留められている。鉸具は可動式縁金具と刺金を鉸板に固定させたもので，帯端金具は半楕円形を呈し，それぞれの幅は巡方の縦の長さとおおよそ一致するものである。

(3) 年　　代

以上にまとめた系譜と分類を参考に，新羅地域出土唐式銙帯の概略的な展開過程を復元してみたい。ただし，祖形となる中国側の資料から新羅資料の年代的な上限を把握するのは困難である。従って，ここでは唐式銙帯と共伴出土する遺物から，その大枠の流れを推論してみることにする。

① 初現期

まず新羅地域の唐式銙帯のうち，最も古い時期に該当すると思われる資料とその時期について検討してみたい。唐式銙帯の出現時期についてはいくつかの論考の中で検討されているが（洪潽植1995，李漢祥1999a，朴普鉉2004），いずれも新羅が韓半島を統一する前後と考える趨勢であり，その背景には新羅が唐の衣服制を導入した（649年）とする文献の記録[125]が大きく作用しているようである。筆者もこの記事に大きな意味があると考えるが，李漢祥も指摘するように（李漢祥1999b，p.37），実際にはそれ以前から唐式銙帯が新羅において導入されていることを示す事例がある。共伴遺物や遺構の状況から，現在最も古いと考えられる唐式銙帯として，大邱佳川洞53号墳出土品，昌寧桂城Ｂ地区28-3号墳出土品，蔚山早日里26-1号墳出土品などが挙げられる（図103）。

大邱佳川洞53号墳は平面規模が200×45cmの狭小な石槨墓（竪穴式？）で，残存していた人骨の状態からみても追葬の可能性は低く，出土遺物の共伴関係がみとめられる。ここからは鉄製銙帯が出土しており，共伴出土した土器は6世紀前半頃に編年される二段透孔高坏と一段長方形透孔高坏などである。土器と銙帯の共伴が確実であるならば，銙帯の年代もまたその頃のものということになる。銙帯は鉸具と帯端金具を伴っており，腰の部分で確認されたことから実際に腰帯として使用されていたものと考えられ，巡方が4点である点は後の唐式銙帯の構成を考える上で興味深い。

横口式石室である昌寧桂城Ｂ地区28-3号墳も追葬の痕跡はみとめられず，

入口部分に安置された二段透孔窓高坏などの土器類は6世紀前半頃に編年される単一時期の遺物群である。出土した銙帯は鉄製で，巡方が4点である点は佳川洞出土品と同様である。これらについては馬具などの可能性もある。
　蔚山早日里26-1号墳では，やはり6世紀前半代と考えられる竪穴式石槨から青銅製銙帯が出土している。内部攪乱土から出土したため，後代の遺物である可能性もあるが，当該調査区では6世紀中葉以降に該当する遺構および遺物

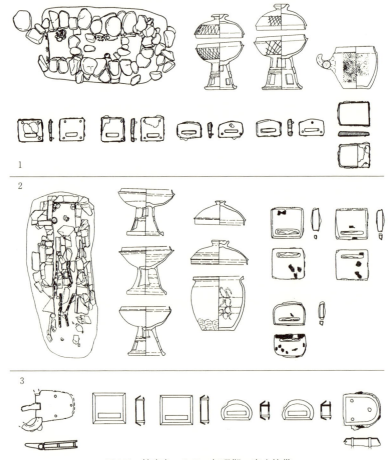

図103　韓半島における初現期の唐式銙帯
1：昌寧桂城B地区28-3号墳　2：大邱佳川洞53号墳　3：蔚山早日里26-1号墳

は確認されていないため，銙帯のみをその時期以降の資料とみるのは不自然な部分がある。巡方4点，丸鞆3点を含め，鉸具・帯端金具などがすべて確認されている点からも単純な攪乱遺物とはみなし難く，先の2遺跡出土品と同様，銙帯の構成を吟味する上で重要な資料である。この他に，遺構上部攪乱土からの出土ではあるが，浦項の鶴川里20号竪穴式石槨から出土した鉄製銙帯も同時期のものの可能性がある。

このように，唐式銙帯は新羅地域で比較的早い時期，すなわち6世紀前半頃に出現した可能性がある。中央である慶州周辺ではまだこの時期まで遡る資料は確認されていないが，一方で出土地域が大邱・昌寧・蔚山など当時の新羅の拠点的地域である点は注目される。また，蔚山早日里の不確実な資料を除くと，残りは鉄製であり，韓半島に初めに導入された唐式銙帯は鉄製であった可能性がある。このように6世紀前半代の唐式銙帯導入が妥当であるならば，その契機として考えられるのは法興王代の律令頒布（520年）および公服制定の記事である[126]。筆者はこの「律令頒布」を決して体系的な律令法の施行と直結するものとは考えていないが，「始制百官公服」は多少なりとも事実性を含んだ記事と評価したい。つまり，この記事は実際に官僚の衣服制に関してある変化があったために記録されたもので，その史実を律令頒布という表現で表したのではないかと考えるのである[127]。

この年代観にはまだ不安定な部分があり，今後さらなる資料の増加を待たねばならないが，新羅銙帯の変化が楼岩里型→皇龍寺型→唐式という単線的な過程を経たものであるのかという部分に関してはもう一度検討する必要があろう。一方で，中国の唐式銙帯についても出現の下限が6世紀前半頃まで遡る可能性が提起でき，その起源についての再検討が迫られる。今後，該当期の資料，特に北朝側の資料を重点的に点検する必要がある。

ただし，ここで初現期とした唐式銙帯は，数が少ない上に定型性という面において後代の青銅製品とは若干の違いがあり，その間に時期的な断絶があるという点が問題となる。大部分の唐式銙帯が印花文土器段階の遺物であることはすでに指摘されており（朴普鉉2004），唐式銙帯初現期と印花文土器段階の間を埋める資料は，いわゆる楼岩里型・皇龍寺型銙帯金具の他には確認されていないのである[128]。このように不安定な要素がまだ多く，唐式銙帯の上限を確定

するには時機尚早の感があるが，出土遺構と共伴遺物の状況にもとづいて，本書ではとりあえず6世紀前半という年代を一つの仮説として提示しておく。

② 定型・流行期

以上のように，唐式銙帯の定着過程にいくらかの断絶期があったと仮定すると，その後本格的に流行する段階を定型・流行期と規定することができよう。前述のように，新羅において唐式銙帯が最も流行した時期には銙帯の定型化・規格化がなされ，ほぼ同形同大の銙帯が多く生産され流通した。共伴する土器からみると，その相対的な時期は有蓋台付碗を中心とする印花文土器の単体施文段階を過ぎ，いわゆる縦長連続文および列点文などの線状文様が施文される段階，そして無文化が進行する段階とみることができる（山本2003a）。出土した銙帯および共伴遺物の中に絶対年代を示す資料はないが，このような土器の年代観からして，おおよそ7世紀中葉〜8世紀代を中心年代と仮定することができよう。一部に大田自雲洞出土品のような9世紀頃の典型資料もあるが（金珍泰2004），製作技法的な面からは，9世紀以降の資料は変容しつつある段階と位置付けることができる。

定型・流行期の中でも比較的早い時期にあたる土器と共伴する事例としては，漆谷永梧里4号墳・18号墳，陝川苧浦里E-24号墳，高霊池山洞4号墳などの出土資料がある。これらは基本的に追葬の痕跡がみられないか，あるいは追葬が行われたとしても共伴関係が比較的明確な事例で，印花文土器に混じってまだ短脚高坏が残っており，7世紀中葉〜後半頃と推定される資料である。共伴出土した唐式銙帯には青銅製品と鉄製品があり，すべて先に設定した典型的唐式銙帯より小型で，形態的な均質性がみられない。規格製品から外れたこれらの小型品が，定型化前段階の様相を示す端緒と考えられる。

一方，金海礼安里49号墳から唐式銙帯などとともに五銖銭を模倣した円形銙板が出土しており注目される[129]。この遺構から出土した唐式銙帯はすべて定型化したもので，五銖銭模倣銙板とセットになるいわゆる皇龍寺型帯金具はそれに先立つ時期の遺物と推定されるが（図104），7体にもなる被葬者の人数と複数の唐式銙帯の存在からして，各々の追葬間隔はそれほど長くなかったと思われる。皇龍寺型帯金具と唐式銙帯の埋納間隔に大きな差がないものと仮定すると，この五銖銭模倣銙板の年代があらためて注目される。五銖銭は中国で

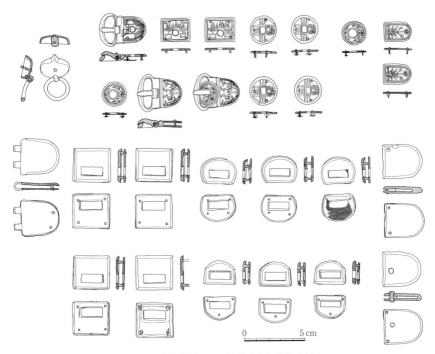

図104　金海礼安里49号墳出土各種帯金具

紀元前2世紀の前漢代から鋳造されはじめるが，時代ごとに文様が変わるため，共伴遺物の年代を検討する上で参考にされている。礼安里の五銖銭模倣品は「銖」の字が上下反対に表現されており，また中国銭には存在しない文様が追加されているなど，同一の形態を中国に求めることはできないが，「五」の字の横に表現された縦画の存在や全体の大きさなどから，隋代五銖銭の模倣品と考えるのが年代的にも妥当なところであろう。隋代五銖銭が最後に鋳造されたのは大業年間（605～618年）であり，これは7世紀前半代に該当する。韓半島内でこれを模倣製作した時期を仮に7世紀中葉まで下げて考えたとしても，その後に副葬された唐式銙帯の時期は早ければ7世紀中葉，遅くとも7世紀後半頃と仮定でき，この頃にすでに典型的な唐式銙帯が新羅の一部地域に拡散していたものと考えることができるであろう。

　文献史料に銙帯定型化の端緒を求めると，前章で触れたように唐衣服制の受容（649年）以後，何度かにわたって唐から新羅に服飾を授与している記録が

散見される。特に文武王5 (665) 年に贈られた服飾の中には腰帯も含まれており[130]，そのような中国製品をモデルに新羅国内で規格的な銙帯が製作されはじめたものと想像できる。また，それまで新羅では，都邑居住者に授与される京位と地方民に授与される外位が厳格な身分的相違として機能していたが，この外位制が完全に廃止されて地方の有力階層にも一律に京位を与えるようになる674年頃以降に唐式銙帯が全国的に拡散したとみることもできよう。このような状況に鑑みて，ここでは唐式銙帯定型・流行期の上限を7世紀中葉，その中でも典型的唐式銙帯の普及を7世紀後半からと暫定的に位置付けておく。ただし，この年代は今後発見される資料によって調整が必要であろう。

③ 定型性崩壊期

先に設定した唐式銙帯の典型が崩れはじめる時期ははっきりしないが，各地の出土例から新羅末～高麗初頭にかけての時期に大型化していく傾向が看取される。9～10世紀に編年される土器と唐式銙帯が墳墓などから共伴出土する例はほとんどないため，詳細な状況を把握するのは難しいが[131]，その断片的な情報となる資料が鎮安寿川里4号石槨墓出土品である（図105-1）。高麗時代の墳墓群として知られる寿川里遺跡は，4号石槨墓から統一新羅時代末期頃のものと考えられるS字形胴体を持つ台付碗（鉢）2点とともに唐式銙帯1セットが出土している。形態および革帯への装着技法は典型的な唐式銙帯の特徴を継承しているが，サイズがやや大きくなっており，垂孔部分を内側に折り曲げて作るなど，流行期の銙帯とは若干の違いがある。この4号石槨の次段階に隣接して築造された5号石槨からは，青磁天目碗や青磁の扁瓶，青銅鋺，青銅製匙箸など高麗時代の遺物が出土しており（図105-2），相対的な時期を把握する上で参考となる。

以後，論山定止里B地区M-32号墳や公州艇止山遺跡の石槨・土壙墓群に副葬された資料などはすべて大型化した鉄製品で，サイズとともに形態面にも定型性が見られない。艇止山遺跡の資料の中には，同一遺構からの出土でありながら大きさが異なっていたり，未完成品・無孔品などといった特異な事例が多い（図105-4）。このような現象は，全国の官人が所持する銙帯の形態や質を統制し得た中央政権の弱体化，すなわち統一新羅政権の崩壊とある程度軌を一にするものと考えられる。官人（または地方豪族）個人の身分表現が従来の規

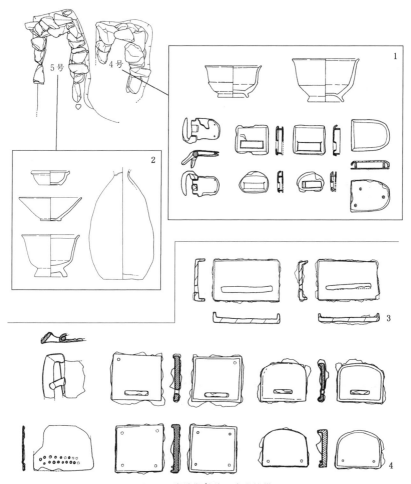

図105 崩壊期前後の唐式銙帯
1：鎮安寿川里4号墓 2：同5号墓 3：ソウル峨嵯山城 4：公州艇止山遺跡

制を超えはじめたおおよその時期は，後述する興徳王9（834）年の服飾に関する禁令発布が物語っている。この記事については，単純に制度改革の次元の変化と解釈することもできるが，改正ではなく禁令である点から従来の規定に違反する行為が多くなっていたものと思われ，その時期が9世紀前半頃であったことがわかる。抱川・利川・ソウル・河南などの山城から出土する鉄製長方形銙帯（図105-3）も，この時期以降にあたる資料と位置付けられよう[132]。

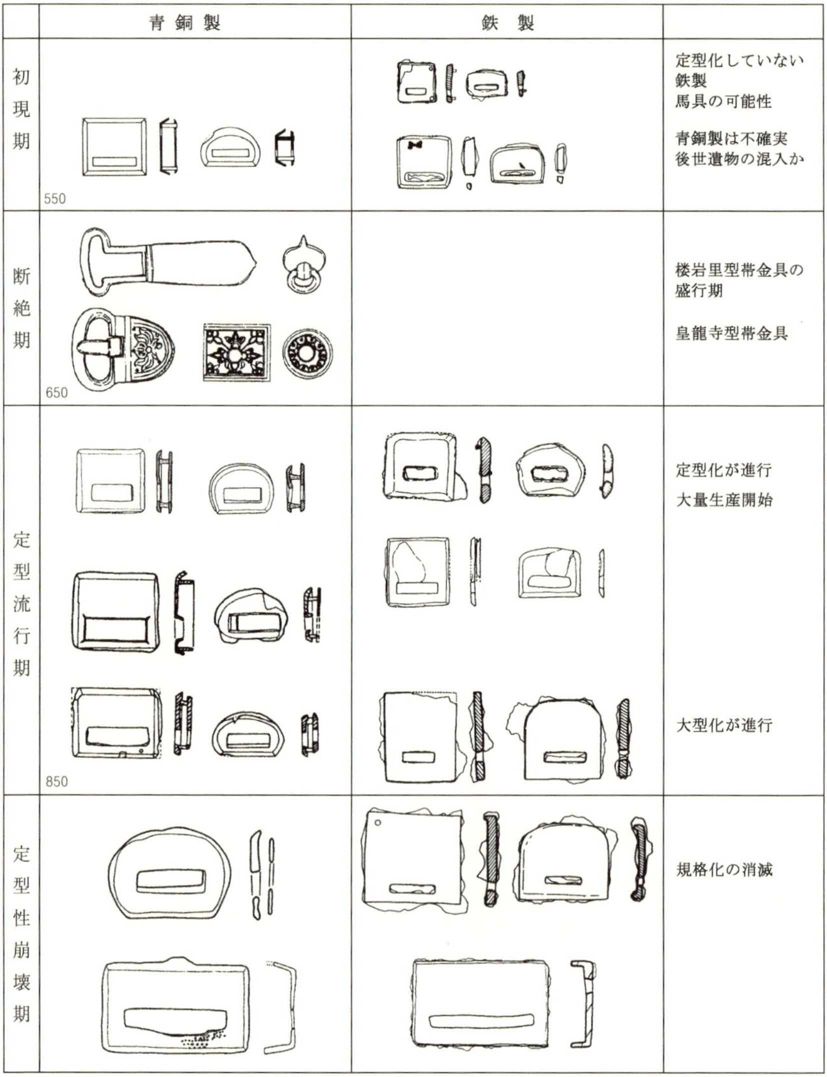

	青銅製	鉄製	
初現期	550		定型化していない鉄製 馬具の可能性 青銅製は不確実 後世遺物の混入か
断絶期	650		楼岩里型帯金具の盛行期 皇龍寺型帯金具
定型流行期	850		定型化が進行 大量生産開始 大型化が進行
定型性崩壊期			規格化の消滅

図 106　韓半島における唐式銙帯の変遷

以上にみた唐式銙帯の概略的な流れを整理すると図 106 のようになる。現在のところ，形態自体から銙帯の相対編年を論じるのは難しいが，おおまかな先後関係を見分ける一つの基準として，筆者の観察結果から，青銅製品における

256　第 3 部　帯金具と服飾の画一化と身分表象

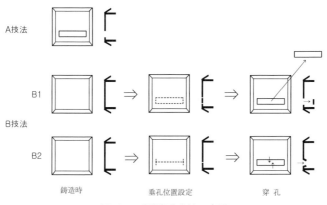

図107 垂孔穿孔方法の変遷

垂孔の穿け方の相違を提示しておく(図107)。青銅製品では,銙板を鋳造する際に垂孔を同時に鋳出すことができるが,このような方法は規格品を量産するときに多く用いられたと考えられる(A技法)。ところが,製品の定型度が落ちはじめる時期になると,まず孔のない銙板を鋳出しておき,後で垂孔をあけるようになったものと推定される(B技法)。その技法は,孔をあける部分を完全に切り取ってその縁を整えて調整する方式(B1)から,孔をあけた部分を内側に折り曲げておくだけの方式(B2)へと変化したとみられる。A技法が定型・流行期の技法,B技法が定型性崩壊期へ移行する時期の技法とみることができる。

(4) 生産と流通

唐式銙帯の生産と流通の状況は時期ごとに異なっていたと考えられる。初現期の状況については中央である慶州地域における出土例がないため詳細に検討できないが,形態や材質,製作技法の多様性からして,中央政権によって供給が統制されていたとはみなし難い。中国の服飾制度の導入とともに新羅各地の一部勢力に伝わった唐式銙帯の情報が断片的に復元・採用されたもので,その普及度は極めて低かったと推測されるのである。6世紀代のものと仮定される銙帯の出土地域が当時の重要拠点に限定される点も,浸透力の限界を物語っているといえる。

それに比べ，唐式銙帯の定型・流行期には形態・サイズ・製作技法などのすべての面において高い均質性がみられるようになる。また，中国をはじめとする周辺各地の製品と非常に類似する点から，唐衣服制の本格的な導入により，この時期に新羅中央政権による製品の統制が行われたものと思われる。製品が中央で製作され各地域へと供給されたのか，あるいは中央政権の指導の下に各地域において製作されたのかなどについては明確にわからないが，この時期以降に銙帯の分布範囲が顕著に拡大する点は注目される。先に指摘したように，一部の地域では都での生産に代わって小京が製作・供給の役割を担っていた可能性もある。

　また，この時期の墳墓出土資料が慶州周辺よりも各地方において多くみられる点は，銙帯の流通を考える上で一つの問題を提起する。この現象に対する解釈として，官給品である銙帯は官人の死亡や異動に伴って中央政権に返却されるもので，そのシステムが都周辺において特に強力に機能していたと考えることもできよう（阿部1976，p.338～340）。このことは，統一新羅の官服が埋葬服として使用されていたかという点にも関連して重要な問題である。ただし，中央の官位制が地方まで浸透し，文化的・行政的拠点としての小京がすでに設置されていた当時，中央の政策が地方まで及んでいなかったとは考え難いため，銙帯回収システムの存否についてはより慎重な検討が必要であろう。この問題に関連する一つの参考資料が安東臨河洞Ⅰ-11号墳から出土した「處郎」銘が刻まれた唐式銙帯である。この「處郎」を従来の説のように人名と判断できるならば（任世權1991），官人が供給された銙帯を自身の所有物とみなし，死後も返還しなかったことを示す物証とみることができる。

　定型性崩壊期になると，もはや中央政権は銙帯生産を統制できなくなり，各地方において自主的に粗悪な製品を作りはじめたものと思われる。慶州周辺において出土例がない長方形鉄製銙板の出現がその代表的な例であるといえる。また，高麗時代になってからも，公州艇止山遺跡の鉄製銙帯の未成品のように，地方で自主的に製作して着用していた例が確実にみられる。

3 唐式銙帯の意義

最後に，以上において分析した内容を総合し，新羅において唐式銙帯が採用された背景と歴史的意義，そしてその機能の実際について検討してみたい。

(1) 機能と意義

新羅の唐式銙帯が官人層の官位所持を表現する意図で中国から導入されたことは疑いない事実であり，銙帯を所持した墳墓被葬者の大部分を新羅の官人とみることには基本的に異論がないであろう。本章で設定した銙帯構成要素A類にあたる事例がそれに該当する。ただし，当時文化的・社会的な先進性を備えていた中国から持ち込まれた衣服制関連文物には，実質的な身分表象以外にも様々な付加価値が伴ったと予想される。

本章において銙板構成B類と設定したものは，実質的に腰帯としての用をなしたと考えるよりは，唐式銙帯が持つ象徴的な部分が強調された事例であるといえる。慶州皇龍寺址や扶餘扶蘇山寺址・陵山里寺址・王興寺址のように塔の心礎に銙帯を埋置したものは，地鎮具的な使用法が確実視される例であろう[133]。前出の扶蘇山寺址から出土した唐式銙帯は鉸具と帯端金具が備わっており，巡方2点，丸鞆4点がセットとなった大型金銅製品である（図102）。特異な点は銙板側面の断面形態であるが，韓半島の資料は側面が傾斜をなすのに対し，本資料は垂直に処理されている。サイズやこのような製作技法上の特徴からみて，筆者はこの唐式銙帯が中国製品で，百済滅亡時またはそれ以後に当地域に搬入され，後に地鎮具として利用されたものと推定した（山本2003a）。

墳墓に副葬された唐式銙帯の中にもB類，すなわち実際に腰帯として使用されたとみなし難いものがある。官服を埋葬服として利用した場合，腰帯を着用したままで埋葬されたと考えられるため，少数の銙板のみが別途埋納されるという行為には他の理由を考えるべきであろう。この場合，銙板は腰帯としてではなく，それ自体が一つの象徴物として入手され，銙板一つずつが所有者の権威を表象したり祭儀的な意味が付加されたりしたものと推察される。唐式銙帯はそれを着用したときにはじめて官位を表象する道具となるため，このよう

な状況下で出土する銙帯の所有者を安易に官人と判断することには慎重であるべきであろう。

(2) 唐式銙帯と官位

中国で創始された律令制度の根幹である官僚制と唐式銙帯の間に密接な関連性があることは衣服令の存在からも容易に首肯できるが，再三述べているように，実際に周辺諸国において中国の官僚制とその衣服に関する制度的側面を完全に理解した上で採用したのかという点については検討の余地がある。つまり，唐式銙帯の導入がその裏面にある政治制度の導入とは別途になされた可能性もあるということである。

日本では，銙帯が当時の官人の身分表象であるという観点から，遺跡から出土する銙帯のサイズと文献に記された官位を対比させる作業が試みられてきた（阿部 1976，伊藤 1968・1983，奈良国立文化財研究所 1975）。しかし，これらの研究は銙板のサイズの微細な差が持つ視覚的効果に対する疑問や，発見された銙帯の数との対比，文献に対する検討を通じて批判も提示されている（亀田 1983，田中 2003）。では，新羅の場合はどうであろう。先にみたように，統一新羅時代の唐式銙帯はサイズが集中する範囲を中心に大小のものがあるが（図 97），あくまで分布の中心は中間位の範囲に偏重している。仮に銙帯のサイズと官位の高低が相互に対応する要素であるならば，人員数が多い低官位所持者が使用した銙帯，すなわち小型銙帯の数量がより高い比率を占めるはずであるが，実際にはそうでない。これは銙帯のサイズに官位の高低が反映されておらず，同形同大の銙帯が幅広い官位所持者に供給されていたことを表す現象であると考えられる。では実質的に銙帯に表現された官位の差はどのようなものであったのか，文献史料の記載から探ってみることにする。

新羅が唐の衣服制を導入したのは真徳王 3（649）年のことであり，その当時唐において施行されていた衣服令は武徳 4（621）年に制定されたものであった。この武徳衣服令はその後何度かにわたって改定されるが，朝服および公服部分に銙帯関連の詳細な内容が記載されるのは高宗の上元元（674）年の改定時である。このときの改定内容のうち，銙帯に関連する部分をみると，三品以上は金玉帯 13 銙，四品は金帯 11 銙，五品は金帯 10 銙，六・七品は銀帯 9

鋳，八・九品は鍮石帯9銙，庶人[134]は銅鉄帯7銙と規定されており，中国の銙帯制度が素材と銙（銙板）の数で序列化されていたことがわかる。また銙板には水巾・算袋・刀子・礪石などを提げていたという。

　新羅では唐衣服制を導入した直後に該当する銙帯関連記事がなく，その頃の衣服制に関する細かい内容はわからないが，興徳王9（834）年に服飾に対する禁令が公布されており[135]，その中の銙帯関連記事を参考にすることができる。それによれば，それ以後新羅では真骨大等が銙帯に研文白玉を使用するのが禁止され，六頭品は烏犀鍮鉄銅，五頭品は鉄，四頭品は鉄銅，平人は銅鉄をそれぞれ使用することになった。これは服飾使用の制限記事であるため，それ以前には各階層においてより高級な素材で製作された銙帯が使用されていたのであろう。ここにみえる「烏犀鍮鉄銅」とは，慶州隍城洞537-2番地6号墳や安東臨河洞Ⅰ-11号墳出土品のように黒漆を塗った鉄製ないし青銅製銙帯を指すものと考えられ，素材の位相には玉→黒漆青銅→鉄・青銅という階層的順序があったことがわかる。中国の衣服令を参考にすると，禁令が発布される前まではより多様な素材が使用されていたと推定されるが，例えば慶州雁鴨池や扶餘佳谷里出土品のような金銅製品は玉製と黒漆青銅製の中間程度に該当する素材であったと考えられる。また蔚山倉坪洞遺跡で収拾された有文の大型金銅製品は，文献にみえる「研文」という表現から，より身分の高い人物が佩用したものである可能性がある[136]。

　このように，素材面では中国と新羅の銙帯は似通った階層性をみせるが，大きな違いとして新羅の記事には銙の数量を制限する内容と，銙板に吊り下げる腰佩類に関する記述がないという点が挙げられる。腰佩類については確実な例がなく，当初から新羅に導入されなかった可能性があるが，銙板の数に関しては，巡方を四つずつ装着する例が比較的多い点から考えると，ある程度意識されていた要素であるといえる。

　上の内容を実際の遺物と対比させて被葬者の位相を推定するためにはいまだ情報不足の感があるが，中央政権による身分統制が崩壊する新羅末期までは，新羅の唐式銙帯は極めて均質的な様相を示しているといえる。その理由は，当時の王族や最高階層の貴族の銙帯がいまだ発見されていないだけであるともいえるが，それにもかかわらず中央と地方で確認されている銙帯間に大きな差が

ないという点は，中国や日本などの周辺諸国に比べて新羅の身分統制が比較的長期間にわたって維持されていたことを物語る現象ではないかと考えられる。また，中国や日本では衣服制度が官位ごとに詳細に規定されていたのに対し，新羅では固有の身分通念である骨品制を基本としている（前章表16）。そこで規定された服飾の序列は上述のように真骨から平人までの5段階であるが，骨品制が絶対的な差別要素として官等より上位にあった身分決定理念であったことを考慮すると，真骨貴族を頂点とする階層ピラミッドは底辺が中国や日本の場合より遥かに広くなったと推定される。つまり，血統によって政治的階層が決定されたならば，上位に位置する貴族の人数には大きな変動がなくなり，征服などによって新たに新羅社会に編制されながらも上位までのぼることのできなかった階層が増えたと考えられるのである。韓半島各地で発見される唐式銙帯は，主にそのような階層の人々に与えられたものと考えられ，その均質性の原因は，官位の差異が顕著に表出しない中・下位階層が多かったためと解釈することもできよう。

　本章では韓半島新羅地域において出土する唐式銙帯の概要をまとめ，その基礎的な分析と文献にみられる衣服制との対比を試みた。新羅の唐式銙帯は青銅製と鉄製が主で，高い規格性がみられる各種金具で構成されている。統一新羅時代に最も盛行するが，その出現時期は従来の見解より遡る可能性を内包している。また新羅末・高麗初期には定型性が崩壊し，大型化する傾向がある。
　一般的に唐式銙帯は当時の官人の身分を表象する遺物と考えられるため，文献の記載と対比することで古代官僚制の一端を照明し，銙帯所持者（墳墓被葬者）の位相を推定し得る資料といえる。
　新羅地域出土の唐式銙帯に対する研究は，墳墓に埋葬された被葬者が必ずしも官服を着用してはいなかったであろうという点においてすでに大きな限界を含んでいる。しかし銙帯が出土する遺跡の調査例が増加している現在，考古資料を通じて当時の官僚制に接近できる端緒として積極的に評価する必要があろう。また新羅地域だけでなく，中国をはじめとする東アジア全地域において共通の視覚で検討することができる数少ない遺物の一つであり，体系的な歴史像を構築する上で多くの情報を提供する資料であるともいえる。このような資料

を抽出・研究することで，中国・韓半島・日本をはじめとする東アジア諸地域の古代政治制度的側面を考古学的に照明できると期待される。

終章 考古資料からみた古代国家の成熟と法制度

　考古学研究の重要なテーマの一つに歴史の復元とその点検がある。文字による記録が残る時代の歴史は，主に当時の中心勢力によって作られるという性格を持っているため，その動向は現在に残された文献史料を通じて比較的詳細に知ることができる。ただし，その記録が当時の歴史の「主人公」らによって恣意的に改められたり後代に遺失した場合には，それを補完できるのは考古学的な方法をおいて他にみいだし難い。考古学的方法も個別資料から歴史叙述を復元できるものではないため，それを利用して特定時期の歴史像を構築するためには，ある目的意識のもとに選定・抽出された資料の集合体を体系化させ，流れを持つ歴史へと昇華させる枠組みを設けなければならない。

　本書で検討した個別テーマは，過去の人間の活動の痕跡から政治的状況を導出し得る要素を選択したもので，そこには単純な文化現象以上の意味が内在していると判断した。各部各章は個別的には独立したテーマであるが，当時の政治制度の解明という大命題の下で，それぞれがそれを構成する亜体系の役割を担っている。古代の歴史は政治史的な側面に大きな比重を置いているだけに，考古学的方法でもそれを補い，時には主導する道を模索する必要があると考える。そのため，これら多様な関連テーマを一つずつ考証し総合的に検討することによって当時の体系的な政治・社会相が浮き彫りになると期待した。以下では，本書の結論として，検討した内容を再整理し百済と新羅（統一新羅）が中国式統治制度である律令の影響をどの程度受けたのか，またその実効性はどの程度の水準であったのかについて，考古資料から読みとることができる部分を復元・叙述してみたい。

　本書で検討した内容のうち，墓制に関する分析では，個別古墳の規模や構造，副葬品などに示される階層構造をもとに被葬者の官位を推定した。これは古墳，特に精巧な構造を持つ横穴式石室に一定の規格性と規模に対する制限があったであろうという点が前提になる。本書では，そのような墳墓築造の均質さを中央勢力による規制と解釈したが，同現象が顕在化する時期とそれ以前の

段階は政治史的に明確に区別する必要があることを再確認したい。規模や構造で序列化できる古墳はその被葬者間にも地位の差があったとみられ、その差を官位の差と考えたが、墳墓の明確な定型化・序列化現象は特に泗沘期の百済で顕著に表されており、新羅地域の同時期の墳墓ではさほど明確にはみとめられなかった。

　土器を中心とする器物に対する分析では、百済・新羅・日本列島でほぼ同じ時期に起こった土器の様式変化に注目し、その背景に共通した中国器物の影響があったことを論じた。7世紀を前後する時期にみられる新しい器種の定着と土器様式の変化は、単なる内部的な変化ないし文物交流の結果であるのみならず、外交活動や外交儀礼の必要に応じて支配階層によってまず導入されたことを論じた。そのような新しい器物の受容が、結果的に国内統治の一手段として権威と文化的先進性を表現する役割を果たしたことが、出土分布などに表されている。また文字を使った行政システムの発達を想起させる資料として、木簡の他に硯と文房具類の普及に注目した。硯も百済と新羅でほぼ同じ時期に定着しており、国際情勢の変化とあいまって官僚機構を運営するための文書行政が発達したことを物語っている。

　古代にあって服飾は個人の身分や社会的な地位を一目で表現できる最も効果的な要素であった。ただし、本書で扱った時期には、前段階に流行した壮麗な金属製装身具や武器などで権力を誇示できる効果は消え、同じ形の服飾を着用しつつ、色や素材の差だけで政治的な位相（官位）を表す方式へと変わっていたことがわかる。具体的資料としては古墳から出土する冠飾や帯金具、そして陶俑に表現された衣服などを選択した。これらの服飾の序列とその導入時期について考古資料を通じて調べることにより、百済および新羅の国家体制が重層化した官人制へと移行していった時期の状況が明らかになった。

　血縁秩序が機能しにくいほど複雑化した社会の中で、人的支配を実現するための手段としての政治制度は多様な形態で現れはじめ、やがて体系的な法制度へと発展した。増加する人口と多様化する階層を支配するためには、各種政治的・社会的規範を制定し、制度的に社会内構成員の行動や思想を制御する必要があった。すなわち、軍事的・呪術的な力で下位階層を圧倒する時期とは異な

り，より広範囲にわたる地域と階層を効率的に支配するために，可視的な効果を狙った威信財や巨大な記念物の築造より，目に見えない統制力と国家への帰属意識を高揚させる実効性を持つ政治的規則の確立が求められたのである。これは，とりわけ古代国家段階に至った社会では緊要な事案であった。本書は，韓半島の三国時代において，国家成立後の上のような動向が考古資料にどのように反映されているかを点検し，その状況から国家社会の成熟過程を跡付けることを目指し，そしてそれが東アジア諸国で共通したものであったのか，あるいは独自の歩みであったのかを考察するためにまとめたものである。

現在，人類の歴史上最古の慣習法または判例法として知られるウル第三王朝のウルナンム法典や古代バビロニア王朝のハンムラビ法典から近代国家の最高規範である憲法に至るまで，各時代・地域ごとに多種多様な政治制度や法律が作られてきたが，これらは基本的にすべて支配階層や国家による政体構成員の管理・統制を目的にしているという点でその基調理念が共通する。その中で比較的早い時期から法治主義が台頭した古代中国では，他の地域の慣習法的な法令とはその性格をやや異にする成文化された制定法が創案されたが，それが本書で考古学的な検討を試みた律令である。この中国律令は，歴史上東アジア各地で人民統治の規範として広く受容され，東アジアに独自の文化的・政治的世界を形成させる上で一定の役割を果たした。その独特な統治方式が特に大きな影響力を持つようになったのが，本書の対象時期である6〜8世紀頃といえる。

「律令国家」や「律令時代」という語は，日本の歴史が在地色の強い古墳時代を終え，中国の律令を基盤にして中央集権体制への歩を強く進めはじめた日本列島の特定時期の国家体制を指す用語であり，実際に律令が創始され，各時代を通じて改変を経ながら長期間存続した中国では使われない。すなわち，「律令国家」や「律令時代」という語は国家体制の全体を律令に依存し，その期間を前後の時代と比較的明確に区分できる日本のような地域への適用が最もふさわしい用語であるといえる。

そのような観点から，ある時期に中国律令をほぼ完全な形で導入し発展させた日本列島に比べ，その受容期や内容が明らかでない韓半島各国の状況にこの概念を適用させるのは無理がある。ただし，特定の時期に中国の影響で周辺国家の社会的性格や国家体制が変化したことは歴史的事実であり，「律令国家群」

の概念のように，一つの国家を超越した集合体を検討対象とする場合には，ある種の規定が必要でもある。

これらの点を考慮し，特定の時期に中国律令の一部を取り入れて以後の国家運営に利用した地域を律令国家型国家の意味で「律令型国家」と呼んでおきたい。これは律令が創始された中国や，律令を継受し国家体制とした日本などのように文献史料上で律令の確実な存在を確認することはできないが，社会状況や物質資料の対比によって律令の施行を想定できる政体を指す。

特定の時代の東アジア世界に「律令国家群」という概念を設定できるならば，それは上のように律令を始めた国，律令を取り入れた国に大きく分けられ，後者はさらに確実に受容したことがわかっている国と受容した「はずの」国に分けられる。いわゆる律令国家と律令型国家は，中国の影響を受け国家体制を整えていったことでは共通しており，単に編目や条文などが現存するかしないかという現在的問題の差があるのみで，本書でみてきたように，本質的には同質の国家像であった可能性は高い。史料の現存如何で当時の律令の存在を論じることへの警鐘の意味も込めている。

本書で主に考察した韓半島の百済と新羅の場合，文献には条文や体系的な編目を復元できる内容はない。しかし本書の内容からわかるように，考古学的な観点からみると，いわゆる律令国家に至った時期の日本の社会・文化的転換相とよく似た現象が百済や新羅の資料からも確認できるため，これを律令の影響を受けた国家として評価できるであろう。

本書で検討した内容を参考に，以下では中国で創始された法制度を周辺国家が受容し実践して自国内に定着させる過程を段階的にとらえ，そこに各国の状況を代入させることでまとめとしたい。

第1段階
諸国において中国式成文法に対する知識を得，それが自国の統治法としても役立つことを認識し，実質的にその一部を導入して国内で実行した時点までと規定する。この段階には律令は体系的な法典として導入されておらず，自国を統治する方法として有効な限定的な要素だけが部分的・断片的に取り入れられ実行された段階ということができる。もちろん身分秩序など集団統治の基礎的

で原初的な部分は中国制導入以前のいわば固有法段階にも諸政体ごとに独自のものを持っていたと考えられるため，最初に導入された律令的要素はこのような原初的な固有法の一部を補完する形態で施行されたと考えられる。そのため，この段階の政治制度はまだ編目や条文など明文化された成文法としての特徴は持っておらず，当然それを体系的な法典の一部とみる認識もなかったであろう。すなわち，固有法としての法令的なものは存在したとしても，新来の法制度を統治の根幹として設定するまでには至っていなかったということである。

考古資料に反映されにくい律（刑罰）的要素の影響をいつから受けはじめていたかについては文献史学的な研究成果の進展に依存する他ないが，行政法的側面を担当した部分をみると，やはり民衆統治の基本かつ最も有効性を持つ身分制（官制）から補完・改変されたと考えられる。諸国の文献史料には官制整備に関する記事が散見するが，本書の内容からもわかるように，実際に物質資料にもその状況が反映されている。この時に初めて受け入れた官制中心の律令の影響が史料に「律令施行（頒布）」などと表現されたもので，その実質的な内容をめぐる論議は絶えない。結論的には，この段階に該当する時期に受容され施行された「律令的」制度は，体系法としての体裁を備えてはいなかったため，これを体系的成文法の意味を含む「律令」とすることはできない。ただし，その一部を採用していたことは明らかであるため，これを律令受容の第1段階と規定することができよう。

第2段階

次の段階は，引き続き中国制の影響を受け，ある程度体系化された統治システムが施行された段階とすることができる。この時期には，変化する国際情勢に対応する必要性と，増加する自国民と領土を効率的に統治し管理する必要性という外的・内的要因により，ある程度体系的な法令の制定が求められた時期と規定できる。ただし，国家ごと独自の固有法があったと考えられるだけに，その内的統治方式がこの段階に完全に中国制度に代替されることはなかったと思われ，固有法の土台の上にそれに適合するように改変された制度が施行されたと考えられる。この時，服飾など可視的要素を積極的に受け入れることによって国内統治に中国王朝の威信を利用した場合もあったと想像される。この時期には固有法と律令を融合させた制度を編目別に整理した法典があったとみて

もよく，編目ごとに文章化された条文も作成された可能性を想定したい。中国的な体裁とは差があるとはいえ，この段階に施行された政治制度を各国ごとに制定した律令と表現してもよいであろう。条文の現存の是非を問わず，物質文化の側面からみて条文が現存する地域との類似の状況が観察できるのであれば，その存在を積極的にみとめるべきである。

重要なのは，この段階に施行された制度に律令的要素がどの程度の割合で含まれているかという問題である。それを量るためには別途判断基準が必要であるが，様々な側面においてその施行の痕跡がみられる段階であるため，この時期を律令施行の段階と規定することができる。

第3段階

この段階は，中国周辺に位置する諸国家が，目指すべき国家像を共有しながらも，それぞれ異なる特色を表出した段階とすることができる。その状況には，中国の律令をほぼそのまま自国の統治機構として採択し中国の直接的な統制を受け入れるケース，中国の律令を全面的に受け入れながらも自国内の事情に合わせて一部条文を改撰して施行するケース，律令を参考に自国内で新しい統治制度を創定するケースなどが想定できる。この部分に関しては編目や条文が残らない地域を対象に検討するのが困難であるが，この時に自国の政治的状況に適合した律令を別途創定したかどうかという問題が，以後の中国との関係を決定する重要な転機になったかもしれない。すなわち，この時期独自の律令を制定した地域はその後も中国と一定の距離をおくことになり，中国制をそのまま適用させた地域はやがて中国という巨大な国家体系の一部に編成される場合があったと推測される。

以上，便宜的に設定した律令受容，律令借用，律令制定と言い換えられる諸段階は，律令国家または律令型国家としての発展段階を表す定義でもある。次に韓半島の百済と新羅がそれぞれどの時期にどの段階に至ったのか，その発展過程を考察してみたい。編目・条文が現存しない韓半島では，律令編纂に関する部分は議論できないが，本書の内容を通じて得られた物質文化の様相を参考に類推する。

まず百済の場合，考古資料の面からみて現時点で律令に対する知識が明確に

得られたと思われる時期および契機は南朝との活発な交流においてである。特に梁代の天監律令（503年編纂）は，晋の泰始律令を継承しつつ南朝で初めて国家的事業として本格的に編纂された律令であり，梁との活発な交流を持った百済がその存在を看過したとは思われない。

　南朝の律令の内容は詳細が不明であるが，その影響を受けて泗沘遷都直後から改変が進んだと考えられるのが墓制である。第1部で詳論したように，王陵を「典型の頂点」として古墳の構造および規模が規格化される現象の背景には，喪葬令の概念を導入した百済中央政権の意図が作用しているとみられる。さらに，泗沘期に入り都城住民に関連する墓地および墳墓数が急激に増加する現象から，官人層の急増と都城への集住現象が読み取れる。

　以上のような泗沘遷都に伴う各種現象を律令受容の段階と仮定すると，その次の画期となるのが7世紀初頭を前後する時期に起きた変化である。武王代に再び中国との積極的な交渉を試みた百済では，この時期に新しい様式の器物が定着し，文書行政の本格化が促進されたが，その背景には外交儀礼などを通じて得た中国礼制の知識が作用したと推定される。この段階で都城の再整備がなされ，同時に益山に新しい施設が建設された。これは，東アジア諸国に大きな影響力を及ぼした中国の統一国家（隋唐）の出現に対応し，国内の王権強化と中央集権を図った百済の反応を反映した現象である。この段階には，百済でも固有法の基礎の上に新たに導入された律令的法制度が施行されていたとみて差し支えない。ただし，考古資料からみる限り，律令官制の存在を最も顕著に表す服飾制は直接的に採用された痕跡がなく，外交の席以外では百済の伝統的な冠位制がその後も持続していたことを想起させる。

　以上の内容をまとめると，百済では6世紀前半〜中葉頃に中国律令の影響を受けはじめ，その概念や理想が部分的に導入されたとみられる。それが実際に実効力を持ったのは喪葬関連の内容であるが，間接的には官制に関連するものであるといえる。本格的な律令型国家への移行はやはり7世紀初頭を前後する時期に，増える官人層を行政文書で管理し，さらに中国的文物が定着しはじめる段階とみられる。現在，百済で律令を根幹とする独自の法典が編纂された痕跡はみいだしがたいが，7世紀以降の社会・政治的な雰囲気からは，その可能性は十分にあるといえよう。ただ，7世紀後半の滅亡によりそれが完全には実

践されなかったであろうことが想像される。

　新羅の場合，律令に関する知識の受容と一部施行が法興王代であることは疑う余地がない。この時期に受容・施行された律令的制度の内容が官品令および衣服令に関連したものであったことも，文献の記録や新しい帯金具の導入の可能性など諸般状況から察することができる。また，中央集権と公地公民を標榜する律令型国家の実質的な前提条件となる広域な領土とその内部に居住する住民の確保がこの時期に成立したことは，のちの政治・社会的展開を考慮するとき，大きな意味がある。ただし，他の部分に関してみると，この段階に中国や高句麗と特に政治的影響を受けるほどの接触があったとはみなし難く，その受け入れが固有法を補完する程度の極めて断片的なものであったことがわかる。墓制など国家構成員の身分や位階を如実に示す要素に正確な序列を求めることができないという点からもこのことが裏付けられる。特に新羅は，隋唐という統一王朝が成立する前までは，地理的な条件などにより中国との交渉に一定の限度があったことが指摘されており，そのような側面が政治制度の導入にも障害として作用した可能性がある。ただし，木簡の出土などからみて，文字を用いた文書行政は6世紀代には活発になっており，成文化された法令の存在も否定できない。

　新羅で日常生活容器などに変化が起きたのは，百済と同様に中国に統一国家が出現した7世紀前半頃とみられる。東アジア全域で一般化する台付容器の定着とともに，文書行政の普及に伴う文房具類の拡充を示す硯資料もこの時期からみられはじめる。この7世紀前半代を新羅が完全な律令型国家へ移行する過渡期的な段階とみることができ，外交から生活様式に至るまでの中国式礼制も受容されたととらえることができる。

　新羅の制度史的側面をみると，最も大きな画期になるのが7世紀中葉の韓半島統一を前後する時期といえる。韓半島内外の大きな情勢変化に備える過程で新たな統治方式を大幅に導入・施行したとみられ，その状況は文献の唐服飾制の導入などからもわかる。実際に遺跡から出土する遺物や土俑にみられる服飾関連部分にも，衣服令・官品令の施行を立証できる要素が散見する。併せて重要なのが，新羅の王都に条坊が整備された時期がこの段階であるという点である。これは法制度を施行する舞台装置の整備という観点から，他の要素を包括

する重大な意味を持つ。この段階に新羅は完全な律令型国家としての容貌を備えたといっていい。

　国内事情に合う形で新羅が律令を編纂した事実は知られていない。しかし，編目や条文の不在を新羅で法典が編纂されなかったことを表す根拠とすることはできない。特に韓半島統一以後の新羅は，唐との積極的な交流を通じて東アジア律令国家群の中核をなす国家として台頭しており，国家機構の運営には当然ながら整備された法体系が必要であった。ただし，それが中国の律令の単なる模倣でなかったことは，新羅独自の国家体制が存在することからもうかがえる。例えば，新羅にはその内的身分秩序に骨品制という伝統的理念が存在したが，これは中国式官制の導入以後も一定の期間存続しており，官位より優先される身分決定理念として作用していた。これは新羅の慣習的法秩序を守ろうとする支配階層の意図が反映されたもので，中国制が全面的に受け入れられた場合には消滅する運命にある部分である。このような在来的要素が維持されつつ，唐の新しい法制を受け入れて実行した部分に新羅法制の特徴が端的に表れている。

　百済と新羅を比較すると，地理的な条件や伝統的国制，固有法などには差があったと考えられるため，律令導入の状況にもかなりの差があったとみられる。にもかかわらず，おおむね同じ時期に同じ段階を経て律令型国家といえる政体に成長しているのは，やはり隋唐の出現にともなう汎東アジア的な流れに合致する現象といえる。当時の東アジアの制度史的情勢の大きな流れは中国を中心に均質的な様相を帯びており，「律令国家群」の用語を通用し得る所以である。

　本書は考古資料の利用という前提条件のもとで作成されたものであるため，官品をはじめとする令制の特定部分のみに光をあてる作業に終始し，その他の多様な編目や律に対する検討には及んでいない。それらの部分に対しても，新たな考古資料の蓄積と方法論の開発，文献史学との連繋によって検討が進むことが期待される。そのような作業を通じて，国家形成後の社会発展に関してもさらに議論が深まることを願ってやまない。

註

第1部

1) 実際には，共通する墓・葬制の分布範囲は，住居形態や遺物の類型など他の文化要素と一致することもあれば差がみられることもあるため，単一の要素のみを基準に「文化圏」を設定することには慎重であるべきである。
2) 墓葬は人間の思想・観念に関わるシステムであるため，現代に至る各地域の社会では，宗教の教義や死後の世界観に基づく墓・葬制が採用されているところが多い。このまとまりは「宗教的同質性」「宗教的紐帯」として別途考慮する必要がある。当然ながらその分布範囲は政教が分離している地域・時代においては基本的に国家領域などとは無関係なはずである。
3) 将軍塚などの例のように，実際には高句麗では積石塚の段階においてすでに横穴式石室を採用しており，墳丘構築材の変化と横穴式石室の導入が直接連動しているとはいえない。
4) 『通典』巻86 葬儀条

凡五品以上薨卒及葬祭者 応須布深衣・幘・素幕・譽 皆官借之 其内外命婦応得鹵簿者 亦如之 其墓田之制 一品 塋 先方九十歩 今減至七十歩 墳先高丈八尺 減至丈六尺 二品 先方八十歩 今減至六十歩 墳先高丈六尺 減至丈四尺 三品 先方七十歩 減至五十歩 墳先高丈四尺 減至丈二尺 其四品 先方六十歩 減至四十歩 墳先高丈二尺 減至丈一尺 五品 先方五十歩 減至三十歩 墳高一丈 減至九尺 六品以下 先方二十歩 減至十五歩 墳高八尺 減至七尺 其庶人先無文 其地七歩 墳高四尺 其送葬祭盤 不許作仮花果及楼閣 数不得過一牙盤

『唐令拾遺』喪葬令 第32 15条，18条

『唐会要』巻38 葬

5) 『日本書紀』巻25 孝徳紀2年条

甲申 詔曰 朕聞 西土之君 戒其民曰 古之葬者 因高為墓 不封不樹 棺槨足以朽骨 衣衾足以朽宍而已 故吾営此丘墟 不食之地 欲使易代之後 不知其所 無蔵金銀銅鉄 一以瓦器 合古塗車・蒭霊之義 棺漆際会三過 飯含無以珠玉 無施珠襦玉柙 諸愚俗所為也 又曰 夫葬者蔵也 欲人之不得見也 酒者 我民貧絶 専由営墓 爰陳其制 尊卑使別 夫王以上之墓者 其内長九尺 濶五尺 其外域 方九尋 高五尋 役一千人 七日使訖 其葬時帷帳等 用白布 有轜車 上臣之墓者 其内長濶及高 皆准於上 其外域 方七尋 高三尋 役五百人 五日使訖 其葬時帷帳等 用白布 担而行之 (中略) 下臣之墓者 其内長濶及高 皆准於上 其外域 方五尋 高二尋半 役二白五十人 三日使訖 其葬時帷帳等 用白布 亦准於上 大仁・小仁之墓者 其内長九尺 高濶各四尺 不封使平 役一百人 一日使訖 大礼以下 小智以上之墓者 皆准大仁 役五十人 一日使訖 凡王以下 小智以上之墓者 宜

用小石 其帷帳等 宜用白布 庶民亡時 収埋於地 其帷帳等 可用麤布 一日莫停 凡王以下 及至庶民 不得営殯 凡自畿内 及諸国等 宜定一所 而使収埋 不得汚穢散埋処処 凡人死亡之時 若経自殉 或絞人殉 及強殉亡人之馬 或為亡人 蔵宝於墓 或為亡人 断髪刺股而誄 如此旧俗 一皆悉断（中略）縦有違詔 犯所禁者 必罪其族

6）扶餘陵山里古墳群を起点に百済地域全域に波及したと考えられる泗沘期の横穴式石室をここでは「百済後期型石室」と呼ぶ。これには陵山里古墳群の石室を直接・間接の祖形とするすべての石室を含むものとし，従来の「陵山里型石室」（東・田中1989）より広義のものとする。

7）実際にはこの地区に王以外の王族や中央貴族が埋葬されている可能性もあるが，ここでは扶餘陵山里に分布する別の古墳群と区別するために便宜的に従来の陵山里古墳群および陵山里東古墳群を「陵山里王陵群」と総称することにする（朝鮮総督府1917・1937，姜仁求1977，百済文化開発研究院1989）。

8）百済後期型石室の構造を見ると，丘陵の傾斜面を掘り込んで平坦面を作り，奥壁を設置して側壁→前壁（玄門施設）→羨道→天井（あるいは天井→羨道）の順に構築していたことがわかる（山本2007b）。従来の研究では天井形態をもとに石室の類型を分類するものが主流であったが，天井形態はあくまで玄室の平面形態と使用石材に大きく制約される要素であるため，これを分類の第一条件とするのは適切でないと考える。

9）長幅比は数値が低いほど正方形に近く，高いほど細長い玄室となる。長幅比が2.0のものは玄室の幅が長さのちょうど2分の1のものであり，その平面プランの設定にどちらか（おそらく玄室幅＝奥壁幅）が基準となっていた可能性が高いことを示している。

10）これ以外にも同様の特徴を持つものがあるが，規模や構造が把握できないほど損壊が激しいため，ここでは良好な状態で残存する4基を対象に分析を行った（国立扶餘文化財研究所1998）。

11）百済後期型石室の編年を試みた拙稿（山本2015）では，Ⅱ型として設定したものにあたる。

12）この時期の古墳は丘陵南斜面を掘り込み，掘り方が深い北側が奥壁となり，南側に入口が開口する構造であるため，構築順序としては奥壁の設置が最初となる（註8）。

13）Ⅱ群・Ⅲ群石室は型式分類上さらに細分され得るが，現時点では細分した場合の型式に意味を与えるのが困難なため，本書では省略することにする。

14）ここで概観した古墳群以外にも陵山里オサルミ・ケバンジュクゴル・サンマクゴル・遞馬所古墳群，塩倉里クンドルゴル・サンヨム・トドクゴル古墳群，青馬山城古墳群などがある。これらの大部分は正式発掘調査がなされていない（扶餘文化財研究所1994）。

15）地域的特色が表れる条件については，大型板石（切石）を用いた断面六角形石室が一旦地方へ普及した後，二次的な展開過程において生じた可能性などが考えられる（山

本 2007b)．

16) 東魏尺（高句麗尺）の存在自体を全面的に否定する見解もあるが（新井 1992），個別遺跡に対する検討過程においてはその存在を支持する立場が多いようである．

17) ここで設定した 25 cm の測量単位（尺度）は，その後扶餘官北里遺跡から 2.5 cm の目盛が刻まれたものさしが出土したことで実証されつつある（李宗峯 2016）．これが立証されたならば，それが熊津期から存在したことも想定する必要がある．塼築墳である公州宋山里 6 号墳は奥壁 9 尺半，側壁 16 尺で，武寧王陵は奥壁 11 尺，側壁 17 尺程度で築造されたとみることもできそうである．しかし，この測量単位の使用を熊津期まで遡らせ得る他の資料の裏付けはまだなく，現時点ではその積極的な議論は難しい．

18) 特に律令に代表される統治システムの導入によって中国的な官僚制が成立してからは，官服の一部である腰帯が官位所持者を表す象徴的な道具となった（本書第 3 部）．

19) ただし公州地域は泗沘期にも重要拠点の一つであったため，今後出土する可能性は十分に考えられる．

20) 公州水村里古墳群，瑞山富長里遺跡，高興雁洞古墳など，百済の冠帽の類例は増加している．ただし，百済中央勢力に関わる遺跡からの出土がいまだない点において，これら地方勢力と中央政権との関わりや，その中で冠帽が果たした役割について論じるのは困難な部分が多い．

21) 『三国史記』巻 24 古尓王 27 年条
二月 下令 六品已上服紫 以銀花飾冠…
『三国史記』巻 33 雑志 2 色服条
『北史』巻 94 第 82
『隋書』巻 81 列伝 46 東夷百済条

22) ただし，冠飾を取り付けた帽部に使用したとされる逆三角形の冠帽の芯については，前頭部ではなく後頭部にあたるものとみる見解がある（毛利光俊彦氏の教示による）．傾聴すべき指摘である．

23) 『三国史記』巻 40 雑志 9 職官下
北史云 百済官有十六品 佐平五人一品 達率三十人二品 恩率三品 徳率四品 扞率五品 奈率六品 将徳七品 施徳八品 固徳九品 季徳十品 対徳十一品 文督十二品 武督十三品 佐軍十四品 振武十五品 剋虞十六品 自恩率以下 官無常員…

24) 『三国史記』巻 33 雑志第 2 色服
北史云 百済衣服與高麗略同 若朝拝祭祀 其冠両廂加翅 戎事則不 奈率已下 冠飾銀花 将徳紫帯 施徳皁帯 固徳赤帯 季徳青帯 対徳・文督皆黄帯 自武督至剋虞皆白帯
隋書云 百済自佐平至将徳 服紫帯 施徳皁帯 固徳赤帯 季徳青帯 対徳以下皆黄帯 自文督至剋虞皆白帯 冠制並同 唯奈率以上 飾以銀花
唐書云 百済其王服大袖紫袍・青錦袴・烏羅冠 金花為飾 素皮帯 烏革履 官人尽緋為

衣 銀花飾冠 庶人不得衣緋・紫
25) この他に一部の王族がⅠ群石室に埋葬された可能性もある。
26) 『周書』百済伝

　　五方各有方領一人 以達率為之 郡将三人 以徳率為之
27) 五方の位置に関しては諸説あるが，中方は全羅北道井邑や沃溝，東方は忠清南道論山，南方は全羅北道南原や金堤ないし全羅南道長城や光州，西方は忠清南道礼山や瑞山ないし全羅南道羅州，北方は忠清南道公州などにあてている。
28) 新羅地域における横穴式石室の導入を5世紀代の早い段階とみる見解がある（崔秉鉉2001）。新羅の一部地域で横穴系埋葬施設が早く採用された可能性はあるが，領土拡張とともに中央と地方で普遍的な墓制として定着したのは6世紀中葉より大きく遡らないとみられる。
29) 新羅における横穴式石室墳普及の社会的な背景についてはいくつかの論考がある（洪潽植1992・1995・2003）。
30) 高句麗の普林里大同古墳群や牛洞古墳群などにこれらと似た形態の石室を持つ古墳がある。
31) 新羅で被葬者を石室内に直に安置した例があることは，棺台に直接置かれた石枕と推定される石材の出土が比較的多い点からも裏付けられる。
32) 筆者が2005年までに収集した資料の統計によると，百済地域の石室では全体の95％以上が左片袖式ないし両袖式であるのに対し，新羅地域の石室では両袖式18％，左片袖式28％，右片袖式54％と明らかな差をみせている。羨道位置は同一古墳群内でも様々な類型が含まれている場合があり，系統を明確に分けることはできないが，上の数値から，百済の石室に比べ新羅で右片袖式が好まれる傾向にあったことは事実である。
33) これは合葬から単葬へと移行する百済地域の石室（吉井1992）との大きな差である。
34) ただし，昌寧松峴洞古墳群などに見られる長大な横口式石室のように，前代の竪穴式石槨の系譜上にあるものは性質が異なる。
35) 新羅の古墳群と山城は多くの場合隣接しており，石室と山城の使用石材や構築技法，出土遺物などを比較検討して両者の相関関係を確認することにより，新羅勢力の拡大に関するより総体的な根拠が提示できると思われる。
36) 慶州地域に横穴式石室が導入された直接的要因を，仏教の受け入れによる薄葬化現象とみる見解がある（崔秉鉉1992，p.505〜507）。現時点では仏教と直接結びつけるのは困難である。
37) 王都にいる王京人の中には，新羅が周辺勢力を征服していく過程で服属した集団の首長を慶州に移住させた結果生まれた階層も多く含まれている。王京人の身分等級を定めるにあたって一つの基準となったのが骨品制度であり，この制度を基礎とした血縁的・種族的紐帯が制度としての身分等級を決定する役割を果たした。

38) 蔚珍鳳坪碑には下干から阿尺までの下位五官等が，丹陽赤城碑にはその上の選干が，昌寧巡狩碑には述干をはじめとする上位官等がみられる。
39) 『三国史記』巻4 新羅本紀 智証王6年条
　　六年春二月 王親定国内州郡県 置悉直州 以異斯夫為軍主 軍主之名始於此
40) ただし，この推測は王都の官人が各地方に派遣された事実と，その任地で死亡した際に帰葬されなかったという前提が必要であるため，論理が不安定であることは否めない。
41) 『三国史記』巻4 新羅本紀 真興王19年条
　　春二月 徙貴戚子弟及六部豪民 以実国原
42) 梁山下北亭遺跡ではこの他にも判読不可能な様々な記号が刻まれた土器が出土しており，「上」と読める高坏の文字が他の意味を持つ記号である可能性も否定できない。

第2部

43) 西弘海は土師器の状況や技術的側面も含めた総体として土器様式の変化を論じているが，ここでは須恵器の形態のみに注目してみていく。
44) 須恵器の分類に関しては奈良文化財研究所の案（奈良国立文化財研究所1976）による。
45) 佐藤隆の論考では，陶邑資料を再構築して坏Hから坏Bへの変化を「陶邑Ⅴ様式」の中における転換として描き出している。
46) 土器様式の分布が完全に国家の領域を表しているのかという点については疑問も提示されているが，高句麗土器・百済土器・新羅土器・加耶土器などの名称が定着しているように，それぞれの土器様式が各勢力や国に帰属するものであることは確実である。
47) ただし，それぞれの要素が別々に進行しており，年代にも齟齬があるため，必ずしも国家形成には直結しないとみる説も提示されている（柳本2015）。
48) 陶磁器の例を挙げると，現在までに百済地域では破片も含めて100個体分以上の中国産陶磁器が確認されているのに対して，新羅ではわずかに1点が知られているに過ぎない。
49) 陰城文村里ナ3号墳のように一つの横穴式石室から短脚高坏と印花文台付碗が共伴出土する例もあるが，このような例は当然ながら追葬の結果であり，その時期差は大きい。ただし，追葬といえども同一の遺構から中期様式と後期様式の土器が共伴することは極めて珍しく，特に古墳は単一様式期に限定されるものが圧倒的に多い。
50) 『隋書』巻82 列伝 南蛮赤土条
　　…大業三年…駿等奉詔書上閣王以下皆坐 宣詔訖 引駿等坐奏天竺楽 事畢駿等還館 又遣婆羅門 就館送食 以草葉為盤 其大方丈因謂駿曰 今是大国中人 非復赤土国矣 飲食疎薄 願為大国意而食之 後数日 請駿等入宴 儀衛導従如初見之礼 王前設両牀上並設草葉盤 方一丈五尺 上有黄白紫赤 四色之餅 牛羊魚鼈猪蜯蛤之肉百余品 延駿升牀従

者坐於地席 各以金鍾置酒 女楽迭奏 礼遺甚厚

51)「定形硯」と「定型硯」の2つの用法があるが，本書では「定形硯」を使用する。
52)「円形硯」と「円面硯」の区別は基本的に奈良文化財研究所（2006・2007）に従い，前者を陸と海の区別がないものあるいは海が一方に偏るもの，後者を中央の陸の周りを全周する海があるものとするが，本書で述べているように両者の間には時期的な先後関係がみとめられる。また，両者を明確に区別できない個体もあるため，名称として曖昧な部分がある。
53) 陸と海の境界が明確で陸が平坦な資料に河南省洛陽城出土品があり，これを北魏のものとみる見解もあるが，紀年銘資料が多い墓の一括出土品とは異なり都城出土品は時期決定が難しいため，この資料の年代に関しては判断を保留しておく。
54) 本資料は漆や絵，化粧などに使われた毛筆である可能性も否定できない（李健茂 1992, p.5)。
55) 石巌里9号墳では円形板硯が，石巌里6号墳，養洞里3・5号墳などでは長方形板硯が出土している。
56) 金妍秀は，この資料が硯として使われた明確な根拠が確認できないとして硯の例から除いているが（金妍秀 1994, p.102)，中国晋代出土品の中にはこのような盤形硯が多く，これが硯であることは確実である。
57) 著者の実見による。
58) 国立中央博物館の図録では扶蘇山城出土になっているが，実際には離宮址出土品である。
59) 眼象という表現は姜仁求による（姜仁求 1971)。ここでは眼象（Ⅲb）を台脚接地面まで達する透かし，透孔（Ⅲc）を台脚中間にあいた孔と規定してこの2つを区別する。
60) 先の文献史料にみられるように高句麗の影響も大きかったと考えられるため，高句麗資料との比較も必要である。ただし，この時期の日本は百済と密接な関係を保っており，百済から大きな影響を受けたことは疑いない。
61) この他にも筑紫出土百済系硯について白井克也による詳細な観察がある（白井 2004)。
62) 金妍秀はこの型式を多足連環台硯と呼んでいる（金妍秀 1994)。
63)『日本書紀』巻22 推古天皇10年条
64) このような特徴はⅠa型硯の脚にも見られる要素である。
65) 実際には形骸化する前の脚文様は型を利用したものが多い。
66) 著者の実見による。
67) 唐津九龍里では緑釉品を焼いた窯がみつかっている。報告者はこれを統一新羅時代の窯としているが，三国時代まで遡るものであれば，緑釉陶器が百済内で独自に生産・供給されていたことを裏付ける資料となる（李浩炯 1992)。

68) 熊津期から緑釉陶器が作られはじめた可能性を説く見解もあるが（国立中央博物館 1999, p. 184），現時点ではそれを裏付ける資料はない。
69) 緑釉陶器を使用主体の階層性のみが反映された資料とするには事例の蓄積が十分でない。高位階層が使用した日常容器であることの他に，特別な行事や儀礼，または外国使節の接待の場で利用された可能性も高い。
70) 『三国史記』巻26 聖王12年・19年・27年条など
71) 『三国史記』巻26 聖王19年条
　　王遣使入梁朝貢 兼表請毛詩博士 涅槃経等経義 並工匠書師等従之
72) 『三国史記』巻27 武王35年条など
73) 硯の出土が中央に集中する現象は，地方で文字が使われなかったわけではなく，専用器種としての硯が中央において先に普及したことを示す。また発掘調査の偏重性も念頭に置く必要があろう。
74) 時代や地域に応じてこれらの要素が複合的に表れることもあるが，現時点では新羅地域出土品は比較的明確に分類できる。
75) 雁鴨池で出土した漆塗硯は中国・百済・日本ではまだ報告されておらず，その系譜が不明であり，硯としての機能についても再検討する必要がある。
76) これについては懐疑的な見方もある（杉本1987, p. 23，菊井2002）。
77) 百済地域には南朝末期にすでに硯が入ってきたとみられるが，現在扶餘などで発見されている多足硯は陸・海の形態からみて隋唐以後の資料に近い。
78) 中国の硯の地域性に関しては白井克也氏の教示を受けた。
79) 天津芸術博物館所蔵品。天保の年号は南朝末期の後梁代（562～585年）にもあったが，形態から北朝の遺物とみられる。
80) 1955年，陝西省西安出土資料（朱捷元・黒光1965）。
81) 広東省高要県斧柯山で産出する端渓石で作った端渓硯や安徽省歙県の歙州石で作った歙州硯の出現は，硯の材質を陶製から石製へと変化させると同時に，形態上の傾向を石で作りやすい方形系のものへと変化させる契機となった。ただし，端渓硯などの出現により陶製円面硯が急激に衰退したわけではない。
82) 現代では鋏・糊・消しゴムなども文房具の主要な道具となっているが，これらはすべて紙の普及，筆記具の多様化とともに新たに出現したり文房具として転用された道具である。
83) 「文房」という言葉が意味する通り，ここでは「書斎」で使われる道具，すなわち文字の書写と最も密接に関連する道具とみることにする。
84) 『後漢書』蔡倫伝，『東観漢記』，『蜀箋譜』
85) 『西京雑記』天子筆，『酉陽雑俎』制筆二絶
86) 『和名抄』，『文房四譜』
87) 『養老律令』職員令

第3部

88) ここでの服飾は，衣服類だけでなく身体を装飾した冠帽・銙帯・耳飾・指環などすべての装身具類を含む概念として用いる。
89) 「環帯」という名称が適切であるかどうかについては議論の余地があると考える。類似資料の出土分布が東アジアの広い地域にまたがっており，今後共通の観点で検討が可能な貴重な資料と判断されるため，用語の統一も必要である。このことを考慮し，本書では形態的特徴を明確に表す「環帯」の用語を採用した。
90) 獅噛文帯金具は漢城期からみられ，のちに加耶地域や日本列島にも広がっていく（山本2013・2014）。
91) 帯金具の着用法なども復元されている（国立扶餘文化財研究所1998, p.369〜376）。
92) この方形銙板を唐式銙帯と同じものとみて外里文様塼の年代の根拠とした研究がある（金昌鎬2002）。しかし，小環を伴う環帯は各種佩飾を下げた唐式銙帯とは明確に区別される帯金具であるため，同じものとみることはできない。
93) 新羅では梁山夫婦塚出土品（沈奉謹1991）のように環帯小環に何かを提げた痕跡が残る資料（図81-14）もあるため，小環の機能については別途検討が必要である。
94) 『三国史記』巻33 雑志2 色服条
95) ただし，『北史』の内容は『隋書』とほぼ同一で，十六官等の官位名も見られるため，泗沘期以前の内容とみるのは難しい。また『北史』が『隋書』の内容の一部を参照した可能性もある。
96) 『北史』巻94 列伝82 百済条
97) 新羅でも文献に銙の数に対する具体的な言及はないが，唐や日本など同じ資料を持つ地域の遺物との素材面の対応関係や実際の出土資料を通じてある程度推察が可能である。
98) 長城鶴星里A-6号墳のように石室の隅から帯金具が集中して出土する事例もある。これについては，腰帯をはじめから副葬品として埋納した可能性と，追葬時に前被葬者の遺体を片付ける過程で動かされた可能性の二通りを考えておく必要がある。
99) 泗沘期の王族がどのような帯金具を着用していたかは不明である。しかし泗沘期の高位官人または貴族層の墳墓から金製銙帯が出土しない点と武寧王陵出土環帯を総合して考えると，金製帯金具の使用が想起される。「金花為飾」の記録もそれを裏付けるものである。
100) 毛利光俊彦は論考中で典型的な環帯を「環帯A」，いわゆる唐式銙帯を「環帯B」と設定している。しかし唐式銙帯は垂飾として小環を取り付けた事例がほとんどみられないため，これを環帯の一種とみるのは形態上相応しくない。従って本書では毛利光俊彦の「環帯A」のみを環帯と呼ぶことにする。中国では唐式銙帯も環帯と呼んだ事例があるようであるが，用語上の混乱を避けるため，ここでは実際に小環が付いた典型的な資料のみを環帯とする。

101）各服飾の着用場面および行事などに関しては他の論考で詳しく触れられている（原田1970，関根1974，毛利光2003）。
102）記録には「十三環金帯」，「九環帯」などのように銙の数を表す数字とともに環帯を指す表現がみられるが，先に触れた通り中国では小環がない種類の銙帯も「環帯」と通称する場合があったと考えられるため，実物資料との対応なしにこれを本章で検討している環帯と結び付けるのは困難である。
103）『北史』巻94 列伝第82 百済条
104）公州水村里遺跡Ⅱ地点の百済時代の古墳から出土した金銅製冠帽および飾履にはそれぞれ被葬者の頭蓋骨と足の骨が残っていた（忠清南道歴史文化院・公州市2007）。
105）高興雁洞古墳から出土した金銅製冠帽および飾履は石室の隅に集めて安置されていた（林永珍・呉東㥔・姜銀珠2015）。
106）この記事の内容については詳論されている。代表的なものに武田幸男の論考がある（武田1974）。
107）ここでは新羅の使者が李子雄の無知を反問しているが，翻って考えると新羅の使者の服飾が中国ではみられないものであったことを示す傍証でもある。
108）表16に見られる新羅の色服は唐制を本格的に導入する前の時期を基準にしたもので，唐の服飾を完全に認識した後には中国皇室の色であった黄色を中・下級官人の服色としては使用しなかったかもしれない。
109）新羅地域の積石木槨墳から出土する冠帽や冠飾はこれを表現したものといえる。これは新羅に限られた習俗ではなく，高句麗などを含め，韓半島三国においてある程度共通した服飾であったとみられる。
110）ただし，当時最も普遍的な顔料の色が朱色であったため服色制度とは関係なく一律的に朱を施した可能性も否定できない。
111）『三国史記』巻5 真徳王4年条
112）『三国史記』巻6 文武王4年条
　　　『三国史記』巻33 雑志2 色服条
113）「唐式」という名称については疑問が提示される余地があると考えるが，ここで扱う型式の銙帯は基本的に唐代の中国で最も多用され，周辺諸国でも唐の影響で導入されたと推定されるため，起源や地域ごとの変遷相はひとまず度外視し，これらを「唐式」と総称することにする。
114）大邱佳川洞，陰城文村里，公州艇止山，論山定止里，大田自雲洞などの出土品のように，革帯や布の痕跡が残るものもある。
115）垂孔が銙板上部にあたるように描写された報告書や図録がしばしばみられる。しかし中国の絵画・彫刻資料や垂飾を下げるという用途を考えると，垂孔の位置は銙板下部にあけられたものとみて間違いない。
116）丸鞆に属するものは蒲鉾形や五角形に近い形態，方形の上部を丸く処理した形態な

ど多様である。この丸鞆の多様性の意味は今後の検討課題である。

117）完全な形で発見された事例の中には丸鞆のみで構成されたものはほぼみられない。遺跡出土品の中には丸鞆のみが確認される場合もあるが，これは腰帯本来のセットではなく，一部失われたり他の用途に使われたものである可能性が高い。

118）『三国史記』巻33 雑志2 色服条

119）基準数値を3mm単位に設定した理由は，既存の研究で銙板の大きさに3mmずつの段階的差があると仮定したものがあり，それに対する検証的意味を与えるためである。単位実数の設定は唐尺を基準とした。ただし，筆者は銙板の大きさの段階的製作説に批判的な立場である。

120）金銅製銙帯には表金具だけでなく裏金具にも垂孔があけられている場合が多い。このことは帯自体にも孔があけられていたことを暗示する事例であるため，このような状況から有機質の腰佩を銙板に付けていた可能性は否定できない。また前述のように実際に垂飾の一部とみられる遺物が慶州の遺跡などで出土している。しかし，墳墓など共伴関係が明確な遺構で腰佩に伴う金具の出土が報告されていない現時点では，韓半島の唐式銙帯において基本的に垂飾の吊り下げは普遍化していなかったものと判断しておく。

121）実際に革帯が残っている例はないが，銙帯金具の断面を見ると装着方法を観察することができる。

122）『続日本記』天平12（743）年条に出てくる石材加工方法開発記事をⅢ式に関連するものとし，その技術がその頃の日本で始まったとみている（田中 2003, p.41）。

123）古墳出土品の場合でも一部が遺失している可能性は十分にあるため，必ずしも埋葬当時の正確な状況を復元することはできないという点を念頭に置く必要がある。

124）ここでの「典型」は新羅地域内での典型の意味で使用している。

125）『三国史記』巻5 新羅本紀 真徳王2・3年条，巻33 雑志2 色服条

『新唐書』新羅伝

『通典』辺防1 新羅条

126）『三国史記』巻4 法興王7年条，巻33 雑志2 色服条

127）李漢祥はこの記事を楼岩里型帯金具の出現に関連するものとした（李漢祥 1996, p.76）。これは択一的問題というよりは，導入された衣服制の中の多様性を示すとみることもできる。すなわち，「百官公服」の中には楼岩里型・皇龍寺型・唐式などの様々な型式の銙帯が含まれていた可能性もあるということである。

128）横穴式および横口式石室から6世紀中葉～7世紀前半頃に編年される土器類とともに唐式銙帯が出土する例があるが，大部分は追葬が行われた痕跡があり，実質的な共伴関係を証明するのが難しいものが多い。

129）この五銖銭模倣品は銙としての役割とともに腰帯を着用した時に刺金を刺して留めておく孔を補強するための機能を担っていたと思われる。実際にこの五銖銭模倣品の

うちの一つは刺金が刺さった状態で出土しており（図104），上の可能性とともに実際に被葬者が腰帯を着用した状態で埋葬されていたことを物語っている。

130)『三国史記』巻6 文武王5年条
131) この時期の銙帯が確認されない理由として，古墳築造に対する制限や薄葬化現象などが指摘されている（朴普鉉 2004, p.240）。
132) 一方，これらが山城などの軍事遺跡で主に出土する点から，武官的な性格を持った人物の銙帯であった可能性も考えられる。
133) 皇龍寺址出土品を丸鞆とみることに懐疑的な見解もある（朴普鉉 2004, p.239）。これと同じ形態の遺物が中国瀋陽石台子山城でも出土している（李暁鐘・劉長江・伶俊岩 1993）。
134) ここにある庶人とは一般庶民を表す言葉ではなく，無位官人など官人層の末端にいた階層と考えられる。新羅の関連記事にみえる平人も同様である。
135)『三国史記』巻33 雑志2 色服条
136) ただし，倉坪洞遺跡資料は収拾品であるため，先に年代を確定する必要がある。また龍潭洞遺跡の資料は祭祀遺跡から出土したものであり，銙板が持つ意味を再考させる遺物である。これら有文帯金具は渤海との関係も考える必要がある。

参　考　文　献

（報告書，論文，単行本に分け，さらに言語ごとにまとめて記載した。そのため同一著者・編者の著作が分散して掲載されていることがある。）

〈報告書〉

韓国語

慶北大学校博物館・慶南大学校博物館・大邱教育大学博物館 1992『文化遺蹟発掘調査報告書（軍威─安東間）』
慶州大学校博物館 2009『慶州 東川洞 古代 都市遺蹟』
公州大学校博物館 1995『百済古墳資料集』公州大学校博物館・忠清南道公州市
郭長根・趙仁振 2001『鎮安五龍里古墳群』群山大学校博物館
郭長根・趙仁振 2004『群山山月里遺蹟』群山大学校博物館・群山市・文化財庁
国立慶州文化財研究所 2001『新羅王京発掘調査報告書Ⅰ』
国立慶州文化財研究所 2003a『慶州西部洞19番地遺蹟発掘調査報告書』
国立慶州文化財研究所 2003b『慶州皇南洞新羅建物址』
国立慶州文化財研究所 2003c『慶州仁旺洞556・566番地遺蹟発掘調査報告書』
国立慶州文化財研究所 2004a『慶州蘇谷洞・勿川里遺蹟』
国立慶州文化財研究所 2004b『慶州天官寺址発掘調査報告書』
国立慶州文化財研究所 2005『慶州隍城洞石室墳906-5番地』国立慶州文化財研究所・慶州市
国立慶州博物館 1995『冷水里古墳』
国立慶州博物館 2002『国立慶州博物館敷地内発掘調査報告書』
国立公州博物館 1999『艇止山』国立公州博物館・現代建設
国立公州博物館・忠南大学校博物館・大田広域市上水道事業本部 1999『大田月坪洞遺蹟』
国立文化財研究所 2001a『羅州伏岩里3号墳』
国立文化財研究所 2001b『将島清海鎮』
国立扶餘文化財研究所 1995『扶蘇山城発掘中間報告』
国立扶餘文化財研究所 1997a『扶餘百済古墳地表調査Ⅱ』
国立扶餘文化財研究所 1997b『王宮里発掘調査中間報告書Ⅱ』
国立扶餘文化財研究所 1998『陵山里』
国立扶餘文化財研究所 1999a『扶蘇山城─整備에 따른 緊急発掘調査─』
国立扶餘文化財研究所 1999b『宮南池』
国立扶餘文化財研究所 1999c『扶蘇山城発掘中間報告書Ⅲ』

国立扶餘文化財研究所 2000a『扶餘百済古墳地表調査報告書Ⅲ』
国立扶餘文化財研究所 2000b『扶蘇山城発掘中間報告書Ⅳ』
国立扶餘文化財研究所 2001a『王宮里発掘中間報告書Ⅲ』
国立扶餘文化財研究所 2001b『宮南池Ⅱ―現宮南池西北便一帯―』
国立扶餘文化財研究所 2002『花枝山遺蹟発掘調査報告書』国立扶餘文化財研究所・扶餘郡
国立扶餘文化財研究所 2002『益山王宮里発掘中間報告Ⅳ』
国立扶餘文化財研究所 2003『扶餘百済古墳地表調査報告書Ⅳ』
国立扶餘博物館 2000『陵寺』国立扶餘博物館・扶餘郡
国立中央博物館 2001a『鳳山養洞里塼室墳』
国立昌原文化財研究所 2000『蔚山早日里古墳群』
国立昌原文化財研究所 2004『咸安城山山城Ⅱ』
国立清州博物館 2000『清州明岩洞遺蹟（Ⅰ）』国立清州博物館・清州市
国立清州博物館 2002『清州龍潭洞古墳群』国立清州博物館・清州市
權相烈・金圭東 2000『完州芚山里石室墳移転・復原報告』国立全州博物館・韓国土地公社
權五榮・權度希 2002『花山古墳群』한신大学校博物館
權五榮他 2004『龍仁星福洞統一新羅 窯址』ハンシン大学校博物館
權五榮・權度希・韓志仙 2004『風納土城Ⅳ』ハンシン大学校博物館
畿甸文化財研究院 2000『驪州上里・梅龍里古墳群精密地表調査報告書』畿甸文化財研究院・驪州郡
金吉雄 2002『慶州蓀谷洞・勿川里遺蹟（Ⅲ）』東国大学校慶州キャンパス博物館・韓国馬事会
金帛範 2006『扶餘佳中里 가좌・산직리 및 恩山里 상월리遺蹟』忠清文化財研究院
金元龍・任孝宰・林永珍 1987『夢村土城 東北地区発掘報告』ソウル特別市・ソウル大学校博物館
金載元・金元龍 1955『慶州路西里双床塚・馬塚・一三八号墳調査報告書』国立博物館
金珍泰 2004『大田自雲洞・秋木洞遺蹟』忠清文化財研究院
大邱大学校博物館 1995『順興邑内里壁画古墳発掘調査報告書』
柳基正・朴大淳・柳昌善 2003『舒川花山里古墳群』忠清埋蔵文化財研究院・礼山国道維持建設事務所
柳基正・田鎰溶 2004『青陽長承里古墳群』忠清文化財研究院
明知大学校博物館 1990『山本地区文化遺蹟発掘調査報告書』明知大学校博物館・湖巖美術館・京畿道
木浦大学博物館 1987『新安郡의 文化遺蹟』国立木浦大学博物館・全羅南道新安郡
文化公報部文化財管理局 1973『武寧王陵』

286

文化公報部文化財管理局 1978『雁鴨池発掘調査報告書』
文化財管理局文化財研究所 1984『皇龍寺遺蹟発掘調査報告書Ⅰ』
文化財管理局文化財研究所 1989『弥勒寺遺蹟発掘調査報告書Ⅰ』
文化財管理局文化財研究所 1991『北韓文化遺蹟発掘概報』
文化財管理局文化財研究所 1994『順興邑内里古墳群発掘調査報告書』
文化財研究所 1991『中原楼岩里古墳群発掘調査報告書』
文化財研究所 1992『中原楼岩里古墳群発掘調査報告書』
文化財研究所・慶州古蹟発掘調査団 1990『慶州龍江洞古墳発掘調査報告書』
文化財庁・国立扶餘文化財研究所 2009『王興寺址Ⅲ 木塔址 金堂址 発掘調査報告書』
朴大淳・池珉周 2006『公州丹芝里遺蹟』忠清文化財研究院・大田地方国土管理庁
朴淳發他 2003『泗沘都城』忠南大学校百済研究所・大田地方国土管理庁
方東仁他 1997『三陟元堂洞遺蹟（古墳・社稷壇址）発掘調査報告書』関東大学校博物館
百済文化開発研究院 1989『忠南地域의 文化遺蹟』3（扶餘郡篇）
百済文化開発研究院 1995『忠南地域의 文化遺蹟』9（礼山郡篇）
釜山大学校博物館 1983『蔚州華山里古墳群』
釜山大学校博物館 1985『金海礼安里古墳群Ⅰ』
釜山大学校博物館 1987『陜川苧浦里Ｅ地区遺蹟』慶尚南道・釜山大学校博物館
釜山大学校博物館 1995『昌寧桂城古墳群』
扶餘文化財研究所 1991『扶餘芝仙里古墳群』扶餘文化財研究所・扶餘郡
扶餘文化財研究所 1992『王宮里遺蹟発掘中間報告』
扶餘文化財研究所 1994『扶餘百済古墳地表調査Ⅰ』
徐聲勳・成洛俊 1988『羅州潘南古墳群綜合調査報告書』国立光州博物館・全羅南道羅州郡
成周鐸・車勇杰 1984『保寧保寧里百済古墳発掘調査報告書』忠南大学校百済研究所
孫寶基他 1999a『利川雪峰山城 1 次発掘調査報告書』檀国大学校中央博物館・利川市
孫寶基他 1999b『抱川半月山城 4 次発掘調査報告書』檀国大学校中央博物館・抱川郡
申光燮・金鍾萬 1992『扶餘亭岩里窯址（Ⅱ）』国立扶餘博物館・扶餘郡
申光燮他 1996『扶蘇山城発掘調査報告書』国立文化財研究所
辛勇旻 2000『昌寧桂城古墳群』湖巖美術館
申龍澈・姜奉遠 1999『驪州下巨里 방미기골古墳』韓国体育振興（株）・慶熙大学校博物館
沈奉謹 1982『陜川三嘉古墳群』東亞大学校博物館
沈奉謹 1984『鎮海亀山城址』東亞大学校博物館
沈奉謹 1987『陜川倉里古墳群』慶尚南道・東亞大学校博物館
沈奉謹 1991『梁山金鳥塚・夫婦塚』東亞大学校博物館
沈奉謹 1994「梁山北亭里古墳群」『考古歴史学志』10 東亞大学校博物館

沈奉謹・朴廣春 1999『金海亀山洞遺蹟』東亞大学校博物館
安承周 1982『公山城』公州師範大学百済文化研究所・忠清南道
安承周・徐程錫 1996『聖興山城門址発掘調査報告書』忠南発展研究院・忠清南道
安承周・李南奭 1987『公山城百済推定王宮址発掘調査報告書』公州師範大学博物館
安承周・李南奭 1988『論山六谷里百済古墳発掘調査報告書』百済文化開発研究院
安承周・李南奭 1990『公州南山里・松鶴里百済古墳発掘調査報告書』百済文化開発研究院・公州大学校博物館
安承周・李南奭 1991a『舒川漆枝里百済古墳群発掘調査報告書』百済文化開発研究院・公州大学校博物館
安承周・李南奭 1991b『洪城星湖里百済古墳群発掘調査報告書』百済文化開発研究院・公州大学校博物館
安承周・李南奭 1992a『公山城建物址』公州大学校博物館・忠清南道
安承周・李南奭 1992b『公州보통골百済古墳群発掘調査報告書』百済文化開発研究院・公州大学校博物館
安承周・李南奭 1993a『論山茅村里百済古墳群発掘調査報告書』百済文化開発研究院・公州大学校博物館
安承周・李南奭 1993b『公州新基洞・金鶴洞百済・高麗古墳群発掘調査報告書』百済文化開発研究院・公州大学校博物館
安承周・李南奭 1994『論山茅村里百済古墳群発掘調査報告書（Ⅱ）』百済文化開発研究院・公州大学校博物館
安ヒョソン 2009『高敞石橋里・五湖里遺蹟』全北文化財研究院・高敞郡
嶺南大学校博物館 1998『慶山林堂地域古墳群Ⅲ』嶺南大学校博物館・韓国土地公社
嶺南文化財研究院 1999『慶州城東洞 386-6 番地生活遺蹟』嶺南文化財研究院・韓国通信
嶺南文化財研究院 2002a『慶州西部洞 4-1 番地遺蹟』
嶺南文化財研究院 2002b『大邱佳川洞古墳群Ⅰ』
嶺南文化財研究院 2003『慶州皇吾洞 118-6 番地遺蹟』
嶺南文化財研究院 2003『蔚山中山洞 715-1 番地遺蹟』
嶺南文化財研究院 2004『慶州城乾洞 342-17 番地遺蹟』
嶺南文化財研究院 2014『達城舌化里古墳群Ⅱ』
圓光大学校馬韓・百済文化研究所 1999『全州科学産業研究団地文化遺蹟発掘調査報告書』
圓光大学校馬韓・百済文化研究所 2001「寿川里高麗墳墓群」『鎮安龍潭ダム水没地区内文化遺蹟発掘調査報告書Ⅴ』
尹徳香 1992「坡州郡城洞里古墳群発掘調査報告書」『統一동산 및 自由路 開発地区 発掘調査報告書』慶熙大学校考古美術史研究所・京畿道
尹武炳 1981『定林寺址発掘調査報告書』忠南大学校博物館・忠清南道庁
尹武炳 1999『扶餘官北里百済遺蹟発掘報告（Ⅱ）』忠南大学校博物館・忠清南道

尹世英・李弘鍾 1994『渼沙里』第5巻　高麗大学校発掘調査団
尹容鎭他 1989『臨河ダム水没地域文化遺蹟発掘調査報告書（Ⅱ）』安東郡・安東大学博物館・慶北大学校博物館
李康承・朴淳發・成正鏞 1994『神衿城』忠南大学校博物館
李康承・李熙濬 1993『慶州隍洞石室墳』国立慶州博物館・慶州市
李南奭 1997『汾江・楮石里古墳群』公州大学校博物館
李南奭 1999『公州山儀里遺蹟』公州大学校博物館・大田地方国土管理庁
李南奭・李勳 1998『百済王陵探査를 위한 上旺洞・陵崎遺蹟調査』公州大学校博物館・忠清南道公州市
李南奭他 2003『塩倉里古墳群』公州大学校博物館・大田地方国土管理庁
李白圭・李在煥・金東淑 2002『鶴尾里古墳』慶北大学校博物館・義城郡
李相吉・李炫錫・尹貞姫 1995『金海徳山里遺蹟』慶南大学校博物館
李殷昌 1987『陝川苧浦里 CD 地区遺蹟』慶尚南道・曉星女子大学校博物館
李殷昌・朴普鉉・金奭周 1994『清道荅池里 C 地区古墳群』大田保健専門大学博物館・清道郡
李柱憲・金大成 1994『昌原加音丁洞遺蹟』昌原文化財研究所
李弘鍾他 2002『蓮芝里遺蹟』高麗大学校埋蔵文化財研究所・韓国道路公社
李弘鍾他 2015『燕岐羅城里遺蹟』韓国考古環境研究所・韓国土地住宅公社
李弘鍾・孫晙鎬・山本孝文・崔仁建 2006『鴻山―九龍間道路拡張及び舗装工事区間内文化遺蹟発掘調査報告書』高麗大学校考古環境研究所・大田地方国土管理庁
任世權 1989『臨河ダム水没地域臨河・思義地区発掘調査報告書』安東大学博物館
任世權 1989『安東安幕洞古墳』安東大学博物館
林永珍 1993『咸平月溪里石溪古墳群Ⅰ』全南大学校博物館・咸平郡
林永珍 1993『咸平月溪里石溪古墳群Ⅱ』百済文化開発研究院・全南大学校博物館
林永珍・呉東墠・姜銀珠 2015『高興吉頭里雁洞古墳』全南大学校博物館・湖南文化財研究院・文化財庁・高興郡
林永珍・趙鎭先 1995『会津土器Ⅰ』百済文化開発研究院・全南大学校博物館
林永珍・趙鎭先・徐賢珠 1999『伏岩里古墳群』全南大学校博物館・羅州市
林永珍他 1995『長城鶴星里古墳群』全南大学校博物館・長城郡
任孝宰 2000『峨嵯山城試掘調査報告書』ソウル大学校博物館
全榮來 1973「古阜隠仙里古墳群」『全北遺蹟調査報告』2　全羅北道博物館
全榮來 1974「井邑雲鶴里古墳群」『全北遺蹟調査報告』3　全羅北道博物館
全榮來 1974「鳳東屯山百済式石室墳」『全北遺蹟調査報告』3　全羅北道博物館
全榮來 1979「南原草村里古墳群発掘調査略報」『全北遺蹟調査報告』9　全州市立博物館
全榮來 1981『南原草村里古墳群発掘調査報告書』韓国文化財保護協会 全北道支部
全榮來 1988『全州平和洞古墳群発掘調査報告書』全州市立博物館

田鎰溶・李仁鎬・尹淨賢 2006『舒川楸洞里遺蹟—Ⅰ地域—』忠清文化財研究院
鄭聖喜 1991「公州南山里・松鶴里出土遺物」『松菊里Ⅳ』国立中央博物館
趙榮濟他 1993『陝川玉田古墳群Ⅳ』慶尚大学校博物館
中央文化財研究院 2001『陰城文村里遺蹟』中央文化財研究院・大田地方国土管理庁
秦弘燮 1984『栄州順興壁画古墳発掘調査報告』梨花女子大学校博物館
車勇杰 1984「清風신담発掘調査 報告」『忠州ダム水没地区文化遺蹟発掘調査綜合報告書（歴史分野）』忠北大学校博物館
車勇杰他 1993『中原楼岩里古墳群』忠北大学校博物館・中原郡
車勇杰他 1994『永同柯谷里古墳』忠北大学校博物館
車勇杰・趙詳紀・呉允淑 1995『清州新鳳洞古墳群』忠北大学校博物館
崔茂蔵 1994『忠州丹月洞古墳群発掘調査報告書』建国大学校博物館
崔茂蔵 1995『忠州丹月洞古墳群2次発掘調査報告書』建国大学校博物館
崔秉鉉・金根完・林樹珍 1992『錦山場垈里古墳群』韓南大学校博物館・忠清南道錦山郡
崔永禧・金正基・宋基豪 1988『驪州梅龍里용강골古墳群発掘報告書』翰林大学博物館
崔永禧・金正基・宋基豪 1989『驪州梅龍里용강골古墳群Ⅱ発掘報告書』翰林大学博物館
崔永禧他 2001『驪州上里古墳』翰林大学校博物館
崔完奎・金鍾文 1997『益山城南里百済古墳群』圓光大学校博物館・益山市
崔完奎・金鍾文・李信孝 1992『沃溝将相里百済古墳群発掘調査報告書』圓光大学校博物館
崔仁善・曺根佑・李順葉 2003『麗水鼓楽山城Ⅰ』順天大学校博物館・麗水市
崔仁善・李東熙・李順葉 2002『光陽龍江里遺蹟Ⅰ』順天大学校博物館・光陽龍江土地区画整理組合
崔仁善他 2004『順天剣丹山城Ⅰ』順天市・順天大学校博物館
忠南大学校博物館 1978「注山里古墳群発掘調査」『大清ダム水没地区遺蹟発掘報告書』
忠南大学校博物館 2013『扶餘東䧹里遺蹟』
忠清南道歴史文化院 2004『扶餘䭀山里遺蹟』忠清南道歴史文化院・忠清南道綜合建設事務所
忠清南道歴史文化院・公州市 2007『公州水村里遺蹟』
忠清埋蔵文化財研究院 2002『余美里遺蹟発掘調査現場説明会会議資料』
慶南発展研究院歴史文化センター 2016『南海南峙里百済石室』文化財庁・南海郡・慶南発展研究院歴史文化センター
韓国文化財保護財団 1998『慶山林堂遺蹟（Ⅰ）』韓国土地公社・韓国文化財保護財団
韓国文化財保護財団 1998『慶山林堂遺蹟（Ⅱ）』韓国土地公社・韓国文化財保護財団
韓国文化財保護財団 1998『慶山林堂遺蹟（Ⅲ）』韓国土地公社・韓国文化財保護財団
韓国文化財保護財団 1998『尚州新興里古墳群』韓国文化財保護財団・釜山地方国土管理庁

韓国文化財保護財団 2000『清原主城里遺蹟』韓国文化財保護財団・忠清北道開発事業所
韓国文化財保護財団 2003『慶州北門路王京遺蹟試・発掘調査報告書』韓国文化財保護財団・慶州市
翰林大学校博物館 1995『芳洞里古墳発掘報告書』翰林大学校博物館・春川市
洪斌基・徐聲勳 1981「扶餘亭岩里古墳群」『中島進展報告Ⅱ』国立扶餘博物館・国立公州博物館
黄尚周他 2002『錫杖洞遺蹟Ⅲ・王京遺蹟Ⅰ』東国大学校慶州キャンパス博物館

日本語

梶本亀次郎・野守健 1933「永和九年在銘塼出土古墳調査報告」『昭和七年度古蹟調査報告』1　朝鮮総督府
朝鮮総督府 1917『大正六年度 朝鮮古蹟調査報告』
朝鮮総督府 1927『楽浪郡時代の遺蹟』
朝鮮総督府 1935「公州宋山里古墳調査報告」『昭和二年度古蹟調査報告』第二冊
朝鮮総督府 1937『昭和十二年度朝鮮古蹟調査報告』
奈良県立橿原考古学研究所 1977『竜田御坊山古墳』
奈良県立橿原考古学研究所 2002『三ッ塚古墳群』
奈良国立文化財研究所 1975『平城宮発掘調査報告Ⅵ』

中国語

羅豊 1996『固原南郊隋唐墓地』文物出版社
内蒙古自治区文物考古研究所・哲里木盟博物館 1993『遼陳国公主墓』文物出版社
宝鶏市考古工作隊・陝西省考古研究所 2005『隴県原子頭』文物出版社
山西省考古研究所他 2005『太原隋虞弘墓』文物出版社
山西省考古研究所・太原市文物考古研究所 2006『北斉東安王婁睿墓』文物出版社
陝西省考古研究所 2003『西安北周安伽墓』文物出版社
陝西省考古研究所 2004『唐恵庄太子李撝墓発掘報告』科学出版社
陝西省考古研究所 2005『唐李憲墓発掘報告』科学出版社
陝西省考古研究所・富平県文物管理委員会 2004『唐節愍太子墓発掘報告』科学出版社
王善才主編 2004『長陽地区考古発掘報告清江考古』科学出版社
員安志 1992『中国北周珍貴文物』陝西人民美術出版社
遼寧省博物館編著 2015『北燕馮素弗墓』文物出版社
鄭州市文物考古研究所 2003『鞏義芝田晋唐墓葬』科学出版社
中国社会科学院考古研究所 1996『北魏洛陽永寧寺』中国大百科全書出版社
中国社会科学院考古研究所 2001『偃師杏園唐墓』科学出版社
中国社会科学院考古研究所・河北省文物研究所 2003『磁県湾漳北朝壁画墓』科学出版社
河北省邢台市文物管理処 2005『邢台粮庫遺址』科学出版社

〈論文〉

韓国語

姜鳳龍 1992「三国時期의 律令과 '民'의 存在形態」『韓国史研究』78　韓国史研究会
姜仁求 1971「百済 陶硯에 對하여―構造様式을 中心으로―」『百済文化』5　公州師範大学附設百済文化研究所
姜希雄 1999「新羅 骨品体制下의 王権과 官僚制」『東洋 三国의 王権과 官僚制』国学資料院
臼杵勳 1987「韓国의 銙帯金具에 대하여」『伽倻通信』18　伽倻通信編輯部
權五榮 2002「喪葬制를 中心으로 한 武寧王陵과 南朝墓의 比較」『百済文化』31　公州大学校百済文化研究所
權五榮 2003「百済의 対中交渉의 進展과 文化変動」『講座韓国古代史』4　駕洛国史蹟開発研究院
權五榮 2004「晋式帯具의 南과 北」『加耶 그리고 倭와 北方』(第10回加耶史国際学術会議) 金海市
吉井秀夫 1992『熊津・泗沘時代 百済 横穴式石室墳의 基礎研究』慶北大学校大学院碩士学位論文
金圭東 2003「百済의 度量衡」『国立博物館 東垣学術論文集』6　韓国考古美術研究所
金基興 2003「韓国 古代의 身分制」『講座韓国古代史』3　駕洛国史蹟開発研究院
金洛中 2000「5～6世紀 栄山江流域 政治体의 性格」『百済研究』32　忠南大学校百済研究所
金武重 2011「百済 漢城期 横穴式石室의 諸問題」『大韓文化遺産研究センター合同講演会』4
金壽泰 1999「百済 武王代의 政治勢力」『馬韓・百済文化』14　圓光大学校馬韓・百済文化研究所
金壽泰 2003「古代国家 中央官署의 組織과 運営」『講座韓国古代史』2　駕洛国史蹟開発研究院
金妍秀 1994「伝 扶餘発見 中国青磁벼루에 대하여」『考古学誌』6　韓国考古美術研究所
金英心 1997『百済地方統治体制研究』ソウル大学校大学院博士学位論文
金英心 1997「6～7세기 百済의 地方統治体制」『韓国 古代社会의 地方支配』新書苑
金英心 1998「百済의 城 村과 地方統治」『百済研究』28 忠南大学校百済研究所
金英媛 1998「百済時代 中国陶磁의 輸入과 倣製」『百済文化』27　公州大学校百済文化研究所
金容民 1998「百済 泗沘期土器에 대한 一考察」『文化財』31　文化財管理局
金龍善 1982「新羅 法興王代의 律令頒布를 둘러싼 몇 가지 問題」『加羅文化』1　慶南大学校加羅文化研究所

金龍星 1998『新羅의 高塚과 地域集団』春秋閣
金元龍 1958「京畿楊平郡楊東面丹石里 新羅時代 古墳報告」『歴史学報』10　歴史学会
金元龍 1984「統一新羅土器初考」『考古美術』162・163　韓国美術史学会
金在弘 2001「扶餘 宮南池遺蹟 出土 木簡과 그 意義」『宮南池Ⅱ』国立扶餘文化財研究所
金正完 2000「論山上月面淑真理横穴式石室墳」『韓国 古代史와 考古学』学研文化社
金鍾萬 1999「百済後期 土器盌의 様相과 変遷」『国立博物館 東垣学術論文集』2　韓国考古美術研究所
金鍾萬 2003「泗沘時代 灰色土器의 性格」『湖西考古学』9　湖西考古学会
金鍾萬 2003「泗沘時代 百済土器와 社会相」『百済研究』37　忠南大学校百済研究所
金鍾萬 2003「泗沘時代 扶餘地方出土 外来系 遺物의 性格」『湖西地方史研究』景仁文化社
金昌鎬 2002「扶餘 外里出土 文様塼의 年代」『仏教考古学』2　威徳大学校博物館
金泰植 2003「初期古代国家論」『講座 韓国古代史』2　駕洛国史蹟開発研究院
盧鏞弼 2002「新羅時代 律令의 拡充과 修撰」『洪景萬教授停年紀念 韓国史学論叢』韓国史学論叢刊行委員会
盧重國 1979「高句麗律令에 関한 一試論」『東方学志』21　延世大学校国学研究院
盧重國 1986「百済律令에 대하여」『百済研究』17　忠南大学校百済研究所
盧重國 2003「三国의 官等制」『講座 韓国古代史』2　駕洛国史蹟開発研究院
盧泰敦 1989「蔚珍鳳坪新羅碑와 新羅의 官等制」『韓国古代史研究論』2　知識産業社
朴普鉉 1995『威勢品으로 본 古新羅社会의 構造』慶北大学校大学院博士学位論文
朴普鉉 1999「銀製冠飾으로 본 百済의 地方支配에 대한 및 가지 問題」『科技考古研究』5　亜洲大学校博物館
朴普鉉 2003「湖西地域의 水系別 新羅文化 定着過程」『嶺南考古学』32　嶺南考古学会
朴普鉉 2004「統一新羅型 帯金具의 分布와 発生時期」『新羅文化』23　東国大学校新羅文化研究所
朴淳發 1997「漢城百済의 中央과 地方」『百濟의 中央과 地方』忠南大学校百済研究所
朴淳發 1999「漢城百済의 対外関係」『百済研究』30　忠南大学校百済研究所
朴淳發 2000a「墓制의 政治・社会的 含意」『史学論叢』慶南大学校史学論叢刊行委員会
朴淳發 2000b「羅末麗初土器編年予考」『鶴山金廷鶴博士頌寿紀念論叢 韓国古代史と考古学』学研文化社
朴淳發 2003a「熊津 遷都 背景과 泗沘都城 造営 過程」『百済都城의 変遷과 研究上의 問題点』国立扶餘文化財研究所
朴淳發 2003b「熊津・泗沘期 百済土器 編年에 대하여」『百済研究』37　忠南大学校百済研究所
朴淳發 2004「漢城期 百濟 対中交渉 一例」『湖西考古学』11　湖西考古学会

朴淳發 2005「高句麗와 百済」『高句麗와 東아시아』高麗大学校博物館・高麗史学会
朴永民 2002「百済 泗沘期遺蹟 出土 高句麗系 土器」『2002年報』国立扶餘文化財研究所
朴日薫 1961「新羅陶硯 三例」『考古美術』2-7 韓国美術史学会
朴林花 1994「百済 律令 頒布時期에 대한 一考察」『慶大史論』7 慶南大学校史学会
朴仲煥 2002a「韓国 古代木簡의 形態的 特性」『国立公州博物館紀要』2 国立公州博物館
朴仲煥 2002b「扶餘 陵山里発掘 木簡 予報」『韓国古代史研究』28 韓国古代史学会
山本孝文 2001「古墳資料로 본 新羅勢力의 湖西地方 進出」『湖西考古学』4・5 湖西考古学会
山本孝文 2003a「百済滅亡에 대한 考古学的 接近」『百済文化』32 公州大学校百済文化研究所
山本孝文 2003b「百済 火葬墓에 대한 考察」『韓国考古学報』50 韓国考古学会
山本孝文 2003c「考古資料로 본 南漢江 上流地域의 三国 領域変遷」『韓国上古史学報』40 韓国上古史学会
山本孝文 2004「大伽耶와 栄山江勢力」『大加耶의 成長과 発展』高霊郡・韓国古代史学会
山本孝文 2005a「百済 泗沘都城의 官僚와 居住空間―京域과 埋葬地의 分析을 中心으로」『古代都市와 王権』忠南大学校百済研究所
山本孝文 2005b「百済 台付碗의 受容과 変遷의 画期」『国立公州博物館紀要』4
山本孝文 2006「百済 泗沘期 土器様式의 成立과 展開」『百済泗沘時期文化의 再照明』国立扶餘文化財研究所
山本孝文 2007a「印花文土器의 発生과 系譜에 대한 試論」『嶺南考古学』41 嶺南考古学会
山本孝文 2007b「百済 泗沘期 石室의 設計와 構造系統論」『韓国考古学報』63 韓国考古学会
山本孝文 2013「水村里古墳群 出土 帯金具의 系統」『水村里遺蹟의 考古学的 成果와 意義』公州市・忠清南道歴史文化研究院
徐聲勳 1979「豆谷里 百済 廃古墳群」『考古学』5・6 韓国考古学会
徐毅植 1999「6〜7세기 新羅 真骨의 家臣層과 外位制」『韓国史研究』107 韓国史研究会
成洛俊 1997「百済의 地方統治와 全南地方 古墳의 相関性」『百済의 中央과 地方』忠南大学校百済研究所
蘇哉潤 2002「台附盌에 관한 小考」『2002年報』国立扶餘文化財研究所
宋基豪 2002「古代의 文字生活」『講座 韓国古代史』5 駕洛国史蹟開発研究院
申光燮 1994「扶餘 扶蘇山廃寺址考」『百済研究』24 忠南大学校百済研究所
申大坤 1997「羅州 新村里 出土 冠・冠帽 一考」『古代研究』5 古代研究会

沈相六 2005『百済時代 印刻瓦에 関한 研究』公州大学校大学院碩士学位論文
安承周 1968「百済古墳의 研究」『百済文化』2　公州師範大学附設百済文化研究所
安承周 1977「保寧・九龍里 百済古墳과 出土遺物」『百済文化』10　公州師範大学附設百済文化研究所
安承周・全榮來 1981「百済石室墳의 研究」『韓国考古学報』10・11　韓国考古学研究会
尹相悳 2014「印花文土器」『新羅考古学概論 下』ZININZIN
尹善泰 2002「韓国 古代의 尺度와 그 変化」『国史館論叢』98　国史編纂委員会
尹善泰 2002「新羅의 文書行政과 木簡」『講座韓国古代史』5　駕洛国史蹟開発研究院
尹善泰 2003「熊津・泗沘期 百済의 尺度制」『古代 東亞細亞와 百済』忠南大学校百済研究所
尹善姫 1987『三国時代 銙帯의 起源과 変遷에 関한 研究』ソウル大学校大学院碩士学位論文
李康承 2000「百済時代의 자에 대한 研究」『韓国考古学報』43　韓国考古学会
李健茂 1992「茶戸里遺蹟 出土 붓(筆)에 대하여」『考古学誌』4　韓国考古美術研究所
李健茂他 1989「義昌茶戸里遺蹟発掘調査進展報告（Ｉ）」『考古学誌』1　韓国考古美術研究所
李貴永・朴待男 2010「弥勒寺址石塔 舎利荘厳의 意義」『百済 仏教文化의 宝庫 弥勒寺』国立文化財研究所
李根雨 2002「赦免記事를 통해 본 韓日 律令制 受容問題」『清渓史学』16・17　韓国精神文化研究院清渓史学会
李基東 1978「新羅 官等制度의 成立年代問題와 赤城碑의 発見」『歴史学報』78　歴史学会
李基白 1996「新羅의 政治와 社会」『韓国古代政治社会史研究』一潮閣
李蘭暎 1998「百済 지역 출토 中国陶瓷 研究」『百済研究』28　忠南大学校百済研究所
李宇泰 1989「蔚珍鳳坪新羅碑를 통해 본 地方統治体制」『韓国古代史研究論』2　知識産業社
李丙燾 1972「百済 武寧王陵 出土 誌石에 대하여」『学術院論文集』11　大韓民国学術院
李星培 2004「百済書芸와 木簡의 書風」『百済研究』40　忠南大学校百済研究所
李鎔賢 1999「扶餘 宮南池 出土 木簡의 年代와 性格」『宮南池』国立扶餘文化財研究所
李殷昌・姜裕信 1992「慶州 龍江洞古墳의 研究」『古文化』40・41 合集
李正鎬 2006「羅州 永洞里古墳群」『墳丘墓・墳丘式 古墳의 新資料와 百済』（第49回全国歴史学大会考古学部発表資料集）韓国考古学会
李鍾玟 1997「百済時代 輸入陶磁의 影響과 陶磁史的 意義」『百済研究』27　忠南大学校百済研究所
李鍾旭 1978「百済의 佐平」『震檀学報』45　震檀学会
李漢祥 1993「武寧王陵 出土品 追報（１）─帯金具─」『考古学誌』5　韓国考古美術研究所

李漢祥 1994「武寧王陵 出土品 追報（2）」『考古学誌』6　韓国考古美術研究所
李漢祥 1995「5～6世紀 新羅의 辺境支配方式」『韓国史論』33　ソウル大学校人文大学国史学科
李漢祥 1996「6世紀代 新羅의 帯金具―'樓岩里型' 帯金具의 設定―」『韓国考古学報』35　韓国考古学会
李漢祥 1997a「5～7世紀 百済의 帯金具」『古代研究』5　古代研究会
李漢祥 1997b「宋山里墳墓群 出土 金属製 装身具」『考古学誌』8　韓国考古美術研究所
李漢祥 1999a「三国時代 耳飾과 帯金具의 分類와 編年」『三国時代 装身具와 社会相』釜山広域市立博物館福泉分館
李漢祥 1999b「7世紀 前半의 新羅 帯金具에 대한 認識」『古代研究』7　古代研究会
李漢祥 2005「高句麗의 装身具」『韓国 古代의 Global Pride 高句麗』高麗大学校博物館
李漢祥 2011「百済의 金属製 冠 文化」『百済의 冠』国立公州博物館
李浩炯 1992「唐津 九龍里窯址 収拾調査 概要」『考古学誌』4　韓国考古美術研究所
李喜寛 1997「武寧王 買地券을 통하여 본 百済의 土地売買問題」『百済研究』27　忠南大学校百済研究所
李姫善 2002「利川 雪峰山城 出土 咸通銘벼루 研究」『文化史学』18　韓国文化史学会
李熙濬 1998「金海 礼安里遺蹟과 新羅의 洛東江 西岸 進出」『韓国考古学報』39　韓国考古学会
李熙濬 1999「新羅의 加耶 服属 過程에 대한 考古学的 検討」『嶺南考古学』25　嶺南考古学会
任世權 1991「安東 臨河洞 '處郞' 銘文 装飾 出土 무덤의 構造와 性格」『安東文化研究』5　安東文化研究会
林永珍 1997「湖南地域 石室墳과 百済의 関係」『湖南考古学의 諸問題』韓国考古学会
田鳳徳 1956「新羅律令攷」『ソウル大学校 論文集（人文社会科学）』
全榮來 1979「井邑 雲鶴里古墳出土 龍文透彫銙板・帯金具의 再検討」『全北遺蹟調査報告』10　全州市立博物館
鄭大寧 2006「百済出土 中国系遺物의 政治社会의 含意」『百濟 生産技術과 流通의 政治社会的 含意』한신大学校学術院
鄭炳俊 1988『中国 律令의 百済 伝来』東国大学校大学院碩士学位論文
鄭永振 1991「和龍北大 渤海무덤에서 出土된 三彩」『韓國上古史學報』7　韓国上古史学会
鄭永鎬 1961「百済陶硯의 또 한 例」『考古美術』2-12　韓国美術史学会
鄭載潤 1992「熊津・泗沘時代 百済의 地方統治体制」『韓国上古史学報』10　韓国上古史学会
曹永鉉 1990『三国時代 横穴式石室墳의 系譜와 編年研究』忠南大学校大学院碩士学位論文

朱甫暾 1989「蔚珍鳳坪新羅碑와 法興王代 律令」『韓国古代史研究論』2　知識産業社
朱甫暾 1992「三国時代의 貴族과 身分制」『韓国社会発展史論』一潮閣
清水昭博 2004「百済瓦塼에 보이는 同笵・改笵의 한 事例」『百済研究』39　忠南大学校百済研究所
崔基殷・金成坤 2011「百済 銀花冠飾의 製作方式에 대한 一検討」『百済의 冠』国立公州博物館
崔孟植 1998「陵山里 百済古墳 出土 装飾具에 관한 一考」『百済文化』27　公州大学校百済文化研究所
崔秉鉉 1987「新羅後期様式土器의 成立試論」『三佛金元龍停年退任紀念論叢Ⅰ』(考古学篇)一志社
崔秉鉉 1997「서울江南地域 石室墳의 性格」『崇實史学』10　崇實大学校史学会
崔秉鉉 2001「新羅 初期 石室墳의 様相」『韓国考古学報』44　韓国考古学会
崔盛洛 1985「長山島・荷衣島의 遺蹟・遺物」『島嶼文化』3　木浦大学島嶼文化研究所
崔盛洛 1986「安佐島地域의 先史遺蹟」『島嶼文化』4　木浦大学島嶼文化研究所
崔完奎 1997『錦江流域 百済古墳의 研究』崇實大学校大学院博士学位論文
崔完奎 1997「全北地方 百済 横穴式石室墳」『湖南考古学報』6　湖南考古学会
崔完奎 2000「益山地域의 百済古墳과 武王陵」『馬韓・百済文化』15　圓光大学校馬韓・百済文化研究所
崔應天 1991「百済 金属工芸의 様相과 特性」『百済의 彫刻과 美術』公州大学校博物館・忠清南道
崔鍾圭 1991「百済 銀製冠飾에 関한 考察—百済金工(1)—」『美術資料』47　国立中央博物館
河日植 2000「新羅 京位 関連 史料와 京位의 起源 問題」『韓国 古代의 身分制와 官等制』아카넷
河日植 2003「統一新羅期의 羅唐 交流와 唐 官制의 受容」『講座 韓国古代史』4　駕洛国史蹟開発研究院
韓容根 1989「三国時代의 刑律研究」『龍巖車文燮教授華甲紀念 史学論叢』新書苑
咸舜燮 1999「考古資料를 통해 본 우리나라 古代의 冠」『三国時代 装身具와 社会相』釜山広域市立博物館福泉分館
洪潽植 1992『嶺南地域의 横口式横穴式石室墓 研究』釜山大学校大学院碩士学位論文
洪潽植 1993「百済 横穴式石室墓의 型式分類와 対外伝播에 관한 研究」『博物館研究論集』2　釜山直轄市立博物館
洪潽植 1995「古墳文化를 통해 본 6～7世紀代의 社会変化」『韓国古代史論叢』7　韓国古代社会研究所
洪潽植 2000「新羅後期様式土器와 統一様式土器의 研究」『伽耶考古学論叢』3　駕洛国史蹟開発研究院

洪思俊 1961「百済의 陶製硯과 石製硯」『考古美術』2-4　韓国美術史学会
洪思俊 1968「南原出土 百済飾冠具」『考古美術』9-1　韓国美術史学会

日本語

東　潮 1987「新羅・於宿知述干壁画墳に関する一考察」『東アジアの歴史と考古』同朋舎出版
東　潮 1993「朝鮮三国時代における横穴式石室墳の出現と展開」『国立歴史民俗博物館研究報告』47
東　潮 1997「三国・加耶時代の冠帽と身分制」『高句麗考古学研究』吉川弘文館
阿部義平 1976「銙帯と官位制について」『東北考古学の諸問題』東北考古学会
網干善教 1967「大化二年三月甲申詔にみえる墳墓の規制について」『末永先生古稀記念古代学論叢』
網干善教他 1974『高松塚論批判』創元社
有光教一 1979「扶余陵山里伝百済王陵・益山双陵」『橿原考古学研究所論集』4　吉川弘文館
安承周 1972「公州地方の百済古墳」『百済の考古学』雄山閣
池田温 1970「律令官制の形成」『岩波講座 世界歴史』5（古代 5）岩波書店
池田温 1992「隋唐世界と日本」『古代を考える 唐と日本』吉川弘文館
池田温 1997「律令法」『魏晋南北朝隋唐時代史の基本問題』汲古書院
池田雄一 2000「中国古代の法典編纂について」『アジア史における法と国家』中央大学出版部
石母田正 1973「古代法小史」『日本古代国家論』第 1 部　岩波書店
一瀬和夫 1995「墨書のひろがり」『古代人名録』（平成 7 年度秋期特別展図録）大阪府立近つ飛鳥博物館
伊藤玄三 1968「末期古墳の年代について」『古代学』14-3・4　古代学協会
伊藤玄三 1983「八世紀の銙帯に示される授位」『法政史学』36　法政大学史学会
伊藤玄三 1987「新羅・渤海時代の銙帯金具」『法政史学』40　法政大学史学会
伊藤玄三 1990「統一新羅の銙帯金具」『伊東信雄先生追悼 考古学古代史論攷』伊東信雄先生追悼論文集刊行会
乾哲也 1996「和泉・万町北遺跡の陶硯」『考古学の諸相（坂詰秀一先生還暦記念論文集）』坂詰秀一先生還暦記念会
井上尚明 1987「銙帯をめぐる二，三の問題」『埼玉の考古学』新人物往来社
井上秀雄 1971「朝鮮・日本における国家の成立」『岩波講座 世界歴史』6（古代 6）　岩波書店
井上秀雄 1986「百済の律令体制への変遷」『律令制―中国朝鮮の法と国家』汲古書院
井上秀雄 1996「百済の身分制について」『百済研究』26　忠南大学校百済研究所
井上光貞 1971「律令国家群の形成」『岩波講座 世界歴史』6（古代 6）　岩波書店

内山敏行 2009「匙・箸の受容と食器の変化」『野州考古学論攷』中村紀男先生追悼論集刊行会
大隅清陽 1992「唐の礼制と日本」『古代を考える 唐と日本』吉川弘文館
大津透 1992「唐の律令と日本」『古代を考える 唐と日本』吉川弘文館
大津透 2001「律令法と固有法的秩序」『新体系日本史2法社会史』山川出版社
小笠原好彦 1988a「律令制時代考古学の研究動向と諸問題」『古代学評論』創刊号 古代を考える会
小笠原好彦 1988b「古墳時代末期の土器」『季刊考古学』24 雄山閣
岡田清子 1966「喪葬制と仏教の影響」『日本の考古学Ⅴ古墳時代（下）』河出書房新社
小田富士雄 1975「日本の古墳出土銅鋺について」『百済研究』6 忠南大学校百済研究所
小田裕樹 2016「古代日韓における有蓋台付椀の製作と展開」『日韓文化財論集Ⅲ』奈良文化財研究所・大韓民国国立文化財研究所
金子修一 1992「隋唐交代と東アジア」『古代を考える 唐と日本』吉川弘文館
鎌田元一 1986「律令制と文書行政」『日本の古代7 まつりごとの展開』中央公論社
亀田博 1983「銙帯と石帯」『関西大学考古学研究室開設参拾周年記念 考古学論叢』
亀田博 1996「位階制の遺物」『考古学による日本歴史5 政治』雄山閣
菊井佳弥 2002「中空円面硯小考」『大阪文化財論集Ⅱ』大阪府文化財センター
北野博司 2005「文房具」『文字と古代日本2 文字による交流』吉川弘文館
北野博司 2006「硯を研ぐ」『陶磁器の社会史』（吉岡康暢先生古希記念論集）桂書房
北畠雙耳・北畠五鼎 1980『硯の歴史』秋山書店
北村秀人 1982「朝鮮における「律令制」の変質」『東アジア世界における日本古代史講座』7 学生社
鬼頭清明 1978「日本の律令官制の成立と百済の官制」『日本古代の社会と経済』上巻 吉川弘文館
栗原益男 1986「逸文からみた令についての若干の考察」『律令制―中国朝鮮の法と国家』汲古書院
酒井清治 2013「百済泗沘期の風船技法で製作された高台付椀」『土器から見た古墳時代の日韓交流』同成社
佐藤信 1998「律令による支配」『古代史の論点4 権力と国家と戦争』小学館
佐藤隆 2006「7・8世紀陶邑編年の再構築と都城出土資料の様相」『須恵器生産の成立と展開』大阪府文化財センター
重見泰 2004「7～8世紀を中心とする新羅土器の形式分類」『文化財学報』22 奈良大学文学部文化財学科
城ヶ谷和広 1984「七八世紀における須恵器生産の展開に関する一考察」『考古学雑誌』70-2 日本考古学会
庄司浩 2001「唐令継受の一断面」『古代文化』54-3 古代学協会

田鳳德 1956「新羅の律令攷」『李朝法制史』北望社
白井克也 2000a「日本出土の朝鮮産土器・陶器」『日本出土の舶載陶器』東京国立博物館
白井克也 2000b「東京国立博物館保管青磁獣脚硯」『MUSEUM』568　東京国立博物館
白井克也 2004「筑紫出土の獣脚硯」『九州考古学』79　九州考古学会
白石太一郎 1965「日本における横穴式石室の系譜」『先史学研究』5
白石太一郎 1973「岩屋山式の横穴式石室について」『論集　終末期古墳』塙書房
白石太一郎 2006「須恵器の暦年代」『年代のものさし―陶邑の須恵器―』大阪府立近つ飛鳥博物館
杉本宏 1987「飛鳥時代初期の陶硯」『考古学雑誌』73-2　日本考古学会
関晃 1958「大化のいわゆる薄葬令について」『古墳とその時代（一）』古代史談話会
関野貞 1915「百済の遺跡」『考古学雑誌』6-3　考古学会
千田剛道 1995「獣脚硯にみる百済・新羅と日本」『文化財論叢Ⅱ』奈良国立文化財研究所創立40周年記念論文集刊行会
武末純一 2005「三韓と倭の考古学」『古代を考える　日本と朝鮮』吉川弘文館
武末純一・平尾和久 2016「三雲・井原遺跡番上地区出土の石硯」『古文化談叢』76　九州古文化研究会
武田佐知子 1986「儀礼と衣服」『日本の古代7 まつりごとの展開』中央公論社
武田幸男 1971「朝鮮の律令制」『岩波講座　世界歴史』6（古代6）　岩波書店
武田幸男 1974「新羅・法興王代の律令と衣冠制」『古代朝鮮と日本』朝鮮史研究会
武田幸男 1980「六世紀における朝鮮三国の国家体制」『東アジア世界における日本古代史講座』4　学生社
武田幸男 1982「序説　東アジアの変貌と日本」『東アジア世界における日本古代史講座』7　学生社
武田幸男 1997「新羅官位制の成立にかんする覚書」『朝鮮社会の史的展開と東アジア』山川出版社
田島公 1986「外交と儀礼」『日本の古代7 まつりごとの展開』中央公論社
田中広明 1990「律令時代の身分表象（Ⅰ）」『土曜考古』15　土曜考古学研究会
田中広明 1991「律令時代の身分表象（Ⅱ）」『土曜考古』16　土曜考古学研究会
朝鮮古蹟研究会 1937「扶餘窺岩面に於ける文様塼出土の遺蹟と其の遺物」『昭和十一年度古蹟調査報告』
土橋理子 2001「唐三彩とその周辺」『日中の考古学』奈良県立橿原考古学研究所
永島暉臣愼 1979「横穴式石室の源流を探る」『日本と朝鮮の古代史』三省堂
中田薫 1964「古法雑観」『法制史論集』4　岩波書店
中田薫 1964「支那における律令法系の発達について」『法制史論集』4　岩波書店
中田薫 1964「'支那律令法系の発達について'補考」『法制史論集』4　岩波書店
中村圭爾 1986「晋南朝における律令と身分制」『律令制―中国朝鮮の法と国家』汲古書院

中村浩 1978「和泉陶邑窯出土遺物の時期編年」『陶邑Ⅲ』大阪府教育委員会
中村裕一 1997「文書行政」『魏晋南北朝隋唐時代史の基本問題』汲古書院
楢崎彰一 1982「日本古代の陶硯」『考古学論考』小林行雄博士古稀記念論文集刊行委員会
新納泉 1991「六・七世紀の変革と地域社会の動向」『考古学研究』38-2　考古学研究会
新納泉 1995「巨石墳と終末期古墳の編年」『展望 考古学』考古学研究会
西嶋定生 1981「七世紀の東アジアと日本」『東アジアにおける日本古代史講座』5　学生社
西弘海 1982「土器様式の成立とその背景」『考古学論考』小林行雄博士古稀記念論文集刊行委員会
朴淳發 2002「百済の南遷と倭」『検証 古代日本と百済』大巧社
畑中英二 1999「近畿地方の飛鳥・白鳳時代土器編年研究と問題点」『飛鳥・白鳳の瓦と土器』帝塚山大学考古学研究所歴史考古学研究会・古代の土器研究会
土生田純之 1997「横穴式石室における諸形態とその要因」『専修人文論集』60　専修大学人文学部
林紀昭 1967「新羅律令に関する二・三の問題」『法制史研究』17　法制史学会
林紀昭 1973「大化薄葬令の再検討」『論集 終末期古墳』塙書房
林紀昭 1986「日本律令法の成立とその特質」『日本の古代 7 まつりごとの展開』中央公論社
藤井康隆 2003「三燕における帯金具の新例をめぐって」『立命館大学考古学論集Ⅲ-2』立命館大学考古学論集刊行会
藤原妙子 1983「古代服制における色相序列について」『関西大学考古学研究室開設参拾周年記念 考古学論叢』関西大学
洪潽植 1999「新羅後期様式と統一様式土器の編年」『飛鳥・白鳳の瓦と土器』帝塚山大学考古学研究所・歴史考古学研究会・古代の土器研究会
町田章 1970「古代帯金具考」『考古学雑誌』56-1　日本考古学会
丸山裕美子 2004「律令」『文字と古代日本 1（支配と文字）』吉川弘文館
宮瀧交二 2001「日本古代の「筆記具」と権力」『歴史評論』609
宮瀧交二 2003「古代東国村落における墨書行為をめぐって」『古代の陶硯をめぐる諸問題』奈良文化財研究所
籾山明 2011「簡牘・縑帛・紙―中国古代における書写材料の変遷―」『文献と遺物の境界』六一書房
桃崎祐輔 2000「風返稲荷山古墳出土銅鋺の検討」『風返稲荷山古墳』霞ヶ浦町遺跡調査会
森浩一 1958「和泉河内窯の須恵器編年」『世界陶磁全集』1　河出書房
毛利光俊彦 1978「古墳出土銅鋺の系譜」『考古学雑誌』64-1　日本考古学会
毛利光俊彦 1991「青銅製容器・ガラス容器」『古墳時代の研究』8（古墳Ⅱ 副葬品）　雄山閣

毛利光俊彦 2003「中国古代の腰帯」『文化財と歴史学』奈良文化財研究所
柳本照男 2015「百済の国家形成における現状と課題」『河上邦彦先生古稀記念献呈論文集』河上邦彦先生古稀記念会
山路直充 2004「古代の墨」『史館』33　史館同人
山路直充 2004「『正倉院文書』にみる墨」『会津八一記念博物館研究紀要』5
山路直充 2004「古代における墨の原料と製法」『市立市川考古博物館館報』31　市立市川考古博物館
山本孝文 2007c「出土資料から見た韓国古代の文字使用と社会」『文字瓦・墨書土器のデータベース構築と地域社会の研究』（平成 16〜18 年度科学研究費補助金研究成果報告書）明治大学
山本孝文 2010「百済古墳の副葬品と王興寺舎利荘厳具」『古代東アジアの仏教と王権』勉誠出版
山本孝文 2014「初源期獅噛文帯金具にみる製作技術と文様の系統―長野県須坂市八丁鎧塚 2 号墳の帯金具から―」『日本考古学』38　日本考古学協会
山本孝文 2015「百済後期横穴式石室の編年と埋葬構造」『古文化談叢』74　九州古文化研究会
山本孝文 2016「後期・終末期古墳の様相―韓半島における古墳の終焉と日本の終末期古墳」『韓日の古墳』日韓交渉の考古学―古墳時代―研究会
吉井秀夫 1997「百済横穴式石室墳の埋葬方式」『立命館大学考古学論集Ⅰ』立命館大学考古学論集刊行会
吉田恵二 1985「日本古代陶硯の特質と系譜」『國學院大学考古学資料館紀要』1　國學院大学考古学資料館
吉田恵二 1992「中国古代に於ける円面硯の成立と展開」『國學院大学紀要』30　國學院大学
吉田孝 1994「八世紀の日本―律令国家」『岩波講座　日本通史』4（古代 3）　岩波書店
李知宴 1993「日本出土の緑釉滴足硯考」『貿易陶磁―奈良・平安の中国陶磁―』奈良県立橿原考古学研究所附属博物館
和歌森太郎 1958「大化前代の喪葬制について」『古墳とその時代（二）』古代史談話会
和田萃 1976「東アジアの古代都城と葬地」『古代国家の形成と展開』大阪歴史学会
和田晴吾 1981「向日市五塚原古墳の測量調査より」『王陵の比較研究』京都大学文学部考古学研究室

中国語

江西省文物工作隊 1986「江西南昌市発現三座晋墓」『考古』1986-9
郭文魁 1973「和龍渤海古墓出土的幾件金飾」『文物』1973-8
羅定県博物館 1994「広東羅定県鶴咀山南朝墓」『考古』1994-3
洛陽市博物館 1965「洛陽市十五年来出土的硯台」『文物』1965-12

南京博物院 1981「南京堯化門南朝梁墓発掘簡報」『文物』1981-12
南京市文物保管委員会 1965「南京象山東晋王丹虎墓和二四号墓発掘簡報」『文物』1965-10
南京市博物館 1981「南京北郊郭家山東晋墓葬発掘簡報」『文物』1981-12
南京市博物館・江寧県文管会 1998「江蘇江寧県下坊村東晋墓的清理」『考古』1998-8
内蒙古文物考古研究所 1987「遼陳国公主駙馬合葬墓発掘簡報」『文物』1987-11
廬玉和 1994「唐代官員佩飾制」『唐文化研究論文集』上海人民出版社
覃義生 1989「広西出土的六朝青磁」『考古』1989-4
馬鞍山市文物管理所・博物館 1993「安徽馬鞍山桃冲村三座晋墓清理簡報」『文物』1993-11
妹尾達彦 2003「韋述的《両京新記》与八世紀前葉的長安」『唐研究』9　北京大学出版社
蒙曼 2003「隋唐長安的公主宅第」『唐研究』9　北京大学出版社
武漢市文物管理処 1983「武漢市東湖岳家嘴隋墓発掘簡報」『考古』1983-9
四川省文物管理委員会・宝興県県文化院 1987「四川宝興隴東東漢墓群」『文物』1987-10
山東省文物考古研究所・劉成基 1998「広東鶴山市雅瑶東晋墓」『考古』1998-9
徐家国・孫力 1987「遼寧撫順高爾山城発掘簡報」『遼海文物学刊』1987-2
西安市文物管理処 1992「西安西郊熱電廠基建工地清理三座宋墓」『考古与文物』1992-5
陝西省文物管理委員会 1959「西安羊頭鎮唐李爽墓的発掘」『文物』1959-3
陝西省文物管理委員会 1959「西安郭家灘隋姫威墓清理簡報」『文物』1959-8
陝西省文物管理委員会 1959「長安県南里王村西唐韋洞墓発掘記」『文物』1959-8
陝西省博物館乾県文教局唐墓発掘組 1972「唐懿徳太子墓発掘簡報」『文物』1972-7
紹興市文物管理所考古組 1987「浙江省紹興県西晋墓」『文物』1987-4
孫機 2001a「中国古代的帯具」『中国古典服論叢』文物出版社
孫機 2001b「従幞頭到頭巾」『中国古典服論叢』文物出版社
孫機 2001c「唐代婦女的服装与化粧」『中国古典服論叢』文物出版社
孫秀仁 1979「略論海林山嘴子渤海墓葬的形制，伝統和文物特征」『中国考古学会第一次年会論文集』文物出版社
冶秋 1964「刊登硯史資料説明」『文物』1964-1
黎瑶渤 1973「遼寧北票県西官営子北燕馮素弗墓」『文物』1973-3
延辺朝鮮族自治州博物館・和龍県文化館 1982「和龍北大渤海墓葬清理簡報」『東北考古與歴史』1982-1
呉朴 1965「介紹上海市博物館所蔵的幾方古硯」『文物』1965-12
王启初 1965「湖南省博物館的几方蔵硯」『文物』1965-12
王炳華 1973「塩湖古墓」『文物』1973-10
王自力・張全民 1992「西安西郊出土的唐代玉帯」『考古與文物』1992-5
王増新 1964「遼寧撫順市前屯，洼渾木高句麗墓発掘簡報」『考古』1964-10

于俊玉・韓国祥 1993「北票下杖子唐墓及附近遺址調査」『遼海文物学刊』1993-2
雲希正・徐春苓 2002「両宋遼金玉器比較研究」『中国隋唐至清代玉器学術研討会論文集』
　　上海博物館
劉雲輝 2002「唐代玉帯考」『中国隋唐至清代玉器学術研討会論文集』上海博物館
兪偉超 1985「中国古代都城規画の発展階段性」『文物』1985-2
尹煥章 1959「南京石門坎発現魏正始二年的文物」『文物』1959-4
李宇峰他 2003「彰武朝陽溝遼代墓地」『遼寧考古文集』遼寧民族出版社
李逸友 1987「遼代帯式考実」『文物』1987-11
李暁鐘・劉長江・伦俊岩 1993「沈陽石台子高句麗山城試掘報告」『遼海文物学刊』1993-1
張洪波・賈宗梁 1994「遼寧朝陽五座唐墓」『北方文物』1994-3
浙江省文物管理委員会 1959「徳清窯瓷器」『文物』1959-12
汀泗桥 1964「文物博物館簡報」『文物』1964-1
斉東方 2003「魏晋隋唐城市里坊制度」『唐研究』9　北京大学出版社
朝陽市博物館 1987「朝陽市郊唐墓清理簡報」『遼海文物学刊』1987-1
周世栄 1960「長沙赤峰山三四号墓」『文物』1960-2
朱玉麒 2003「隋唐文学人物与長安坊里空間」『唐研究』9　北京大学出版社
朱捷元・黒光 1965「陝西省博物館収蔵的幾件硯台」『文物』1965-7
韓偉 1982「唐代革帯考」『西北大学学報』1982-3（2001『磨硯書稿 韓偉考古文集』科学
　　出版社に再録）
咸陽市文管会 1992「西北林学院古墓清理簡報」『考古与文物』1992-3
許新国 1981「青海省互助土族自治県東漢墓葬出土文物」『文物』1981-2
湖北省博物館・郧県博物館 1987「湖北郧県唐李徽 閻婉墓発掘簡報」『文物』1987-8
湖北孝感地区第二期亦工亦農文物考古訓練班 1976「湖北雲夢睡虎地十一座秦墓発掘簡報」
　　『文物』1976-9

英語

Christopher M E and L K Philip 1993, Trade and world systems in early Bronze Age, *Western Asia Trade and exchange in prehistoric Europe*, Oxford

Renfrew C 1975, Trade as action at a distance, *Ancient civilization and trade*, University of New Mexico Press

TriggerBG 1985, *The Evolution of Pre-Industrial Cities: A Multilinear Perspective*, Melanges offerts a Jean Vercoutter

Wallerstein I 1974, *The modern world-system*, Academic Press

〈単行本〉

韓国語

姜仁求 1977『百済古墳研究』一志社
国家計量総局 他（金基協 訳）1993『中国度量衡圖集』法仁文化社
国立慶州博物館 2002『特別展 文字로 본 新羅』図録
国立公州博物館 2002『特別展錦江―最近発掘10年史』図録
国立公州博物館 2011『百済의 冠』
国立扶餘博物館 1993『国立扶餘博物館』図録
国立扶餘博物館 1997『国立扶餘博物館』図録
国立扶餘博物館 1998『特別展 中国洛陽文物名品展』図録
国立扶餘博物館 2003『百済의 文字』図録
国立扶餘博物館 2004『百済의 文物交流』図録
国立中央博物館 1999『特別展 百済』図録
国立中央博物館 2001b『楽浪』図録
国立中央博物館 2003『特別展 統一新羅』図録
国立清州博物館 2001『国立清州博物館』図録
권도홍 1989『벼루』대원사
金東旭 1985『百済의 服飾』百済文化開発研究院
金元龍 1960『新羅土器の研究』国立博物館
盧鏞弼 1996『新羅真興王巡狩碑研究』一潮閣
盧重國 1988『百済政治史研究』一潮閣
大邱大学校博物館 2001『発掘遺物特別展』図録
米田美代治 1976『韓国上代建築의 研究』東夷文化研究院・東山文化社
朴健柱 1999『中国古代의 法律과 判例文』白山資料院
徐程錫 2002『百済의 城郭』学研文化社
宋応星／管巧霊・譚属春註釈 2002『天工開物』岳麓書社
辛虎雄 1995『高麗法制史研究』国学資料院
延正悦 1996『新訂増補 韓国法制史』学文社
李啓命 1995『隋唐官僚制의 成立과 展開』全南大学校出版部
李基白 1996『韓国古代政治社会史研究』一潮閣
李蘭暎 1992『韓国古代金属工芸研究』一志社
李蘭暎 2000『韓国 古代의 金属工芸』ソウル大学校出版部
李南奭 1995『百済 石室墳 研究』学研文化社
李宗峯 2016『韓国度量衡史』소명출판
田鳳徳 1968『韓国法制史研究』ソウル大学校出版部

朱甫暾 1998『新羅 地方統治体制의 整備過程과 村落』新書苑
朱甫暾 2002『金石文과 新羅史』知識産業社
中国国家計量総局編 1981『中国古代度量衡圖集』文物出版社
崔秉鉉 1992『新羅古墳研究』一志社
韓国古代史研究会 1997『韓国 古代社会의 地方支配』新書苑
韓国上古史学会 1998『百済의 地方統治』学研文化社
韓容根 1999『高麗律』書景文化社
洪潽植 2003『新羅 後期 古墳文化 研究』春秋閣

日本語
東潮・田中俊明 1989『韓国の古代遺跡』2（百済・伽耶篇）中央公論社
新井宏 1992『まぼろしの古代尺―高麗尺はなかった―』吉川弘文館
石井則孝 1985『陶硯』ニュー・サイエンス社
石上英一 1996『律令国家と社会構造』名著刊行会
井上秀雄 1974『新羅史基礎研究』東出版
井上秀雄 2004『古代朝鮮』講談社
井上光貞・関晃・土田直鎮・青木和夫 1976『律令』岩波書店
井上光貞他 1995『日本歴史大系 2 律令国家の展開』山川出版社
勝田至編 2012『日本葬制史』吉川弘文館
北畠雙耳・北畠五鼎 1978『硯石学』四友会
北畠雙耳・北畠五鼎 1980『硯の歴史』秋山書店
金基雄 1976『百済の古墳』学生社
滋賀秀三 2003『中国法制史論集―法典と刑罰―』創文社
下原幸裕 2006『西日本の終末期古墳』中国書店
白石太一郎編 1989『古代を考える 古墳』吉川弘文館
杉本正年 1979『東洋服装史論攷』（古代編） 文化出版局
杉本正年 1984『東洋服装史論攷』（中世編） 文化出版局
関根真隆 1974『奈良朝服飾の研究』吉川弘文館
曾我部静雄 1963『日中律令論』吉川弘文館
曾我部静雄 1971『中国律令史の研究』吉川弘文館
滝川政次郎 1988『律令の研究』名著普及会
田中広明 2003『地方の豪族と古代の官人』柏書房
田辺昭三 1981『須恵器大成』角川書店
冨谷至 2003『木簡・竹簡の語る中国古代』岩波書店
奈良文化財研究所 2002a『飛鳥・藤原京展』図録 朝日新聞社
奈良文化財研究所 2002b『銙帯をめぐる諸問題』
奈良文化財研究所 2003『古代の陶硯をめぐる諸問題』

奈良文化財研究所 2006『平城京出土陶硯集成Ⅰ─平城宮跡─』
奈良文化財研究所 2007『平城京出土陶硯集成Ⅱ─平城京・寺院─』
仁井田陞 1933『唐令拾遺』東方文化学院東京研究所
仁井田陞 1997『唐令拾遺補』東京大学出版会
西弘海 1986『土器様式の成立とその背景』真陽社
朴淳發 2003c『百済国家形成過程の研究』六一書房
原田淑人 1970『唐代の服飾』東洋文庫
平川南編 2000『古代日本の文字世界』大修館書店
堀敏一 1993『中国と古代東アジア世界』岩波書店
宮城栄昌 1955『律令制度の社会と文化』弘文堂
毛利光俊彦 2004『古代東アジアの金属製容器Ⅰ（中国編）』奈良文化財研究所
毛利光俊彦 2005『古代東アジアの金属製容器Ⅱ（朝鮮・日本編）』奈良文化財研究所
山尾幸久 1989『古代の日朝関係』塙書房
若月義小 1998『冠位制の成立と官人組織』吉川弘文館

中国語

高敏 1979『雲夢秦簡初探』河南人民出版社
盧海鳴 2002『六朝都城』南京出版社
蕭高洪 2002『新見唐宋硯』湖北美術出版社
余継明 2000『中国古硯図鑑』浙江大学出版社
呉仁敬・辛安潮 1998『中国陶瓷史』北京圖書館出版社
呉戦壘 2002『鑑識古硯』福建美術出版社
翁俊雄 1995『唐代人口与区域経済』新文豊出版
王靖憲 2002『古硯拾零』湖北美術出版社
劉淑芬 1992『六朝的城市与社会』臺灣学生書局
陸判 2002『古硯』時事出版社
李喜所・徐兆仁主編 1998『歴代文房四宝譜選訳』中国青年出版社
張文江 2002『洪州窯』文匯出版社
張伯元・印漢雲・蔡国聲 2000『文房四宝』上海文化出版社
張鴻修 1995『中国唐墓壁画集』嶺南美術出版社
鄭永振 2003『高句麗渤海靺鞨墓葬比較研究』延辺大学出版社
斉東方 2002『隋唐考古』文物出版社
叶孝信 2002『中国法制史』復旦大学出版社
胡戟他主編 2002『二十世紀唐研究』中国社会科学出版社
国立歴史博物館 1998『唐三彩 特展図録』（台湾）

あ と が き

　本書は，筆者が2005年に釜山大学校大学院に提出した博士学位論文のアウトラインをもとに，その後に執筆した論文を加えて全面的に再構成したものである。各部において基礎となる論旨は維持しているが，変更点も大きい。また，学位論文で一章を設けた「都城と領域」と題した部分では，百済・新羅の国家が領土意識を持つに至りそれを拡張していく状況と，その中心たる都城における官人の居住空間および官人人口などについて論じているが，本書では割愛した。しかし限られた空間に多くの国と勢力が割拠した韓半島の三国時代にあって，国家の発展を考える上で重要なテーマであるため，別途詳細に論じる必要があると思っている。

　本書に掲載された内容の初出は以下の通りである。基礎的なデータの提示などにおいて本書では省略せざるを得なかった部分があるが，詳細は初出の文献を参照いただきたい。

第1部
第1章　第51回全国歴史学大会考古学部　墳墓研究の新視点（2008年5月31日，韓国西江大学校）での発表「葬墓制度の定着過程」をもとにした新稿
第2章　「百済泗沘期石室墳の階層性と政治制度」『韓国考古学報』47（韓国考古学会，2002年）を翻訳・改稿
第3章　第51回朝鮮学会大会（2001年10月8日，天理大学）での発表「韓国古代官等制と石室墳」をもとに執筆

第2部
第1章　「7世紀における土器様式の転換と東アジア」『史叢』81（日本大学史学会，2009年）
第2・3章　「百済泗沘期の陶硯」『百済研究』38（忠南大学校百済研究所，2003年）を翻訳・改稿

第4章 「新羅硯の出現と展開」『石軒鄭澄元教授停年退任記念論叢』(2006年) を翻訳・改稿

補 論 「古代文房具研究の観点」『考古広場』創刊号 (釜山考古学研究会, 2007年) を翻訳・改稿

第3部

第1章 「百済の鐶帯について」『湖西考古学』16 (湖西考古学会, 2007年) を翻訳・改稿

第2章 「新羅古墳出土土俑の服飾と官位制」『朝鮮学報』204 (朝鮮学会, 2007年)

第3章 「韓国の唐式銙帯について」『古文化談叢』52 (九州古文化研究会, 2005年)

　考古学と文献史学は，過去の人類の歴史と生活相を照明する学問として最も普遍的に利用されている。この二つの研究分野はその研究方法と研究素材の違いから文献史学は政治史・思想史・経済史などの復元に，考古学は生活史・技術発達史・社会発展史などの復元に重きを置いていることが多い。文献史学と考古学が同じ時代を研究対象とし得る分野であるにもかかわらず相互に容易に接近できない理由は，このような解明しようとする対象に対する認識の差に起因する。

　本書は伝統的に文献史学の主要な研究対象となってきた古代の政治史について考古学的な観点からアプローチしようとしたものである。主に発掘調査を通じて確認される現存する物質資料のみを研究する考古学としては，当時の政治的状況を詳論するには限界がある。しかも現存する資料の中から当時の政治・社会相を反映する極めて限定的な部分を探し出す作業はさらに難しいため，どのようなテーマと方法によって物質資料と文献の内容を結び付けるのかという事柄が要点となる。古代東アジアの法律や政治制度は6〜8世紀代を通じて大きく発展し整備された社会要素の一つで，成文法としての「律令的」要素が中国から導入された時期に社会制度の整備過程は一つの頂点に至ったと考えられる。律令をはじめとする当時の政治・社会制度の具体的な内容は主に文献記録に依拠して研究される主題であるが，関連資料に乏しい韓半島三国の場合，断

片的な史料と同時代資料である考古資料の変化相に頼ることになる。本研究では物質資料に反映する当時の制度的な側面を解明する方法を模索しようと試みたが、その中には律令自体がはたして古代の韓半島各国に導入されたのかという基本的な問題から、その具体的な内容の復元まで、様々な課題が含まれている。

昔も今も人間社会は多様な規制を創造して集団を統制しようとする支配階層と、そこから逃れようとする被支配階層によって構成されてきた。民主化が進んだ大部分の現代国家社会においても、法を定め守ろうとする人々とそれに従わない人々がいるのは同じことである。昨今、率先して規則を守るべき立場の人が法を犯していることも多い。そのような観点からみると、今回の検討主題として選択した定型化を経た各種考古資料が、はたして法や制度などの規制に従った結果として残されたものなのかという問題が浮かび上がり、規制に従わなかった例を考古学的にどのように判別できるのかなど基本的な疑問が山積していることは否めない。今後そのような検討課題を一つずつ説きおこしていくことができるならば、現代に至る社会制度の発達史とともに、いつの時代にも変わらぬ人間の本質的な性向を考古学的な研究成果としてより明確に提示できるであろう。

筆者が韓国に留学したのは、学部時代に日本の横穴式石室の系譜について興味を持ち、その起源を実際に現地の資料に触れて考えてみたいという思いからであった。ところが実際に韓半島の資料に触れると、日本との接点の少なさに愕然とし、同時に各地の古墳に見られる定型化現象に関心が向くようになった。そのような墓制の定型化・規格化現象と当時の階級支配の片鱗を結び付けようとした一つの試みが2001年に忠南大学校大学院に提出した修士学位論文で、本書にまとめられた研究の第一歩であった。

以後、筆者は韓国において考古学を学びながら自らにいくつかの研究主題を課してきた。一つは留学当初からの目的であった三国時代考古学の研究である。なかでも6世紀代に至って多様に展開しつつ集約される傾向を持つ物質資料について常に関心を持ち続け、それらがどのような歴史的背景によるものなのかを意識してきた。二つ目は三国時代から統一新羅時代に至るまでの国家の

領域や境界の変化がどのように考古資料に反映されるのかという問題である。各国に属する考古資料の移動や拡散の様子が文献記録の内容とどの程度一致するのか，逆に考古資料の分布の変化からどのような歴史的事件や国家の影響圏の伸縮を読み取れるのかということについて関心を傾けてきた。最後に，国家形成と政治制度に関する考古学的研究は，上の二つの主題を包括・拡大させて博士学位論文としてまとめたもので，これまでの研究にひとまずの区切りを付けたものであった。その後既に10余年が経ち，現在は意識的に裾野を広げ，横穴式石室などの墓制や，帯金具をはじめとする金工品や服飾，土器などを扱った研究を進めているが，これらはすべて古代東アジア諸国の国家体制とその発展に，相互交流がどのような役割を果たしたのかという課題に帰結させることを目指したものである。

　本書の内容は今後新しい資料や理論の組み立てを通じてさらに補完されるべきものである。にもかかわらず日本での出版に踏み切った理由は，考古資料に対する新しい解釈の可能性を提示し，少しでも多くの研究者の検証を求めたかったためである。今回まとめた百済・新羅の法制度についての考古学的検討は，筆者のライフワークの大きな柱として今後も継続して行う南北朝隋唐文化の影響と古代東アジア各国の動向に関する研究の一断片である。隋唐という強大な帝国の出現に影響を受けた周辺諸国が，その文化と制度の一部を受け入れながらもどのように独自の姿を保ってきたのか，その東アジア諸国の独自性と共通性を考古学から明らかにする一つのモデルを，多少なりともここで提示できればという筆者の高望みに理解をいただきたい。

　本書が世に出るまでに多くの方々の助力を賜った。学位論文の審査委員として多くの助言をいただいた鄭澄元・申敬澈・金斗喆・朴淳發・洪潽植の諸先生方をはじめ，学問的指導を賜った方は数知れない。特に大学院で指導教官の任を負っていただいた申敬澈・朴淳發の両先生には，研究指導にとどまらず多方面におよぶ教えをいただいた。また，長きにわたる留学でお世話になった先輩や後輩たち，同じ時期に留学生活を送った仲間たちには今に至るまで常に刺激をもらっている。何よりも，筆者らが円滑な留学生活を送ることができたのは，日韓考古学の緊密な連携の礎を築いた諸先学の尽力に依るところが大き

い。学恩に感謝申し上げたい。

　そして現在，まず筆者にとって良き師であり，先輩・上司で仕事上のパートナーでもある浜田晋介先生には，常に筆者の甘えを受け入れていただいている。また，ともに学んでいる大学院生・学生諸君，OBの皆様に，本書によって筆者の現在地と目的地を知っていただけることも喜びである。

　本書は土生田純之先生の奨めがなければ，日本の研究者の方々の目に触れることはなかったと思う。出版に御尽力いただいた吉川弘文館の皆様ともども，遅ればせながら世に出していただいたことに深く感謝申し上げる。

　最後に，現在に至るまで筆者が決めたことすべてに一言の異議も唱えず理解を示し，惜しみなく支援してくれる長野の両親と兄家族，最良の理解者である妻と息子の駿に心より感謝する。

2017年10月

山　本　孝　文

　本書は，独立行政法人日本学術振興会の科学研究費助成事業（研究成果公開促進費，課題番号：17HP5090）により出版された。

索　　引

地名・遺跡名は日本語読みの50音順に配列し，現地読みのカタカナ表記を〔　〕内に記した．

あ　行

飛鳥編年　86
安伽墓　238
威信財　17
蔚珍〔ウルチン〕鳳坪碑　69
「乙卯年於宿知述干」　74
印花文土器　66, 98
印章　158, 169
漆塗硯　115, 144
栄州〔ヨンジュ〕　62
益山双陵〔イクサンサンヌン〕　32, 55
胞衣壺　165
円形硯　114, 121
塩倉里〔ヨムチャンニ〕古墳群　29, 37, 183
塩倉里〔ヨムチャンニ〕Ⅲ-72号墳　46
円面硯　115
王宮里〔ワングンニ〕遺跡　91, 123
王京遺跡　232
王言　155
王興寺址〔ワンフンサジ〕　53, 187
王光墓　110
押督国　73
帯金具　175
帯端（先）金具　231
恩山里〔ウンサンニ〕古墳群　49
温暖硯　148

か　行

錡　190, 231
外護列石　74
灰色軟質土器　89
外里〔ウェリ〕出土文様塼　187
下干　77
嶽干　76
鶴星里〔ハクソンニ〕古墳群　185
鶴川里〔ハクチョンニ〕20号竪穴式石槨　251
鉸具　180, 231
下黄里〔ハファンニ〕　46
花枝山〔ファジサン〕遺跡　123
下州（昌寧地域）　72
佳川洞〔カチョンドン〕53号墳　249
合葬　32
下北亭〔ハブクジョン〕古墳　77
冠　17
雁鴨池〔アナブチ〕　122, 144
鐶座金具　28, 66
漢字文化圏　157
漢城期　24
漢城様式　88
冠制　17
官制　18
環帯　177
簡牘　108, 158
韓半島　2
冠帽　17
官北里〔クァンブンニ〕遺跡　123
亀山洞〔クサンドン〕遺跡　150
畿内型石室　13
歙州硯　152
宮南池〔クンナムチ〕　123
穹窿状天井　66
京位　69
京位制　70
京外埋葬　16
旭水洞〔ウクスドン〕　148
玉帯　234
玉北里〔オクプンニ〕遺跡　94
切石　33
銀花冠飾　39, 44, 52, 183

錦城山〔クムソンサン〕建物址　123
金属硯　115
金鋌　56
百済　2
百済後期型石室　26
百済後期様式土器　93, 139
百済土器　88
烏油腰帯　234
軍主　71
外位　69
慶州〔キョンジュ〕　62
慶州博物館美術館敷地遺跡　150
継受法　4
形象硯　111
桂城〔ケソン〕古墳群　76
桂城〔ケソン〕B地区28-3号墳　249
外位制　70
鶏足山城〔ケジョクサンソン〕　137
迎日〔ヨンイル〕冷水里碑　69
月城路〔ウォルソンノ〕カ15号墳　99
月坪洞〔ウォルピョンドン〕遺跡　128, 187
圏足硯　118
剣丹山城〔コムダンサンソン〕　123, 139
硯滴　158, 169
高脚硯　150
後期様式（新羅土器）　96
公山城〔コンサンソン〕　122, 123
洪州窯　100
隍城洞〔ファンソンドン〕古墳　207
厚葬　9
公葬制　7, 21
興徳里〔フンドンニ〕古墳　46
壺杆塚〔ホウチョン〕　99

索　引　313

校洞〔キョドン〕古墳群　99
皇龍寺〔ファンニョンサ〕型帯金具　238
皇龍寺址〔ファンニョンサジ〕　238
黒色磨研土器　89
刻書土器　76
五湖里〔オホリ〕遺跡　170
五銖銭　239
古新羅　96
骨品　217
五部五巷　141
古墳時代　11
御坊山3号墳　131, 163
固有法　4
鼓楽山城〔コラクサンソン〕　139
葫蘆形帯飾　232

さ　行

彩篋塚　112
細頸壺　101
蔡侯紙　112, 160
削刀　111
佐平　54
『三国遺事』　70
『三国史記』　3, 70, 189
三国時代　4, 11, 83
三足器　90
三足硯　122
算袋　173
獅嚙文　180
私葬　21
泗沘期　7, 26
泗沘都城　43, 123
徙民政策　74
笏　225
尺門里〔チョンムンニ〕　46
『写本書儀』　20
舎利荘厳具　53, 187
舎利容器　187
獣脚硯　117
『周書』　56
楸洞里〔チュドンニ〕A-27号墳　53
十七官等制　69
十二支神像　227
終末期古墳　7
十六官等制　54

寿川里〔スチョンニ〕遺跡　254
述干　75
巡方　180, 231, 232
昌王銘石造舎利龕　43
松鶴里〔ソンハンニ〕古墳群　49
上干　77
小京　74
城山山城〔ソンサンサンソン〕　160, 162
上州（尚州地域）　71
正倉院新羅文書　161
将徳　57
条文　4
定林寺址〔ジョンニムサジ〕　42, 123
書写　156
書写材料　158
新羅　2, 61
新羅型石室　67
新羅土器　96
新羅武家上墨　166
新羅楊家上墨　166
斯盧国　70
神衿城〔シングムソン〕　121
真興王巡狩碑　69
新興里〔シヌンニ〕古墳群　77
「真骨」銘硯　154
晋式帯金具　178
新州（漢江下流地域）　72
新村里〔シンチョンニ〕9号墳　46
真竹里〔チンジュンニ〕窯址　150
人物俑　205
垂孔　232, 241
睡虎地秦書　171
『隋書』　189
水村里〔スチョンニ〕古墳群　94
水滴脚硯　117, 125
須恵器　85
陶邑窯跡群　86, 131
硯　84
墨　110, 165
聖王　140
青灰色硬質土器　89
聖興山城〔ソンフンサンソン〕

古墳群　49
青磁硯　124
政治的紐帯　10
成文法　3
青里〔チョンニ〕古墳群　73, 238
世界帝国　3
赤褐色軟質土器　89
早日里〔ジョイルリ〕26-1号墳　249
双北里〔サンブンニ〕遺跡　123
石厳里〔ソガムニ〕9号墳　112, 121
石硯　107
石村洞〔ソクチョンドン〕古墳群　89
雪峰山城〔ソルボンサンソン〕　152
前期様式（新羅土器）　96
造永洞〔ジョヨンドン〕ⅠB-6号墳　62
甑山里〔ジュンサンニ〕Ⅰ-1号墳　53
葬制　9
喪葬令　19
倉坪洞〔チャンピョンドン〕遺跡　261

た　行

大化の薄葬令（甲申詔）　7
「大干」　77
題籤軸　162
台付器種　84
台付碗　84, 91
楕円硯　144
多足硯　122, 125, 151
達率　52, 54
竪穴式石槨　64
鉈尾　180, 233
田和山遺跡　112
短脚硯　122, 147, 150
短脚高坏　66, 77, 98
端渓硯　152
「丹山烏玉」銘墨　166
単葬　32
単体スタンプ文　99
丹陽〔タニャン〕赤城碑　69
池山洞〔チサンドン〕古墳群

73
智証王　69
竹簡　110
着装型威信財　17
茶戸里〔タホリ〕1号墳　121,
　　163
中下塚〔チュンハチョン〕　32
中期様式（新羅土器）　94
中空硯　148
中原小京　73
中上塚〔チュンサンチョン〕
　　32
長頸壺　96
長承里〔チャンスンニ〕11号
　　墳　53
調色器　110
長方硯　144
直口短頸壺　90
苧浦里〔チョポリ〕古墳群　73
追葬　13
付札木簡　171
『通典』　20
積石塚　12
積石木槨墳　12, 61, 69, 96
停　72
亭岩里〔ジョンアムニ〕窯址
　　123
蹄脚硯　126
定形硯　84, 93, 108
艇止山〔ジョンジサン〕遺跡
　　254
定止里〔ジョンジリ〕B地区
　　M-32号墳　254
『天工開物』　165
転用硯　93, 130, 169
統一新羅　2, 96
統一様式（新羅土器）　96
『唐会要』　20
東下塚〔トンハチョン〕　32
東魏尺　41
陶硯　107
『東国輿地勝覧』　166
道使　71
唐式銙帯　180, 230
唐尺　41
『唐書』　189
東上塚〔トンサンチョン〕　32
刀子　158, 163, 169
東川里瓦塚〔トンチョンニワチ

　　ョン〕　62
東南里〔トンナムニ〕遺跡
　　123
刀учの吏　172
陶俑　205
『唐令拾遺』　20
銅鋺　99
徳山里〔トクサンニ〕遺跡
　　123
徳川洞〔トクチョンドン〕D24
　　号墳　99
徳率　56
徳豊里〔トクプンニ〕2号墳
　　245
土俑　205
斗洛里〔トゥランニ〕3号墳
　　238
曇徴　167

　　　な　行

奈率　46
南崎里〔ナムチリ〕1号墳　44,
　　46
二段透孔高坏　68
『日本書紀』　130

　　　は　行

薄葬　10
花形雲母装飾　53
隼上り窯址　131
挽阿楼址　122
板硯　112
鞶囊　173
東羅城　30
百官公服制　214
馮素弗墓　115
比列忽州（安辺地域）　72
風字硯　115, 144
封土墳　12
風納土城〔プンナブトソン〕
　　89
武王　55, 141
付加口縁台付長頸壺　66, 98
伏岩里〔ポガムニ〕遺跡　160
伏岩里〔ポガムニ〕3号墳　39,
　　185
藤原宮址　131
扶蘇山寺址〔プソサンサジ〕
　　180, 247

扶蘇山城〔プソサンソン〕　123
筆挿し　135, 148
武寧王陵〔ムリョンワンヌン〕
　　94, 181
普門里夫婦塚〔プムンニプブチ
　　ョン〕　62
扶餘〔プヨ〕　7, 29
文化的紐帯　10
文村里〔ムンチョンニ〕タ-1
　　号墳　245
文武王　79
文房具　156
文房四宝（友）　158
平城宮址　131
壁画　74
編綴簡　159
芳荑洞〔パンイドン〕古墳群
　　73
方形硯　152
法興王　69
『北史』　189
墨書　158
幞頭　207, 221
墓制　9
渤海　236
保有型威信財　17

　　　ま　行

末期様式（新羅土器）　98
麻立干　69
丸鞆　180, 231, 232
三雲・井原遺跡　112
味鄒王陵〔ミチュワンヌン〕地
　　区　99
三ッ塚古墳群　173
箕形硯　144
身分別葬制　7
弥勒寺址〔ミルクサジ〕　46, 91,
　　122, 123, 234
弥勒寺址〔ミルクサジ〕西塔
　　56, 187
無脚硯　128
夢村土城〔モンチョントソン〕
　　89, 114, 121, 177
明岩洞〔ミョンアムドン〕遺跡
　　166
毛筆　110, 163
潜り穴技法　245, 246
木簡　111

索　引　315

文書行政　155

や　行

熊津期　24
邑内里〔ウムネリ〕於宿知述干墓　62
邑内里〔ウムネリ〕壁画古墳　62
有文金具　177
陽刻蓮弁文獣脚硯　125
腰帯具　230
養洞里〔ヤンドンニ〕5号墳　121
横穴式石室　7, 12
横口式石室　62
横口式石槨　15

ら　行

洛東江〔ナクトンガン〕　64
楽浪　112
羅城　16
羅福里〔ナボンニ〕古墳群　51
羅末麗初土器　98, 170
離宮址　123
李賢墓　221
律令　3, 214, 267
律令型国家　268
律令国家　267
律令国家群　3, 267
律令時代　267
律令的土器様式　86
龍院里〔ヨンウォンニ〕古墳群　94
龍江洞〔ヨンガンドン〕古墳　210
笠店里〔イプチョムニ〕1号墳　46
陵山里〔ヌンサンニ〕王陵群　26
陵山里規格　35, 40, 183
陵山里寺址〔ヌンサンニサジ〕（陵寺）　43, 123, 186
陵山里〔ヌンサンニ〕ヌンアンゴル古墳群　29, 32, 181
陵山里〔ヌンサンニ〕ヌンアンゴル36号墳　46
陵山里〔ヌンサンニ〕ヌンアンゴル53号墳　53
陵山里〔ヌンサンニ〕東古墳群　30
陵山里〔ヌンサンニ〕東4号墳　32
陵山里〔ヌンサンニ〕25号墳　166
緑釉陶器　139
臨河洞〔イムハドン〕I-11号墳　258
林堂洞〔イムダンドン〕古墳群　73
礼安里〔イェアンニ〕49号墳　238, 252
冷水里〔ネンスリ〕古墳　62
礼制　105
楼岩里〔ヌアムニ〕型帯金具　177, 238
楼岩里〔ヌアムニ〕古墳群　73
勒島〔ヌクト〕遺跡　112
六谷里〔ユッコンニ〕7号墳　46

著者略歴
1974年　長野県に生まれる
2005年　大韓民国釜山大学校大学院考古学科博士課程修了
現在　日本大学文理学部教授，文学博士

〔主要論文〕
「初源期獅嚙文帯金具にみる製作技術と文様の系統―長野県須坂市八丁鎧塚2号墳の帯金具から―」（『日本考古学』38，日本考古学協会，2014年）
「百済後期横穴式石室の編年と埋葬構造―泗沘都城の埋葬地を中心に―」（『古文化談叢』74，九州古文化研究会，2015年）

古代朝鮮の国家体制と考古学

2017年（平成29）11月20日　第1刷発行

著　者　山　本　孝　文

発行者　吉　川　道　郎

発行所　株式会社　吉川弘文館
〒113-0033　東京都文京区本郷7丁目2番8号
電話　03-3813-9151（代）
振替口座　00100-5-244
http://www.yoshikawa-k.co.jp/

印刷＝株式会社　精興社
製本＝誠製本株式会社

© Takafumi Yamamoto 2017. Printed in Japan
ISBN978-4-642-08153-5

JCOPY　〈(社)出版者著作権管理機構　委託出版物〉
本書の無断複写は著作権法上での例外を除き禁じられています．複写される場合は，そのつど事前に，(社)出版者著作権管理機構（電話 03-3513-6969，FAX 03-3513-6979, e-mail: info@jcopy.or.jp）の許諾を得てください．